名师名校名校长

凝聚名师共识
回应名师关怀
打造名师品牌
培育名师群体

程明远题

研途拾慧

初中文言文群文阅读
策略与实施

欧阳伟 / 编著

天津出版传媒集团

天津人民出版社

图书在版编目（CIP）数据

研途拾慧：初中文言文群文阅读策略与实施 / 欧阳
伟编著. -- 天津：天津人民出版社，2022.1

ISBN 978-7-201-18174-5

Ⅰ.①研… Ⅱ.①欧… Ⅲ.①文言文－阅读教学－教
学研究－初中 Ⅳ.①G633.332

中国版本图书馆CIP数据核字（2022）第006193号

研途拾慧：初中文言文群文阅读策略与实施
YANTUSHIHUI：CHUZHONG WENYANWEN QUNWEN YUEDU CELÜE YU SHISHI

出　　版	天津人民出版社
出 版 人	刘　庆
地　　址	天津市和平区西康路 35 号康岳大厦
邮政编码	300051
邮购电话	（022）23332435
电子信箱	reader@tjrmcbs.com

责任编辑	张潇文
装帧设计	言之凿

印　　刷	北京政采印刷服务有限公司
开　　本	787毫米×1092毫米　1/16
印　　张	17
字　　数	306千字
版次印次	2022 年 1 月第 1 版　2022 年 1 月第 1 次印刷
定　　价	45.00元

目 录

绪 论

基于语文核心素养的初中文言文群文阅读教学策略 / 欧阳伟 …………… 2

第一章　母题建构

至真性情　千古如斯 / 黄文韬 ……………………………………………… 10

走进君子的世界 / 黎燕云 …………………………………………………… 22

中国古人的理性抉择与坚守 / 庞艳 ………………………………………… 37

古人劝谏的艺术技巧 / 徐晓璐 ……………………………………………… 49

第二章　章体建式

写人记事高人一等，对比衬托增色三分 / 刘健 ………………………… 60

讽谏之艺术技巧 / 肖胜美 …………………………………………………… 75

设喻类比，巧言进谏 / 杨日启 ……………………………………………… 86

对话凸显魅力 / 卓意玲 ……………………………………………………… 97

第三章　比对阅读

看兵家胜败，论古人写"战"笔法 / 黎敏施 …………………………… 110

赏山水之美，品文章之法 / 罗晓锋 ……………………………………… 122

《史记》流芳，将军风采 / 彭 莉 ………………………… 132

贬谪文人的入世情怀 / 肖胜美 ………………………… 146

第四章　联结延读

走近先贤孔明，聆听谆谆教诲 / 谢秀媚 ………………… 160

第五章　统整重构

解开寓言的"魔袋" / 陈丽坤 ………………………… 174

托物以言志，物我两相融 / 金华杰 ………………… 188

多面分析素材，立体把握人物 / 黎晓骏 ………………… 204

此"愚"非愚 / 邱露华 ………………………… 220

多角度探究文言寓言寓意 / 杨日照 ………………… 235

读诸子散文，赏百家风格 / 杨岳如 ………………… 256

绪　论

基于语文核心素养的初中文言文
群文阅读教学策略

东莞市松山湖北区学校　欧阳伟

一、问题的提出

文言文是中国几千年优秀传统文化的载体，它以其承载的语用功能和文化功能，一直以来都是初中语文教学的热点。韩军老师说："没有文言，我们找不到回家的路。"就现实而言，文言文教学又在不同程度上陷入尴尬的境地：老师怕教，耗时多，成效低；学生怕学，趣味少，记诵多。究其原因在于古代话语系统与现代话语系统的差异明显，文言文本身又缺乏生活交际语境，日常使用概率和频率较低，隔膜感和生疏感明显。更重要的是，相对现代文而言，学生接触文言素材的机会少之又少，除了课本中的那几篇文言文，几乎与文言文隔离。而且，教材主要以单元组篇的方式编排，单册与单册之间，单元与单元之间，文言篇目彼此割裂，缺少有机组合，导致学生缺少探究兴趣，缺少语用素材，缺少思维深度，因此文言文的学习处在一个封闭、孤立和静止的状态。

尽管文言文并不缺乏整本书阅读，但文言文的整本书如《世说新语》《史记》等依然是由独立的单篇组成，自身篇章相对呈现单一化、散文化的特点，注定它不太可能走现代文教学的路子，即通过大量的整本书阅读来提升学生的阅读能力。因此，文言文的阅读与群文阅读就有了天然的、密不可分的联系。

什么是群文阅读？它是指师生围绕一个或多个议题，选择一组结构化文本，在单位时间内通过集体建构达成共识的多文本阅读教学过程。群文阅读的"群文"是相对"单篇"而言的，但"群文"的"群"却并非"单篇"的简单叠加，"群文"组合的机理是结构化，这是群文阅读最主要的特质。与其他多文本阅读不同，群文阅读不是为了扩大阅读量而扩大阅读量，它更注重文本的质量以及多文本阅读给学生带来的思维品质和学习能力的提升；既能拓展知识面，又能提升学生的学习兴趣，激发学生的探究热情。

语文的核心素养，是从语言的建构与运用到思维的提升与发展，从审美的鉴赏与创造到文化的传承与理解，又与我们的文言文课堂所要求的"一体四面"和群文的集体建构完美契合。

二、策略的建构

群文阅读策略不是教师通过讲解传递的，而是学生在群文阅读活动过程中，通过教师设计的丰富多彩的阅读活动自主建构的，从而找到阅读的途径，形成个性化的阅读经验。以语文核心素养为中心，结合传统的文言文阅读方法和国际上普遍应用的阅读理解策略，我们将文言文阅读策略大致分为五种：母题建构、章体建式、比对阅读、联结延读、统整重构。

（一）母题建构

母题是文化传统中具有传承性的文化因子，是文学作品中最小的叙事单位和意义单位，它是文学中反复出现的人类基本行为。"母题建构"策略，指阅读主体通过文言文群文阅读，提取文本中典型、反复出现的意象，并将其内化为自身特定的文学经验，形成文学作品中约定俗成的基本要素，建构民族文化中特有的精神现象。

古代文学传统中，有许多文化母题，如文人登高、名士悲秋、客子羁愁、幽人归隐、儒士情怀、官宦感时等，如果把同类母题的文本进行群文阅读，我们就更容易把握这些母题里面所包含的文化意蕴和文化现象。比如，我们把《记承天寺夜游》《醉翁亭记》《岳阳楼记》进行群文学习，反复品味苏轼"何夜无月？何处无竹柏？但少闲人如吾两人者耳"的闲人之乐，欧阳修"人知从太守游而乐，而不知太守之乐其乐也"的与民同乐，范仲淹"先天下之忧而忧，后天下之乐而乐"的先忧后乐，我们就更能把握中国文

绪论

人的入仕精神和一以贯之的儒士情怀。再如，我们把《小石潭记》《湖心亭看雪》《桃花源记》进行群文组合，我们也能从中品读出中国文人另一种出仕情怀，即幽人归隐之心，这与前者构成中国文士在儒道之间来去自如而又毫无违和的"穷则独善其身，达则兼济天下"的思想。

对于文言文教学，如果说文言是起点，那么文化应该是终点。因此，如果我们通过母题建构的方式进行文言语文阅读，围绕着对文化的理解与传承，我们就能迅速地找到解锁传统文化的钥匙。

（二）章体建式

章体是文章的必有要素，但它不是一种外在的规定性的东西，而是一种内部结构所表现的审美效果。"章体建式"策略，就是依照章体来建构认知模式，指阅读主体根据群文的文体特征、写作特点，提炼其文体基本风格及常用技法，形成对章法体式的总体认知，并由此及彼，用这种认知去解读和推理同类作品。

古代文章体式较多，有赋、说、论、书、表、序、铭、记等，不同的文体又赋予文章不同的功能。如赋注重文采、侧重于写景，借景抒情；表则是古代臣子用来向皇帝陈情言事；铭则用来警诫自己或称述功德；等等。文章写法亦各有不同，有如《庄子》或《孟子》层层推理的层叠法，也有如《诗经》一唱三叹的复沓法，亦有如《史记》的开合法……不一而足，正如刘勰所言"篇之彪炳，章无疵也；章之明靡，句无玷也；句之清英，字不妄也。振本而末从，知一而万毕矣。""篇之彪炳"有赖于"章之明靡"，即依赖章法的巧妙。我们在教学中把《小石潭记》《三峡》《与朱元思书》进行群文阅读。同是游记小品，《小石潭记》注重多角度、多修辞地进行景物描写，《三峡》是多角度、多时态地进行景物描写，《与朱元思书》则多角度、多感官地进行景物描写。通过群文阅读，学生很快掌握了游记小品类文章的基本写景方法。同样，如果我们把《满井游记》《与朱元思书》和《湖心亭看雪》进行群文组合，聚焦景物描写，学生就能发现工笔和白描技法的不同，体会传统篇章中的技法之美。

章体建式，从篇章体裁到脉络结构再到语言文采，凝聚了古代文艺美学的思想。我们通过把握章法，从审美鉴赏的角度出发，快速准确地把握同类文章的总体特征和基本思路，能为学生的写作奠定厚实的理论和实践基础。

（三）比对阅读

比对即比较、对照，既包括内容上宏观与微观的比较，也包括时间关系上横向和纵向的比照。"比对阅读"策略，指阅读主体在群文阅读中将同质型文本通过比较、对照，区分其异同，并探究异同的成因，从而建构起对文本意蕴更丰富、更深刻的认知，提高文本的鉴赏能力。

不同作家由于时代、思想、观念等差异，尽管作品的内容或形式相近，但在选材、立意、情感等方面有许多不同。如同是写长勺之战，《左传》用了314个字进行详细描述，写了战前的准备、战中的对峙和战后的论述，突出了曹刿的"远谋"，而《春秋》则只用了区区"十年春，王正月，公败齐军于长勺"13个字。两相比对，我们还能看出两种史家笔法的不同：《左传》文字优美，善于描写战争及复杂的历史事件，又善于通过对话和行动表现人物的特点；《春秋》则更注重忠实客观地记录历史事件。再以蒲松龄的《狼三则》为例，进行群文组合阅读时我们设计问题：文中的狼分别因何而死？这些狼的下场给我们什么启示？作者的写作意图又是什么？先求异，再求同，后归因。甚至还可以把《狼三则》与同是《聊斋志异》中的篇目《义鼠》进行比对，先求同，再求异，后归因，了解作品中动物面具下的人间百态。通过群文阅读，我们由一篇到多篇，逐渐领悟作者创作的真实目的。

比对阅读是常见的阅读方法之一，大到主题思想，小到语言表达，不同角度、不同层次的比对会产生不同的探究结果。在文言文学习中，通过比对阅读，我们会发现，同样的对象，言语建构的方式不同，所传递旨意的深远程度也不同。在比对中，我们既可积累语言、发展认识，亦可开阔视野、提升思维。

（四）联结延读

联结，是认知形成的核心环节。"联结延读"策略，指阅读主体在群文阅读中将选文互为关联的文段或前后章段结合起来，聚焦文本矛盾点或意义点，通过组合和延伸阅读，更立体、更全面、更深刻地认知和把握选文内容。

这种联结，可以是字词句段上的联结，也可以是篇章意义上的联结。比如，我们学习《周亚夫军细柳》，抓住文中的关键词"真将军"对文本进行深入挖掘，并设计几个环节。第一环节："真将军"的"真"体现在哪些地方？请在文中找出并概括出来；第二环节：跳读《史记·绛侯周勃世家》，

5

思考在作战时军纪严明、忠于职守的周将军，在战后是否体现了"真"的一面？第三环节：结合作者生平探究作者写周亚夫的"真"是基于什么目的？这样，学生从课内走向课外，从对人物形象的概括到对作品意义的思考，不仅明白了人物形象"刚正不阿，独立善行"的"真"，也领悟到史家笔法中"不虚美，不隐恶"的"真"。再如，学习《湖心亭看雪》，围绕"独"字展开：明明"舟中人两三粒而已"，为何还称"独"？既谓"独"，又为何"强饮三大白而别"？阅读《〈陶庵梦忆〉序》并结合作者生平探究"独"的成因。这样，学生由浅入深，逐步把握作者对身世的没落之悲与对故国的眷恋之思。

联结延读，让学生一方面跳出篇章来看篇章，既有局部理解，又有整体把握；另一方面从文中来，到文中去，从相关联的语段中深入挖掘作品的深刻内涵，更有利于学生思维的纵深发展。

（五）统整重构

统整，对将相关的知识及学习经验进行整合组织，使其以有意义的方式紧密联结。"统整重构"策略，是指阅读主体通过多文本阅读，把文本所提供的信息整合到自己的认知结构中，打破或改变原来的认知结构，对阅读对象建立新的认知结构，从而改进或提升自己的元认知。

人类是在不断地打破或改变原有认知的基础上，不断推动历史前进的。在学习中，我们也是在不断地统整中重构我们的认识。以《卖油翁》为例，在概括人物形象时，我们会从人物的言行中分析文中的陈尧咨是一个自夸自傲的人，而如果我们把《宋史·陈尧咨传》《渑水燕谈录·陈母教子》《能改斋漫录·陈谏议教子》进行群文阅读，我们就不难看出人物形象的多面性和立体性，这一方面让学生拓展了文言知识，提升了文言阅读能力，另一方面也让学生对陈尧咨这个人物有了新的认识。

再如，教学《愚公移山》时，更多引导学生理解课文主旨，即要克服困难就要坚持不懈。如果我们将其与《列子·汤问》中《愚公移山》的前一篇："吴、楚之国有大木焉，其名为櫾，碧树而冬生，实丹而味酸。食其皮汁，已愤厥之疾。齐州珍之，渡淮而北而化为枳焉。鸲鹆不逾济，貉逾汶则死矣，地气然也。虽然，形气异也，性钧已，无相易已。生皆全已，分皆足已。吾何以识其巨细？何以识其修短？何以识其同异哉？"和《列子·汤问》中《愚公移山》的后一篇："夸父与日逐走，入日；渴，欲得饮，饮于河、渭；河、渭不足，北饮大泽。未至，道渴而死。弃其杖，化为邓林。"进行群文组合阅读，我们就不难发现作者创作的真实意图是告诫人们不应急功近利，应以愚公为榜样，"无心而为功"，以夸父为戒，忌"恃能以求胜"。这样，我们就完全打破了对单篇教学中所强调的人定胜天、坚持不懈这一文章主旨的认知。

因此，统整重构通过打破或改变原有的认知，建立起新的认知结构，这是批判性思维发展的必由之路；通过不断解构与重组，使知识得以更新和扩容，使思维得以提升和发展，这就是学习的本质和意义。

三、策略的意义

以上五种文言文群文阅读策略，紧紧围绕语文的核心素养，或建构语言，或发展思维，或提升审美，或传承文化，既拓宽了学生视野，又激发了他们学习文言文的兴趣，使教师从真正意义上摆脱了文言文教而无趣、教而无法的尴尬局面。当然，文言文群文阅读要改变的并不只是学生的阅读材料，更重要的是要改变教师的教学方式，并由此改变学生的学习方式。我们认为，学生在母语学习中，仅仅在课堂上围绕语文教科书为中心的封闭的教学空间是难以发生学习方式的重大转变的。如果能把更多的群文引入文言文课堂中，用不同的策略来组织课堂教学，通过集体建构来组织学习，我们的文言文课堂将不再重复并延续原有的教与学的方式，文言文教学将走向真正意义上的教学相长。

参考文献

［1］韩军.没有文言，我们找不到回家的路［N］.中国教育报，2004（4）：5.

［2］于泽元，王雁玲，黄利梅.群文阅读：从形式变化到理念变革［J］.中国教育学刊，2013（6）：62-66.

［3］陆侃如，牟世金.文心雕龙译注［M］.济南：齐鲁书社，1995：426.

［4］倪文锦.语文核心素养视野中的群文阅读［J］.课程·教材·教法，2017（6）：44-48.

［5］潘庆玉.群文阅读：由链接而群聚，因秘响而旁通［J］.语文建设，2018（1）：26-33.

［6］蒋军晶.语文课上更重要的事：关于单篇到"群文"的新思考［J］.人民教育，2012（12）：30-33.

［7］于泽元，王雁玲，石潇.群文阅读的理论与实践［M］.重庆：西南师范大学出版社，2018：38-70.

（此文发表在2020年9月《语文教学通讯》，2021年4月被中国人民大学复印报刊资料转载。）

第一章

母 题 建 构

至真性情　千古如斯

——统编版教材九年级（下）《出师表》群文阅读案例

东莞市寮步宏伟初级中学　黄文韬

一、群文选文

文本选择如下：

出师表
诸葛亮

（具体内容请参考教材）

陈情表
李　密

臣密言：臣以险衅，夙遭闵凶。生孩六月，慈父见背；行年四岁，舅夺母志。祖母刘愍臣孤弱，躬亲抚养。臣少多疾病，九岁不行，零丁孤苦，至于成立。既无伯叔，终鲜兄弟，门衰祚薄，晚有儿息。外无期功强近之亲，内无应门五尺之僮，茕茕孑立，形影相吊。而刘夙婴疾病，常在床蓐，臣侍汤药，未曾废离。

逮奉圣朝，沐浴清化。前太守臣逵察臣孝廉，后刺史臣荣举臣秀才。臣以供养无主，辞不赴命。诏书特下，拜臣郎中，寻蒙国恩，除臣洗马。猥以微贱，当侍东宫，非臣陨首所能上报。臣具以表闻，辞不就职。诏书切峻，责臣逋慢；郡县逼迫，催臣上道；州司临门，急于星火。臣欲奉诏奔驰，则刘病日笃，欲苟顺私情，则告诉不许。臣之进退，实为狼狈。

伏惟圣朝以孝治天下，凡在故老，犹蒙矜育，况臣孤苦，特为尤甚。且臣少仕伪朝，历职郎署，本图宦达，不矜名节。今臣亡国贱俘，至微至陋，过蒙拔擢，宠命优渥，岂敢盘桓，有所希冀！但以刘日薄西山，气息奄奄，人命危浅，朝不虑夕。臣无祖母，无以至今日；祖母无臣，无以终余年。母孙二人，更相为命，是以区区不能废远。

臣密今年四十有四，祖母今年九十有六，是臣尽节于陛下之日长，报养刘之日短也。乌鸟私情，愿乞终养。臣之辛苦，非独蜀之人士及二州牧伯所见明知，皇天后土，实所共鉴。愿陛下矜悯愚诚，听臣微志，庶刘侥幸，保卒余年。臣生当陨首，死当结草。臣不胜犬马怖惧之情，谨拜表以闻。

祭十二郎文
韩　愈

年、月、日，季父愈闻汝丧之七日，乃能衔哀致诚，使建中远具时羞之奠，告汝十二郎之灵：

呜呼！吾少孤，及长，不省所怙，惟兄嫂是依。中年，兄殁南方，吾与汝俱幼，从嫂归葬河阳。既又与汝就食江南，零丁孤苦，未尝一日相离也。吾上有三兄，皆不幸早世。承先人后者，在孙惟汝，在子惟吾。两世一身，形单影只。嫂尝抚汝指吾而言曰："韩氏两世，惟此而已！"汝时尤小，当不复记忆；吾时虽能记忆，亦未知其言之悲也。

吾年十九，始来京城。其后四年，而归视汝。又四年，吾往河阳省坟墓，遇汝从嫂丧来葬。又二年，吾佐董丞相于汴州，汝来省吾，止一岁，请归取其孥。明年，丞相薨，吾去汴州，汝不果来。是年，吾佐戎徐州，使取汝者始行，吾又罢去，汝又不果来。吾念汝从于东，东亦客也，不可以久；图久远者，莫如西归，将成家而致汝。呜呼！孰谓汝遽去吾而殁乎！吾与汝俱少年，以为虽暂相别，终当久相与处。故舍汝而旅食京师，以求斗斛之禄。诚知其如此，虽万乘之公相，吾不以一日辍汝而就也。

去年，孟东野往，吾书与汝曰："吾年未四十，而视茫茫，而发苍苍，而齿牙动摇。念诸父与诸兄，皆康强而早世，如吾之衰者，其能久存乎？吾不可去，汝不肯来，恐旦暮死，而汝抱无涯之戚也。"孰谓少者殁而长者存，强者夭而病者全乎？

呜呼！其信然邪？其梦邪？其传之非其真邪？信也，吾兄之盛德而夭其嗣乎？汝之纯明而不克蒙其泽乎？少者、强者而夭殁，长者、衰者而存全乎？未可以为信也。梦也，传之非其真也，东野之书，耿兰之报，何为而在吾侧也？呜呼！其信然矣！吾兄之盛德而夭其嗣矣，汝之纯明宜业其家者，不克蒙其泽矣。所谓天者诚难测，而神者诚难明矣。所谓理者不可推，而寿者不可知矣。

虽然，吾自今年来，苍苍者或化而为白矣；动摇者或脱而落矣，毛血日益衰，志气日益微，几何不从汝而死也。死而有知，其几何离；其无知，悲不几时，而不悲者无穷期矣。

汝之子始十岁，吾之子始五岁，少而强者不可保，如此孩提者，又可冀其成立邪？呜呼哀哉！呜呼哀哉！

汝去年书云："比得软脚病，往往而剧。"吾曰："是疾也，江南之人，常常有之。"未始以为忧也。呜呼！其竟以此而殒其生乎？抑别有疾而至斯极乎？

汝之书，六月十七日也；东野云，汝殁以六月二日；耿兰之报无月日。盖东野之使者，不知问家人以月日；如耿兰之报，不知当言月日。东野与吾书，乃问使者，使者妄称以应之乎。其然乎？其不然乎？

今吾使建中祭汝，吊汝之孤与汝之乳母。彼有食，可守以待终丧，则待终丧而取以来；如不能守以终丧，则遂取以来。其余奴婢，并令守汝丧。吾力能改葬，终葬汝于先人之兆，然后惟其所愿。

呜呼！汝病吾不知时，汝殁吾不知日，生不能相养以共居，殁不能抚汝以尽哀，敛不凭其棺，窆不临其穴。吾行负神明，而使汝夭；不孝不慈，而不得与汝相养以生，相守以死。一在天之涯，一在地之角，生而影不与吾形相依，死而魂不与吾梦相接，吾实为之，其又何尤！彼苍者天，曷其有极！自今已往，吾其无意于人世矣！当求数顷之田于伊颍之上，以待余年。教吾子与汝子，幸其成；长吾女与汝女，待其嫁，如此而已。

呜呼，言有穷而情不可终，汝其知也邪？其不知也邪？呜呼哀哉！尚飨！

二、群文议题

探寻古人的至真性情。

三、群文策略

母题建构。

四、教学价值

《出师表》选自统编版教材九年级下册第六单元。九年级的学生在文言文的学习上已经奠定了比较扎实的基础，本单元的前三篇文章都是描写历史事件，凸显历史人物的篇目，在这三篇文章学习的基础上，进一步掌握文言文的阅读方法，把握人物形象，体悟文章的情感，应该是轻车熟路。

《出师表》在古代"表"文中独树一帜，诸葛亮"鞠躬尽瘁，死而后已"，知恩图报，忠心耿耿，对先帝的遗志至死不渝的赤诚之心跃然纸上，体现出真性情——"忠"。文章寓情于叙，寓情于议，融叙述、抒情、议论于一体，情真意切，娓娓道来。增选的《陈情表》字里行间体现出至真性情——"孝"，《祭十二郎文》催人泪下，体现出至真性情——"慈"。"忠""孝""慈"三者合一，使学生在探寻古人真性情的过程中，加深对文章情感的体悟，收到更好的学习效果。

五、学程设计

（一）教学目标

1. 概括选文的主要内容。

2. 探寻选文所表达出来的至真性情。

3. 掌握选文表达情感的方式。

（二）教学重难点

教学重点：概括选文内容。

教学难点：理解选文的情感，掌握选文表达情感的方式。

（三）教学准备

1. 打印选文的原文及译文，师生每人一份。疏通文意，初步了解文章内容。

2. 在东莞市教育资源平台上新建课程，推送选文的音频、视频及相关资料。

3.打印导学案，供学生预习。

（四）课时安排

1课时（40分钟）。

（五）教学过程

1.激趣导入

（略）。

2.活动一：知人论世

谈谈三篇文章的写作背景，为理解文章的情感做铺垫。

3.活动二：体悟情感

结合三篇文章的主要内容，思考它们各自表达的情感。

（1）阅读文本，分组梳理三篇文章的主要内容，并指定代表发言。

（2）指定学生回答三篇文章各自侧重表达了什么样的情感。

4.活动三：探究抒情

分组探究三篇文章不同的抒情方式，并体会其写法。

（1）探究《出师表》，思考作者如何抒发"忠"情？

（2）探究《陈情表》，思考作者如何抒发"孝"情？

（3）探究《祭十二郎文》，思考作者如何抒发"慈"情？

5.活动四：学以致用

思考忠、孝、慈这三种至真性情的现实意义。

6.课堂小结

（略）

7.板书设计

课文名	至真性情	抒情方式	现实意义
出师表	忠	寓情于议 寓情于叙	忠孝、慈悲是人性中的至真性情，也是社会主义核心价值观中"爱国、友善"的直接体现。践行忠、孝、慈三种至真性情，是和谐家庭、和谐生活、和谐国家的重要条件
陈情表	孝	寓情于叙 寓情于议	
祭十二郎文	慈	寓情于叙	

六、教学现场

师：上课！

生：老师好！

师：同学们好！请坐！

师：古人云，"读《出师表》不哭者不忠，读《陈情表》不哭者不孝，读《祭十二郎文》不哭者不慈"。这三篇文章字字含泪、句句动情，千百年来为人们传诵不绝，成为至真性情表达的绝唱。"感人心者莫先乎情"，一切最动人的文字都是从心底里流淌出来的。今天我们就一起品味这三篇文章，探寻古人的至真性情。

师：首先，我们一起来明确这节课的学习目标：①概括选文的主要内容。②理解选文所表达出来的至真性情。③掌握选文表达情感的方式。

这节课，我们将通过四个活动完成学习目标。

师：首先，我们进入活动一：知人论世——谈谈三篇文章的写作背景。

老师检查一下同学们的预习情况，请三位同学分别说说这三篇文章的创作背景。

生：《出师表》是诸葛亮在北伐之前写给后主刘禅的。

生：《陈情表》是李密写给当朝皇帝以拒绝出仕的。

生：《祭十二郎文》是韩愈在获知自己的侄儿死去之后用来怀念亲人的。

师：很好，同学们都答出了要点。

师（明确）：蜀汉建兴元年（223年），刘备病死，将刘禅托付给诸葛亮。诸葛亮实行了一系列政治和经济措施，使蜀汉境内呈现兴旺景象。为了实现全国统一，诸葛亮于建兴五年（227年）决定北上伐魏，拟夺取长安，临行之前上书后主，即这篇《出师表》。

李密原是蜀汉后主刘禅的郎官。三国魏元帝（曹奂）景元四年（263年），司马昭灭蜀，李密沦为亡国之臣。司马昭之子司马炎废魏元帝，史称"晋武帝"。泰始三年（267年），朝廷采取怀柔政策，极力笼络蜀汉旧臣，征召李密为太子洗马。李密时年44岁，以晋朝"以孝治天下"为口实，以祖母供养无主为由，上书《陈情表》以明志，要求暂缓赴任。

《祭十二郎文》写于贞元十九年。韩愈幼年丧父，是兄嫂将其抚养成人。韩愈与其侄十二郎自幼相守，历经患难，感情特别深厚。但成年以后，韩愈四处漂泊，与十二郎很少见面。正当韩愈官运好转，有可能与十二郎相聚的时候，突然传来十二郎去世的噩耗。韩愈尤为悲痛，写下这篇祭文。

师：同学们想想，这三篇文章一个是为国征战，一个是拒绝做官，一个是祭奠侄儿，它们究竟表达了什么样的情感呢？让我们一起进入活动二：体悟情感——结合三篇文章的主要内容，思考它们各自表达的情感。请同学们快速浏览文章，三个小组的同学自主思考，合作完成两个问题：①简要概括三篇文章的主要内容。②说说三篇文章各自侧重表达了什么样的情感？给大家5分钟的思考时间，得出结论后可以小组讨论并请小组代表发言。

师：好了，时间到，哪位同学来回答？

生：我觉得《出师表》主要写了诸葛亮北伐前对国内政事和北伐之举的安排。

师：你概括得很好，还有哪位同学可以更详细地说说这篇文章的内容？

生：我觉得主要写了广开言路、严明赏罚、亲贤远佞三个谏言。

生：我补充一下，应该还有诸葛亮追述先帝与自己的交往经历。

生：应该还有对后主表达自己出师伐魏的决心吧？

师：同学们都说得不错，哪位同学再来谈谈诸葛亮主要表达了什么样的情感呢？

生：知恩图报。

生：忠心耿耿。

生：报答先帝而忠于陛下。

生：尽忠尽职。

师：好的，很精彩。老师想问问同学们，《出师表》第6段叙写自己的生平（二十一年的经历），好像有点跑题了，你们怎么看？

生：二十一年不平凡的历程说明创业艰难，旨在激励刘禅继往开来，切不可半途而废，更不能前功尽弃。

生：表明自己二十一年如一日，竭忠尽智，今后将一如既往，忠心不改，不遗余力，使后主托之以讨贼兴复之任，且可免因率师北伐，小人进谗而对之不予信任，坏了大局。

师（明确）：非常好。诸葛亮以这样一种看似跑题的言语，追溯二十一年的殊遇，表露感恩戴德之情，说明以上进言皆为忠谏，刘禅听来会觉得舒徐入耳，也更好地表达了自己忠心耿耿、知恩图报、尽忠后主的赤诚之心。所以，我们可以总结为《出师表》侧重表达了"至忠之情"。

师：哪位同学谈谈《陈情表》的主要内容和情感？

生：《陈情表》写了李密父死母嫁、孤苦多病，其由祖母抚养，不愿出仕做官，要赡养其祖母，我觉得这是孝心。

生：《陈情表》写了李密与祖母相依为命，正如文章所言："臣无祖母，无以至今日；祖母无臣，无以终余年。"李密想多花点时间陪陪自己的祖母，所以拒绝到朝廷为官，体现出他的孝顺之心。

师（明确）：两位同学都说得很好。这篇文章的叙写相对集中，陈述了李密和祖母相依为命的情况，让晋武帝了解他的苦处，希望晋武帝设身处地地为他想想，不再征召他入仕。李密抓住晋"以孝治天下"的大理，解释自己应得到同情，同时名正言顺地表明了自己愿意先尽孝再尽忠的想法，体现了他的"至孝之情"。

师：下面请第三组同学来谈谈《祭十二郎文》的主要内容和情感。

生：韩愈写了自己和十二郎的深厚情谊，表达了对他的怀念之情。

生：作者写了十二郎死去的原因，凸显了无限的惋惜之情。

生：作者写了他与十二郎三别三会、聚散离合的往事，寄寓了自己未能见他最后一面的遗憾之情。

生：我觉得这篇文章既有悲叹家族人丁不兴，也有悲叹其仕途失意之情。

师（明确）：刚刚这位同学做了很好的补充，这篇祭文偏重于抒发对死者的悼念哀痛之情。文章一反传统祭文以历叙生平、歌功颂德为主的固定格式，主要记述家常琐事，表现作者与死者的密切关系，抒写难以抑制的悲哀，表达刻骨铭心的骨肉之情。作者写此文的目的不在于称颂死者，而在于倾诉自己的痛悼之情，寄托自己的哀思，流露了血浓于水的"至慈之情"。

师（小结）：同学们，老师认为，这三篇文章分别表达的忠、孝、慈，应该都是人的至真性情。所谓有至真性情的人，大概就是内心善良，为人真诚，不做假、不虚伪，有正义感，敢爱敢恨，有情有义、有血有肉，活得真实的人吧。

师：我们了解了这三篇文章的主要内容，也体会了它们侧重表达的情感，接下来进入活动三，探究抒情——分组探究三篇文章不同的抒情方式，并体会其写法。

（1）探究《出师表》，思考作者如何抒发"忠"情？

（2）探究《陈情表》，思考作者如何抒发"孝"情？

（3）探究《祭十二郎文》，思考作者如何抒发"慈"情？

请三组的同学们分别思考这三个问题，时间5分钟。独立思考后，小组讨论并请小组代表发言。

师（提示）：《出师表》全文以议论为主，辅之以叙事，叙事中又带有浓厚的抒情色彩。

生：应该是陈述衷情吧。由于诸葛亮深感先帝知遇之恩和托孤之情，全篇为他的"报先帝，忠陛下"之情所贯穿。

生：文章第1～5段寓情于议，第6～9段着重叙述诸葛亮自己以身许国的经过和准备出征的计划、安排，充分体现自己勤劳国事、鞠躬尽瘁的一片忠忱。

师（明确）：诸葛亮是向刘禅进谏，但文中提到"陛下"不过7次，而提到先帝就有13次之多。不难看出，诸葛亮事事都以先帝之意为依据，句句都借先帝之口说出，既不失人臣之礼，更无教训人主之嫌，忠言不逆耳，十分得体；也表明他本人处处念及先帝之遗德遗训，时时不忘先帝之殊遇重托，既表明了自己的心迹，又容易以情打动刘禅。总之，"受恩感激""报先帝、忠陛下"之情贯穿全篇，字里行间洋溢着对刘备父子的无限忠诚。作者寓情于议，寓情于叙，抒发忠情，感人肺腑。

师：那《陈情表》的抒情方式是怎样的呢？

生：融情于事。

师：怎样融情于事呢？

生：无论是作者自己的孤苦无依之情，还是作者自己和祖母相依为命的深厚亲情，都是通过叙事来表达的，而自己对朝廷恩遇的感激和对武帝的忠敬之心，也是以充满情感的笔调来写的。

师：这篇文章主要用了什么样的表达方式来抒发情感？

生：叙述。

师：那我们是不是也可以说是融情于叙或者寓情于叙？

生全体：是。

生：我觉得是融情于理。

师：为什么这样认为？你继续说。

生：因为李密陈情的理据，就是"圣朝以孝治天下"的大道理，他还举出了"凡在故老，犹蒙矜育"的普遍事实为论据，史载司马昭死，武帝司马炎坚持为父行三年丧礼，并在即位时提出举贤的六条标准。

师：你回答得非常好！

师（明确）：上表陈辞，不仅要在叙事中动之以情，还需在陈情中言之以理。这篇文章既寓情于叙，也融情于理。讲理主要是发表自己的观点或看法，所以是议论的方式，也就是寓情于议。

师（明确）：同学们，刘勰《文心雕龙·章表》说"章以谢恩，奏以按劾，表以陈情，议以执异"，可见表虽是一种公文文体，但并不是表达对国家大事的意见主张，而只是古代臣子为了向皇帝陈述自己的请求而使用的文体。因此，奏议类的公文是以议论为主，而章表类的公文则是以抒情为主，其中《出师表》《陈情表》就是情真意切，抒发肺腑之情的典范。

师：哪位同学再说说《祭十二郎文》的抒情方式呢？

生：应该是一反常态吧，因为它不是为死者歌功颂德。

生：文章主要回忆自己和侄儿的家庭琐事，叙述的成分多一点。

生：不拘常格，自由抒情，但主要是寓情于叙。

师（明确并小结）：叙事与抒情相互融合，是许多古代散文名篇的共同特点，融情于事、寓情于叙是常用的表现手法。所以，通过这三篇文章的学习，我们进一步明确了抒情的多种方式——寓情于叙是常式，寓情于议是巧式。我们在平时的写作中也可以借鉴。

师：我们以情感为切入点，通过对文章内容、抒情方式的分析，更加深入地理解了文章的深意。文章所表达的至真性情在古代难能可贵，那在今天还有没有价值呢？让我们进入本节课的最后一个环节即活动四，学以致用——思考忠、孝、慈这三种至真性情的现实意义。请同学们踊跃发言。

生：我说说"忠"，自古以来，忠君爱国是一种美德，现在仍然需要这种美德。

生："忠"从字形看，心要放在中间，所以先要正直，没有了正直之人，社会怎么公平？

生："百善孝为先"，如果每个人都能尽孝，我们的家庭就会更和谐，正所谓"家和万事兴"。

生：父慈子孝，慈爱之心，慈悲之心，悲天悯人，血浓于水，同胞如手足，每个家庭就应该这样。

生："忠"也应该看对象吧？要看人或事是否有值得尽忠之处吧？不能愚忠！古今都一样。

师：你的表述很有思想性。

生：忠、孝、慈都是至真性情，如果我们想做一个有真性情的人，理该如此。

师：同学们想想，我们的社会主义核心价值观能否与今天学习的内容相联系？

生：应该是爱国吧，就是一种对国家的忠诚。

师：很好。

生：友善应该也是慈悲之心的一种外在表现。其实，敬业也可以看作忠于自己的职业。

师（总结）：同学们都说得很有道理。忠孝、慈悲是人的至真性情，也是社会主义核心价值观中"爱国、敬业、诚信、友善"的直接体现，践行忠、孝、慈，是和谐家庭、和谐生活、和谐国家的重要条件。所以，古人的智慧真是值得今人好好学习。

这节课，我们通过对三篇文章的学习，体悟了古人的至真性情，也学习了抒发情感的不同方式。保持纯真，做真性情的人，也是老师对同学们的一种期待。让我们永远铭记真善美，践行忠孝、慈悲，超越自我，做最好的自己。这节课我们就上到这里，课后作业是熟读选文，记诵重点段落。下课！

七、教研视角

本节课，教师从人性的角度出发，选择了能熏陶学生情感的"忠""孝""慈"入题，探寻古人的至真性情，正所谓"读《出师表》不哭者不忠，读《陈情表》不哭者不孝，读《祭十二郎文》不哭者不慈"。

本节课教学目标明确，群文选择符合大纲要求，能够找准起点，突出重点，突破难点，课堂气氛活跃，教学环节紧凑，运用了"启发式"教学，善于引导；板书设计合理，书写工整规范；学生能力得到了培养，基本完成了教学任务，达到了教学目的。

华东师范大学教授叶澜曾言：若一堂课有意义，即扎实；有效率，即充实；生成性，即丰实；常态性，即平实；有待完善，即真实。这堂群文阅读课是常态课，学生面对比较熟悉的《出师表》和相对陌生的《陈情表》《祭十二郎文》，能跟随教师的引导，重点分析至真情感，学习抒情手法，互动良好，思维活跃，受到了真善美的熏陶；教师结合时代特点有机地渗透德育，贯穿了立德树人的理念。

当然，文言文学习课堂上应该多一些琅琅书声，让师生在各种形式的诵读中，品文悟言，这样效果会更好。此外，若能多借助信息化手段，多融入智慧课堂元素，给学生差异化、个性化的指导，就能更好地呈现品质课堂的特点。

走进君子的世界

——统编版教材七年级（下）《爱莲说》群文阅读案例

东莞市中堂镇实验中学　黎燕云

一、群文选文

1.文本选择

爱莲说

周敦颐

（具体内容请参考教材）

陋室铭

刘禹锡

（具体内容请参考教材）

五柳先生传

陶渊明

先生不知何许人也，亦不详其姓字，宅边有五柳树，因以为号焉。闲静少言，不慕荣利。好读书，不求甚解；每有会意，便欣然忘食。性嗜酒，家贫不能常得。亲旧知其如此，或置酒而招之；造饮辄尽，期在必醉。既醉而退，曾不吝情去留。环堵萧然，不蔽风日；短褐穿结，箪瓢屡空，晏如也。常著文章自娱，颇示己志。忘怀得失，以此自终。

赞曰：黔娄之妻有言："不戚戚于贫贱，不汲汲于富贵。"其言兹若人之俦乎？衔觞赋诗，以乐其志，无怀氏之民欤？葛天氏之民欤？

2. 文本分析

《爱莲说》是北宋理学家周敦颐创作的一篇散文。这篇文章通过对莲花的形象和品质的描写，歌颂了莲花坚贞的品格，也表现了作者洁身自爱的高洁人格和洒脱的胸襟。在写作手法上，本文首先采用了象征手法。牡丹象征着富贵者或者追逐功名利禄的人；菊花象征着逃避现实、退世隐居的隐士；而莲花则象征着"出淤泥而不染"的君子，不与世俗同流合污，不趋炎附势，不攀附权贵，即使身处污浊的环境中，也能够保持自身的高洁人格。其次，使用了"对比""衬托"的手法。文章是通过写莲花的高洁来表现君子的人格魅力，但不是仅仅写莲花，而是用牡丹和菊花与莲花进行对比，衬托莲花的宝贵品质，表现作者对莲花洁身自好的赞赏、对消极避世的处事方式的反对以及对追逐名利的社会风气的鄙弃的思想情感。

《陋室铭》是唐代诗人刘禹锡所创作的一篇托物言志的骈体铭文，表现了作者安贫乐道、志趣高雅、不慕名利的生活态度。文章层次明晰，先以山水起兴，"山不在高""水不在深"比兴陋室；"有仙则名""有龙则灵"则比兴陋室之德，点明"斯是陋室，惟吾德馨"的主旨。接着从陋室的环境、交往人物、生活情趣三方面着笔，渲染陋室不陋的高雅境界。写陋室之陋是为了衬托室中主人之贤，而写室中主人之贤正好说明陋室不陋。最后引证古人、古迹、古语作结，意在自慰和自勉；援引孔子"何陋之有"，则说明自身的志趣与圣人之道相符合。

《五柳先生传》是晋代陶渊明写的一篇传记。文章从思想性格、爱好、生活状况等方面，塑造了一位独立于世俗之外的隐士形象，赞美了他安贫乐道、不求名利的精神，期待以诗酒自乐的情怀。全篇分为两部分：第一部分是正文，第二部分是赞语。正文部分分为四小节，第一节写了"五柳先生"这一名号的由来，第二节写了五柳先生的禀性志趣以及他的生活、性格（"闲静少言，不慕荣利"），第三节写了他嗜好饮酒，第四节写了他的安贫与著文。他虽然居室破陋，衣食不足，但却安然自得，这正是他安贫乐道的表现。

二、群文议题

走进君子的世界。

三、群文策略

母题建构。

四、教学价值

《爱莲说》是选自统编版教材七年级下册第四单元的文言文，采用了托物言志、象征、对比、衬托等写法，短小精悍，骈散结合，意蕴深远。本节课的教学对象是七年级的学生，他们能大致读懂浅显的文言文，并且具备初步的赏析能力。

从文章内容看，《爱莲说》主要写了"出淤泥而不染，濯清涟而不妖"的莲花，还写了世人甚爱的牡丹、晋代陶渊明独爱的菊花，表面上是写三种迥然不同的花，实质上是写三种不同的人生态度、人生追求。学生如果能够读懂其"写了什么"，通过思考分析，便能弄清楚"为什么写"和"怎么写"的问题。对学生来说，这也是一种理解文章的思维训练。

从写作手法看，作者写的是对莲花的喜爱，但为了更好地突出莲花的品质，又写了牡丹和菊花，这是一种对比的手法，也是一种衬托的手法。其中，菊花对莲花起到了正衬的作用，而牡丹则对莲花起到了反衬的作用，目的都是为了突出莲花的高洁品格。此外，三种花代表着三种不同的人，这也是一种象征的手法：莲花象征着洁身自好、不慕名利的君子，菊花象征着避世隐居的隐士，而牡丹则象征着追求功名利禄的富贵者。同时，这也是以花喻人的写法，以三种不同的花写出三种有着不同追求的人。写某物，却不仅仅写此物，而是采用多种表现手法来突出要写的事物，这就是一种创作的技巧！

从作者的人格追求看，周敦颐希望自己在污浊的官场环境中，能够"出淤泥而不染"，能够"洁身自好"，不与世俗同流合污，这是当时为官者最为难得的品格，能够做到这一点就是君子的表现。《陋室铭》同样是选自统编版教材七年级下册第四单元的文言文，而且跟《爱莲说》一样，都采用了托物言志的写法，表达了作者安贫乐道、高洁傲岸的情怀。即使外在物质条件恶劣，也能保持积极乐观的心态，这也是君子的一种表现。而《五柳先生传》虽然是一篇人物传记，但其主人公与《爱莲说》《陋室铭》中的作者有着共通之处，都具有高尚的品格和人格魅力，都是"君子"，三者具有可比之处。

五、学程设计

（一）教学目标

1.熟读课文，理解重点字词句。

2.认识周敦颐笔下的君子形象。

3.联读对比，感受周敦颐、刘禹锡、陶渊明不同的君子情怀。

（二）教学重难点

教学重点：熟读课文，认识周敦颐笔下的君子形象，感受不同文人的君子情怀。

教学难点：思辨探究，分析周敦颐、刘禹锡、陶渊明"君子的选择"。

（三）教学准备

1.课前下发学习导学案，学生进行预习，梳理文中的重点字词。

2.课前熟读课文，最好能够背诵全文。

（四）课时安排

1课时（40分钟）。

（五）教学过程

1.导入新课

（1）展示梅、兰、竹、菊的图片，引出"君子"的话题。

（2）引用余秋雨关于"君子"的话语。

2.朗读课文，走进周敦颐的君子世界

（1）初读课文，疏通文意（检查预习）。

重点字词：可爱、蕃、濯、清涟、妖、中通外直、不蔓不枝、益、亭亭净植、亵、鲜。

重点句子：

①予独爱莲之出淤泥而不染，濯清涟而不妖。

②中通外直，不蔓不枝，香远益清，亭亭净植。

③可远观而不可亵玩焉。

④予谓菊，花之隐逸者也。

⑤菊之爱，陶后鲜有闻。莲之爱，同予者何人？牡丹之爱，宜乎众矣！

（2）细读课文，了解周敦颐眼中的"君子"。

①在《爱莲说》中，周敦颐到底喜欢莲花的什么？（用原文句子回答）

预设："予独爱莲之出淤泥而不染，濯清涟而不妖，中通外直，不蔓不枝，香远益清，亭亭净植，可远观而不可亵玩焉。"

②周敦颐认为，像莲花一样的君子应该具备哪些品质？（用自己的话回答）

预设：不同流合污，洁身自好，正直刚强，不攀附权贵，端庄美好……

（3）再读课文，认识周敦颐心中的"真君子"。

思考：在周敦颐笔下，出淤泥而不染的莲花是花中的君子，为什么牡丹和菊花就不能是君子呢？（学生讨论）

预设：

在周敦颐眼中——

真正的君子，应该不趋炎附势，不阿谀奉承；

真正的君子，不应该逃避现实、明哲保身；

真正的君子，应当积极入世，"出淤泥而不染"，应当努力为国为民做贡献。

3. 阅读对比，感受不同文人的君子情怀

联读《爱莲说》《陋室铭》《五柳先生传》三篇文章，完成以下学习任务：

（1）对比生活志趣，了解君子的情趣。

周敦颐喜欢出淤泥而不染的莲花，也希望自己能够像莲花一样，即使身处污浊的环境，也要保持自己的洁净，这就是他的生活情趣，也是他的生活追求。在《陋室铭》和《五柳先生传》中，作者的生活志趣分别是什么？（可用原文句子回答）

①预设：

《陋室铭》："谈笑有鸿儒，往来无白丁。"（与学者谈笑）

　　　　　"可以调素琴，阅金经。"（悠闲的弹琴）

　　　　　"无丝竹之乱耳，无案牍之劳形。"（没有公务）

《五柳先生传》："好读书，不求甚解。"（爱读书）

"造饮辄尽，期在必醉。"（爱喝酒）

"常著文章自娱，颇示己志。"（爱写文章）

② 思考：《爱莲说》《陋室铭》《五柳先生传》中的主人公，在生活情趣方面有什么异同？

表1　主人公生活情趣的异同

篇目	不同点	共同点
爱莲说	洁身自好，身处污浊环境而不受沾染	不慕荣华，淡泊明利，追求高洁的人格
陋室铭	在恶劣的生活环境中，依然能乐观豁达	
五柳先生传	享受田园生活，潇洒自在，悠然自得	

（2）对比人生追求，感受君子的情怀。

① 阅读资料。

周敦颐：为人胸怀坦荡，光明磊落；为人正直，具有独立人格，令人敬佩。君子和隐士相比，不避世，敢于担当，"知其不可而为之"；和追求富贵的人相比，不慕荣华富贵，而是"达则兼济天下，穷则独善其身"。周敦颐喜欢莲花，可不是仅仅喜欢莲花的外表之美，还有莲花那高洁的气质，所以他对莲花的喜爱，自然也不是仅仅停留在表面上的，使自己的内心世界变得和莲花一样高洁，那才是他真正想做的事情。据说，周敦颐虽然久居官场，却丝毫没有沾染官场上的恶习，依旧保持着自己清高正直的禀性。

刘禹锡：在政治上是主张革新的，也是王叔文派政治革新活动中心人物之一。刘禹锡积极参加永贞革新，并且在革新时和柳宗元建立了深厚的友谊，但是在永贞革新失败后便被贬为朗州（现在的湖南常德）司马。刘禹锡出身世代文儒大家，虽然屡遭贬谪，但是他一直微笑面对生活，以自身的清高与文人特有的坚持积极处世，并且深谙隐逸之道。

陶渊明：对社会人事的虚伪黑暗有极清醒的认识，因而他的隐逸不是消极地逃避现实，而是具有深刻的批判社会现实的积极意义。当他在漫长的隐居生活中陷入饥寒交迫的困境时，尽管彷徨过，动摇过，但最终还是没有向现实屈服，宁固穷终生也要坚守清节。陶渊明是中国文学史上第一个大量写饮酒诗的诗人。他以"醉人"的语态或指责是非颠倒、毁誉雷同的上流社会，或反映仕途的险恶，或表现其退出官场后的怡然自得，或表现其在困顿中的牢骚不平。

② 预设。

周敦颐、刘禹锡、陶渊明三人都是我国古代的大文豪，都曾当过官，也都曾在仕途上遭遇坎坷，都不顺心畅意。请你根据以上阅读资料，归纳三人的人生追求，感悟君子的情怀。

表2　周敦颐、刘禹锡、陶渊明的人生追求

人物	人生追求（君子的情怀）
周敦颐	君子应当"出淤泥而不染"，即使身处污浊的环境中，也要保持自己的一份洁净
刘禹锡	君子应当有"惟吾德馨"的乐观心态，重视内在的精神品格，不要太在乎外在的物质条件
陶渊明	君子应当"不戚戚于贫贱，不汲汲于富贵"，保持心如明镜、悠然自得的心境，不为五斗米折腰

4. 思辨探讨，君子的选择——"入世"和"出世"

（1）关于古代文人的"入世"和"出世"。

中国古代君子的人格美由二元文化要素构成："入世"与"出世"。中国君子的处事标准在世界上是独一无二的。所谓"入世"，亦即"入仕"，修齐治平，出将入相，心系苍生，安邦治国；所谓"出世"，则是"邦有道则仕，邦无道则可卷而怀之""隐居以求其志"。

中国文人的理想——"穷则独善其身，达则兼济天下"。作为一个有抱负有理想的古代士子，既入俗世，就得面对严酷现实；既然入仕，就得接受朝堂的控制和约束，不与污浊之辈同流合污。"志于道者"代表着中国的君子文化，也就是道统文化，"志于禄者"则代表着中国的帝王文化，也就是权力文化。在权力文化的残酷压制下，中国古代君子和文人的处境极其艰难和危险。

（2）思辨：你认为周敦颐、刘禹锡、陶渊明三人各属于"入世"还是"出世"？说说你的理由。

5. 课后作业

今天，我们学习了《爱莲说》，并且联读了刘禹锡的《陋室铭》和陶渊明的《五柳先生传》，认识了周敦颐笔下的"君子"，也了解了不同文人的君子情怀以及人生选择。那么，你更愿意成为哪一种"君子"？请你以"我想做_____的君子"为题，写一篇文章（300～500字），谈谈你的选择与理由。

6. 板书设计

篇目	君子的情怀	君子的选择	共同品格
爱莲说	"出淤泥而不染"	积极入世	正直高洁
陋室铭	"斯是陋室，惟吾德馨"	豁达处世	不慕荣华
五柳先生传	"不戚戚于贫贱，不汲汲于富贵"	隐居避世	淡泊名利

六、教学现场

师：同学们，大家看看这四张图片（展示梅、兰、竹、菊四图），它们经常被选作中国水墨画的描绘对象，知道它们代表什么吗？

生：君子。

生：（另一学生补充）具有高洁品格的君子。

师：是的，梅、兰、竹、菊被喻为"四君子"，象征着君子美好的品格。我国古代人喜欢用植物来象征人的品格，那么除了梅、兰、竹、菊外，还有什么植物象征君子呢？

生：（异口同声）莲花。

师：是的，看来大家预习得很充分。关于君子，余秋雨先生在他的《君子之道》中写道："世界上的其他民族，都有自己的集体人格作为文化标识……中国文化由儒家做了理想的回答：做一个君子。做个君子，也就是做个最合格、最理想的中国人。"让我们先来认识一下周敦颐笔下的君子吧！

师：同学们，昨天给大家下发了导学案，相信大家都认真完成了，觉得难吗？

生：不难。

生：还好，好多内容注解上都有。

师：真不错，大家都能发挥学习的主动性，达到我们预习的目的了！下面，我们一起来明确一下重点字词句的解释和翻译吧。（投影展示答案，学生更改）现在，我们一起再次有感情地朗读一遍课文。

（全班学生朗读课文）

师：同学们读得不错。从题目"爱莲说"中，我们可以获得什么信息？

生：这篇文章是写莲花的。

师：那么"说"就是——

生：一种文体。

师：是的，跟《陋室铭》中的"铭"一样，"说"是一种文体。题目告诉我们——

生：这是一篇关于莲花的文章。

师："水陆草木之花，可爱者甚蕃"，为何周敦颐"独爱莲"？他到底喜欢莲花的什么？用原文句子回答。

生："予独爱莲之出淤泥而不染，濯清涟而不妖，中通外直，不蔓不枝，香远益清，亭亭净植，可远观而不可亵玩焉。"

师：那么，从这句话中，我们可以看出莲花有哪些特点呢？

生：不受周围污浊的环境所影响，依然能保持自己的洁净。

师：莲花的这种品格可以用一个什么词来形容？

生：洁身自好。

师：真好！还有同学补充一下吗？

生：清纯，经过清水的洗涤而不会妖艳，枝干挺直，不长枝蔓，清新芳香。还有，不被人随意玩弄。

师：你基本上把原句给翻译出来了。（众生笑）同学们，莲花的这些特点，恰恰就是周敦颐心中"君子"的形象，他认为，莲花就是君子的象征。那请大家用自己的话来说一说，像莲花一样的君子应该具备哪些品质？

生：君子应该具备洁身自好的品质，不要让周围环境的污秽玷污自己。

生：君子不应该与小人为伍，要保持自己的高洁。

生：君子应该是正直的，不攀附权贵，不趋炎附势。

生：君子应该重视自己的名声，还要保持一份庄重。

……

师：同学们都说得很好！在周敦颐笔下，出淤泥而不染的莲花是花中的君子，为什么牡丹和菊花就不能是君子呢？

生：因为牡丹是富贵者的象征。

师：难道富贵者就不可以做君子吗？

生：因为当时的社会很多人都追求富贵名利，而不专注于自己内在品质的修养，也有可能会为了功名利禄，不惜与小人为伍，不惜攀附权贵，所以这些人很难成为"君子"。

师：你分析得太精彩了！唐朝的武则天就很喜欢牡丹，宫廷院中种遍牡丹，何等的富丽堂皇！引发很多人种植牡丹，吹捧牡丹，其实这也是一种"趋炎附势"的风气。那么，为什么士大夫陶渊明所钟情的菊花不是君子呢？我们都知道，陶渊明是位"不为五斗米折腰"的贤士，何等的高风亮节，但是，为什么周敦颐认为他不是真正的君子呢？

生：因为陶渊明选择的是一种隐逸的生活，是一种与世隔绝的生活。

师：隐逸的人就不能是君子吗？

生：隐逸的人远离了尘世，不用抵扰很多诱惑，要保持自己的高洁是很容易的事。而真正的君子，应该就像莲花那样，即使身处淤泥之中，也能不受玷污，这是十分难得的。这才是真正的君子！

师：很棒！我们不由得想起屈原的那一句："众人皆醉我独醒——"

生：（异口同声）"举世皆浊我独清。"

师：是的，真正的君子，不应当——

生：逃避现实。

师：是的，在作者心中，真正的君子不应当像陶渊明一样，隐居世外，明哲保身，而应当积极入世，为国家、为民族做出自己应有的贡献，而且即便身处污浊的俗世中，也能保持自己高洁、通达、正直的美好品格。这也是作者内心的真正追求。

（投影显示）

在周敦颐眼中——

真正的君子，应该不趋炎附势，不阿谀奉承；

真正的君子，不应该逃避现实、明哲保身；

真正的君子，应当积极入世，"出淤泥而不染"，应当努力为国为民做贡献。

师：同学们，《爱莲说》中提到"晋陶渊明独爱菊"，陶渊明曾经写了一篇《五柳先生传》，而前几天我们也学习了刘禹锡的《陋室铭》。现在，我们来把这三篇文章放在一起读一读，思考三位作者的生活志趣有什么

31

不同之处。

（学生开始默读思考）

师：刚刚我们分析了周敦颐心中的君子形象，了解到周敦颐喜欢出淤泥而不染的莲花，也希望自己能够像莲花一样，即使身处污浊的环境，也要保持自己的洁净，这就是他的生活志趣，也是他的生活追求。在《陋室铭》和《五柳先生传》中，作者的生活志趣分别是什么？先来说说刘禹锡吧。

生：在《陋室铭》中，刘禹锡写到了自己的生活情怀，比如"可以调素琴，阅金经""无丝竹之乱耳，无案牍之劳形"，可见他的爱好很简单、很高雅。

师：说得很好，这也是"陋室铭不陋"的其中一个方面——生活志趣高雅。还有同学补充吗？

生："谈笑有鸿儒，往来无白丁"这句写他的交友情况，与朋友交往也是生活的一部分。

师：很好，看来《陋室铭》同学们学得也是很扎实的嘛。那《五柳先生传》呢，谁来说说？

生：我觉得《五柳先生传》中写到的生活志趣有三个方面：一是喜欢读书，二是喜欢喝酒，三是喜欢写文章。

师：太棒了！虽然大家没有学过《五柳先生传》这篇文章，但看来大家通过注解，还是能读懂的。这位同学是用自己的话高度概括了主人公的三大爱好，有哪位同学可以用原文的句子说说？我们这一组的几位同学按顺序说下去吧。

生："好读书，不求甚解。"

生："造饮辄尽，期在必醉。"

生："常著文章自娱，颇示己志。"

师：好的，请同学们把导学案上的表格补充完整。

（学生补充导学案）

师：这三篇文章的作者在生活志趣上有共同点，也有不同点。现在我们再来通过三段阅读材料，归纳一下三人的人生追求，感悟其君子的情怀。

（展示阅读材料）

师：这样吧，我们以四人为一小组，一起讨论一下。

（学生讨论）

师：好的，时间差不多了。现在每个小组派一个代表说说吧。好，那边那个小组。

生：我们认为，周敦颐追求的应该是不做追求功名利禄的富贵者，也不做避世隐居的隐士，他要做一个"出淤泥而不染"的君子。

师：也就是说，他想要——

生：坚守初心，在污浊的环境中，依然能够保持自己的高洁。

师：坚守初心，说得太棒了！接着说。

生：刘禹锡追求的也不是富贵功名，物质条件对他来说并不重要，陋室再简陋也没有关系，他追求的是精神上的满足。

师：原文中哪句话道出了这点？

生："斯是陋室，惟吾德馨。"

师：嗯，很好。那陶渊明呢？

生：陶渊明追求的是一种远离官场的生活，即使贫穷，也能够怡然自得，只要有书看，有酒喝，能够写写文章，就很满足了，潇洒得很呢！（众生笑）

师：用原文的话来说就是——

生全体："不戚戚于贫贱，不汲汲于富贵。"

师：古代文人大概都有这样一种理想：穷则独善其身，达则兼济天下。这就是我们说的"入世"和"出世"了。关于"入世"和"出世"，我们一起齐读这两段材料。（屏幕显示内容）

师：现在我们一起来探讨一下，今天读的这三篇文章的作者分别属于哪一种？

生：我觉得周敦颐是"入世"的。

师：理由呢？

生：因为周敦颐虽然厌恶官场中的污浊风气，但他并没有选择离开官场，而是希望自己像莲花一样"出淤泥而不染"。

师：周敦颐的选择是"入世"，大家都同意吧？

生全体：同意。

师：好，那刘禹锡和陶渊明呢？

生：刘禹锡应该是"出世"的，因为文中写到"无丝竹之乱耳，无案牍之劳形"，可见他厌恶了官场，不想涉足官场了。

生：我不同意。如果他真的选择了"出世"，那怎么会有"谈笑有鸿儒，往来无白丁"这些交友情况？他应该会找个清幽安静的、不受外界影响的地方独居，应该不会有很多人来往的。

师：说得有道理。还有同学补充吗？

生：我认为刘禹锡是"入世"的。文中写到他陋室的简陋，但这并不是他自愿选择的，是一种受奸人所害的无奈；他也没有远离尘世，只是在自己坎坷的仕途中让自己保留一份乐观与豁达罢了。

师：对于刘禹锡"入世"和"出世"的选择，大家讨论得很热烈。其实这是一个开放式的问题，只要你有自己的思考，有充分的理由，不管选择的是哪一种，都是可以的。至于陶渊明，我想大家的意见是一致的，那就是——

生全体："出世"。

师：是的，陶渊明选择了退世隐居，选择了"出世"，大家都比较一致。课堂时间已经结束了，但我感觉还有部分同学意犹未尽，还想发表一下自己的意见，我们只能留在课后了。

师：现在，我们来看看今天的作业。

（投影展示作业）今天，我们学习了《爱莲说》，并且联读了刘禹锡的《陋室铭》和陶渊明的《五柳先生传》，认识了周敦颐笔下的"君子"，也了解了不同文人的君子情怀以及人生选择。那么，你更愿意成为哪一种"君子"？请你以"我想做_____的君子"为题，写一篇文章（300~500字），谈谈你的选择与理由。

师：我们这节课就上到这里，下课！

生：谢谢老师，老师再见！

七、教研视角

在本次《爱莲说》的教学过程中，教师尝试把它与刘禹锡的《陋室铭》、陶渊明的《五柳先生传》两篇文章进行"群文对比"，以"君子"为共通点，把三篇文章的议题定为"走进君子的世界"，通过联读、对比，感受周敦颐、刘禹锡和陶渊明三人不同的君子情怀。

本节课主要有三大教学环节。

第一环节：朗读课文，走进周敦颐的君子世界。

在进入周敦颐的君子世界之前，学生需要在课前自学《爱莲说》的重点字词句。《爱莲说》篇幅短小精悍，内容并不复杂，学生完全可以借助课文下面的注解疏通文意，大致读懂文章的内容，通过课前的预习练习扫除翻译障碍，为课堂学习做好准备。因此，对于学生通过自己的预习理解能够解决的问题，教师在课堂上尽量少花时间或者不花时间，把更多的时间花在学生搞不懂的问题上。

周敦颐喜欢莲花，正是因为莲花"出淤泥而不染"，没有躲避污浊，却又保持了自身的洁净。他以莲花喻君子，认为君子应该具备莲花一样的品格：洁身自好，不与世俗同流合污，正直刚强，不攀附权贵，不趋炎附势，保持一份端庄与美好。

文章中除了写莲花，还写到了世人甚爱的牡丹和陶渊明独爱的菊花，当然，这是一种对比、衬托的写法，三种花分别象征着三种不同追求的人。但为何只有莲花才是周敦颐眼中的君子，而另外两种花不是呢？因为在周敦颐心中，真正的君子不应是趋炎附势、阿谀奉承的，也不应是逃避现实、明哲保身的，真正的君子应该积极"入世""出淤泥而不染"，应当努力为国为民做贡献。

第二环节：阅读对比，感受不同文人的君子情怀。

在初步学习《爱莲说》，了解周敦颐心中的"君子"形象后，教师把之前学过的《陋室铭》和陶渊明的《五柳先生传》放在一起进行联读，分别从生活志趣、人生追求等方面，让学生感受三人不同的君子情怀。在生活志趣上，三人既有相同点，又有不同点。学生通过阅读补充资料，了解三人的生活追求：周敦颐希望自己能够在污浊的环境中依然保持一份洁净，"出淤泥而不染"；刘禹锡面对人生的得失表现得乐观豁达，不太看重外在的物质条件，而更注重自己的精神内在和道德修养；陶渊明则选择远离尘世的喧嚣，即使生活贫困，也能保持一份悠然自得的心境。

第三环节：思辨探讨，君子的选择——"入世"和"出世"。

这个环节主要是让学生进行思辨，通过这三篇文章，探讨周敦颐、刘禹锡、陶渊明三人不同的人生选择到底是"入世"的还是"出世"的。所谓

"入世"，就是"入仕"，即在朝廷做官，安邦治国；所谓"出世"，就是退出朝堂，远离官场，退隐山林，独善其身。周敦颐的"入世"选择和陶渊明的"出世"选择是比较明显的，但刘禹锡到底是"入世"的还是"出世"的，学生各有见解。

整节课教学内容由浅及深，层层递进，紧扣"走进君子的世界"这一议题。但对于思辨性问题，学生比较积极，各抒己见，导致课堂时间紧张。

中国古人的理性抉择与坚守

——统编版教材九年级（下）《鱼我所欲也》群文阅读案例

东莞市常平中学初中部　庞 艳

一、群文选文

1.文本选择

鱼我所欲也
孟 子
（具体内容请参考教材）

木兰从军（节选）
郭茂倩

木兰者，古时一民间女子也。少习骑，长而益精。值可汗点兵，其父名在军书，与同里诸少年皆次当行。因其父以老病不能行。木兰乃易男装，市鞍马，代父从军，溯黄河，度黑山，转战驱驰，凡十有二年，数建奇功。嘻！男子可为之事，女子未必不可为。余观夫木兰从军之事因益信。

陶潜传（节选）
《晋书》

陶潜，字元亮，大司马侃之曾孙也。祖茂，武昌太守。潜少怀高尚，博学善属文，颖脱不羁，任真自得，为乡邻之所贵……

……

以亲老家贫，起为州祭酒，不堪吏职，少日自解归。州召主簿，不就，躬耕自资，遂抱羸疾。复为镇军、建威参军，谓亲朋曰："聊欲弦歌，以为三径之资可乎？"执事者闻之，以为彭泽令。在县，公田悉令种秫谷，曰："令吾常醉于酒足矣。"妻子固请种粳。乃使一顷五十亩种秫，五十亩种粳。素简贵，不私事上官。郡遣督邮（督邮为倚仗权秀阿谀奉承、却又无知无识的花花公子）至县，吏白应束带见之，潜叹曰："吾不能为五斗米折腰，拳拳事乡里小人邪！"义熙二年，解印去县，乃赋《归去来兮辞》。

岳飞之死（节选）
《宋史》

秦桧力主和议，恐诸将难制，欲尽收其兵柄。乃罢韩世忠、张浚为枢密使，岳飞为副使，罢刘錡知荆南府……秦桧必欲杀飞，乃与张俊密谋，诱飞部曲能告飞者，优以重赏，卒无应者……桧矫诏召飞父子证宪事。飞笑曰："皇天后土，可表此心。"遂与云就大理狱。桧命中丞何铸、大理卿周三畏鞫之。铸引飞至庭，诘其反状。飞裂裳以背示铸，有旧涅"尽忠报国"四大字，深入肤理。既而阅实，俱无验。铸察其冤，白之桧。桧曰："此上意也。"铸曰："强敌未灭，无故戮一大将，失士卒心，非社稷之长计。"桧乃改命万俟卨。卨素与飞有怨，遂诬飞令于鹏、孙革致书张宪、王贵，令虚申探报，以动朝廷……韩世忠心不平，诘其实。桧曰："飞子云与张宪书，虽不明，其事体，'莫须有'。"世忠曰："'莫须有'三字，何以服天下也？"

2. 文本分析

统编版教材九年级下册第三单元课内古文《鱼我所欲也》出自《孟子·告子上》。《孟子·告子》记录了孟子和其学生告子（一说是墨子的学生）之间有关人性道德的讨论，和《论语》类似，是孟子"性善论"思想较为完整的体现，还涉及仁义道德与个人修养的问题，对精神与物质、感性与理性、人性与动物性等问题也有所涉及。

课文《鱼我所欲也》是孟子以他的性善论为依据，对人的生死观进行深入讨论的一篇代表作，强调"正义"比"生命"更重要，主张舍生取义。孟子性善，自认为"羞恶之心，人皆有之"，人应该保持善良的本性，加强平时的修养及教育，不做有悖礼义的事。孟子的这一思想，被认为是中华民族传统道德修养的精华，影响深远。

第一篇选文节选自《木兰从军》。《木兰从军》是一个妇孺皆知、耳熟能详的故事，讲述了木兰代替父亲去征战的事情。木兰是古时候的一名民间女子，从小练习骑马，一天遇到皇帝招兵，她父亲的名字也在名册上。父亲因年老多病而不能征战，木兰便女扮男装，替父亲出征。这是木兰的人生抉择，也是她的孝义。木兰从军的行为既体现了其保家卫国的英雄气概，也体现了其孝敬父亲的女儿情怀。在当时的时代背景下，木兰作为一名女性流芳千古，为后人称颂。

第二篇选文节选自《晋书·陶潜传》。这是一部记载陶潜生平事迹的传记。陶潜作为"田园诗派之鼻祖"，曾任江州祭酒、建威参军、镇军参军、彭泽县令等职，最末一次出仕为彭泽县令，结果上任后八十多天便弃职而去，从此归隐田园。历史上著名的"不为五斗米折腰"的典故就出自他。年轻时的陶渊明本有"大济于苍生"之志，可是在国家濒临崩溃的动乱年月里，他的一腔抱负根本无法实现，所以最终选择了弃儒从道，被称为"古今隐逸诗人之宗"。

第三篇选文节选自《宋史·岳飞之死》。秦桧等人合伙陷害岳飞，他们编造了三条罪证（"莫须有"的典故出自此），诬陷岳飞谋反，并将岳飞打入死牢，严刑逼供，最后岳飞惨死于风波亭。在群文阅读之末选择这个文本旨在通过从反面的角度呈现古人的"不义"之举，让学生学会多维度地了解和认识古人中的有义之士人格的高贵，以及弃义之人所做的人生抉择之不同，从而提高学生的多元思维和思辨能力。

本课以课内古文《鱼我所欲也》为跳板，让学生了解了不同时期不同类型人物的人生抉择和他们的大义之举。三篇选文互相照应，又互为补充，使学生在文言文的群文阅读中不仅积累了文言词汇，还进一步懂得了中国传统文化中由孟子"舍生取义"所延伸出的"义"文化的绵绵不息、深入人心。

二、群文议题

中国古人的理性抉择与坚守。

三、群文策略

母题建构。

四、教学价值

《鱼我所欲也》选自统编版教材九年级下册第三单元，本课的教学对象是九年级学生，他们已经接触过相当数量的文言文，有一定的阅读基础。但是文言文作为由中国古代语言写成的文章，因年代久远，和现代汉语表达方式有所不同，学生在文言文阅读能力和兴趣上还比较欠缺。因此，在设计文言文的群文阅读时，要选择内容相对浅显的文章，尽量是学生耳熟能详的人物或事件，让学生有认同感和代入感。同时，对生僻或难懂的字词要有明确的注释来辅助学生阅读，扫清字词障碍，使得学生的学习呈现由浅入深、循序渐进的特点，遵循学生的学习规律。

九年级学生对中国传统文化已有初步的了解，在之前大量的古诗、古文学习中，已对儒家的"入世"情怀、道家的"无为而治"等有所认知，但缺少深度认识和统整归纳，也不能完全理解中国传统的儒释道思想皆以"修身"为本，儒释道思想在一定条件下既可以互补，也可以无缝对接、相互转化。本课的文言文群文阅读，即是让学生在中国古人的理性抉择这一母题建构中了解其中所包含的文化意蕴和文化现象，在比对与整合中锻炼高阶思维。

此外，本课以课前导学案的形式落实预习和梳理字词，以挑战冲关的形式激活课堂，同时以项目式学习活动为抓手，在任务驱动中让学生明确方向，点燃学生对古文的学习激情；正向引导，反向思维，让学生们在比对阅读中有思考、有探究，尽可能地激发学生阅读的兴趣，从而让学生亲近文言文，培养文言语感，提升语文素养。

五、学程设计

（一）教学目标

1. 能正确、流利地朗读文言文，理解"市""况""固""白"等文言实词的意思。

2. 能运用比对阅读，理解古人的理性抉择和坚守。

（二）教学重难点

教学重点：能正确、流利地朗读文言文，理解"市""况""固""白"

等文言实词的意思。

教学难点：运用比对阅读，理解古人的理性抉择和坚守。

（三）教学准备

印发课前预习任务单，学生提前预习课外古文，并做批注，充分扫清字词障碍。

（四）课时安排

1课时（40分钟）。

（五）教学过程

1. 提问导入

抛出主题，理性抉择。

（1）以孟子"舍生取义"的抉择导入，以旧知引新知。

（2）以群文阅读的方式了解不同背景下的人物抉择。

2. 阅读探究

活动挑战，层层通关。

活动一：字词通关，我能行。

（1）《鱼我所欲也》字词句温故知新。

（2）探究一：在生死面前，孟子所选择的"义"的范畴是什么？

探究结果：孟子所选择的"义"的范畴是正义、大义，是儒家正统思想中所认知的好的、正确的行为。

活动二：群文阅读，析抉择。

（1）课外文言文本呈现。

选文一：《木兰从军》（节选）

选文二：《晋书·陶潜传》（节选）

（2）教学活动。

读顺——体会文言魅力

读懂——积累重点字词

读透——分析人物特点

（3）探究二：花木兰和陶潜两位古人各自的人生抉择是什么？

①方法点拨：阅读文本，讨论交流，教师点拨。

②探究结果：木兰选择替父从军，是子女对亲人的"孝义"；陶渊明选

择归隐田园，是遵从内心的"道义"。

（4）比对阅读：为何三人的抉择不同？

①列表呈现。

表1　三人抉择的分析

群文	鱼我所欲也	木兰从军	陶潜传
主人公	孟子	花木兰	陶潜
理性抉择	舍生取义	替父从军	归隐田园
归因分析	战国背景 "入世"有为	女儿情怀 忠孝两全	精神家园 避世无为
出发点	国家	家庭	个人
人物形象	坚贞刚毅 有羞恶心	勇敢纯朴 孝顺父母	维护人格 保持气节

②探究结果：出发点不同，抉择不同。孟子站在国家的角度，认为在战国乱世中需要有一批忠君爱国的仁人志士，是儒家积极入世思想的体现；花木兰站在家庭的角度，替父从军，保家卫国，后回归故乡，既是强烈的女儿情怀，也是儒家忠孝思想的体现；陶潜从个人情感出发，弃儒归道，享受精神家园的充实和富足，是道家避世无为的体现。他们都是有"义"之士，是坚守正义、孝义和道义的代表。

活动三：反向思维，话坚守。

（1）课外文言文本呈现。

选文三：《宋史·岳飞之死》（节选）。

（2）探究三：面对岳飞，秦桧做了怎样的人生抉择？

拓展结果：秦桧等人合伙陷害岳飞，他们编造了三条"莫须有"的罪证，诬陷岳飞谋反，并将岳飞打入死牢，严刑逼供，最后岳飞惨死于风波亭。秦桧背信弃义，是奸邪贪佞之人，他的这一错误抉择，不仅害死了忠义之士，也让他自己遗臭万年，下场凄惨。

3.本课小结

文言文的群文阅读带给我们的是讨论中的思想碰撞，是人物比对中的总结提升，是对优秀传统文化的传承和理解。通过这节课，我们了解了中国古代文人在儒、道思想的影响下所做的来去自如又毫无违和的抉择，希望在今后的学习之旅中，同学们对优秀的传统文化有进一步的继承与发扬，不忘初心，学会正确地选择与坚守。

4. 推荐阅读

《史记·屈原列传》《宋史·文天祥传》《汉书·苏武传》

5. 课后作业

阅读《史记·屈原列传》（节选），赏析屈原的人生抉择与坚守。

6. 板书设计

人物	形象特点	人生抉择	正反比较
孟子	坚贞刚毅 有羞恶心	舍生取义	正义
花木兰	勇敢纯朴 孝敬父母	替父从军	孝义
陶潜	维护人格 保持气节	归隐田园	道义
秦桧	贪生怕死 奸邪贪佞	不择手段	弃义

六、教学现场

师：同学们好！今天这节课我们要上一节文言文的群文阅读课，老师把这节课的主题定为"中国古人的理性抉择与坚守"。（投影展示）

师：本次的群文阅读选文，老师是从《孟子》《木兰从军》和《晋书》等名篇中节选出来的，希望本节课能和同学们一起来领略文言文群文阅读的魅力。

（呈现本课学习目标，生齐读了解）

师：我们学过很多出自《孟子》的文章，例如——

生：《得道多助，失道寡助》《生于忧患，死于安乐》《富贵不能淫》……

师：是的，在九年级我们还学习了孟子的另一篇古文《鱼我所欲也》，请同学们齐背这篇古文，温故知新，检验成果。

学生活动：生齐背古文。

（投影呈现活动一：字词通关，我能行）

教师活动：对学生的背诵情况进行点评和反馈，让学生巩固重点字句的翻译和默写。

师：大家背得非常好！通过这篇课文的学习，我们不难看出，在面对生死的时候，孟子本人的人生抉择是——

生：生，亦我所欲也；义，亦我所欲也。二者不可得兼，舍生而取义者也。

师：非常棒！孟子认为，大义比生命还重要。可以说孟子的"义"文化对后世各个朝代都影响深远。

师：下面，我们一起来读读另外两篇课外古文，看看这些耳熟能详的主人公是不是大家心中的"有义之士"，他们的人生抉择有何相同与不同之处。

（投影呈现活动二：群文阅读，析抉择）

师：这次的群文阅读，我们要完成三个任务，请大家先看清楚要求：一是读顺——体会文言魅力；二是读懂——积累重点文言词汇；三是读透——学会分析人物特点。清楚要求后，我们一起来看第一篇选文吧。

师：我们请一位同学为大家读第一篇选文《木兰从军》，其他同学仔细听，识记并纠错。

学生活动：一生读第一篇选文，投影展示选文一。学生读完，请其他同学点评，师在投影上圈画学生读错的词，并顺势讲解重点词句的意思，为学生梳通文意打下基础。

师：我们再请两位同学上台参加文言翻译游戏对比赛，看看哪位同学最先取得胜利！

教师活动：用互动教学平台学生交互式游戏活动检验课外文言选文重点词句的掌握情况；根据比赛结果重点讲解学生易错的词句翻译，查漏补缺，进行针对性训练，掀起课堂小高潮。

师：从刚刚同学们的互动交流中，老师发现大家对这篇古文的基础知识已经理解得比较透彻了。那么在这篇选文里，我们能读出一个怎样的花木兰？

生：勇敢刚毅。

生：孝顺父母。

生：纯朴善良。

生：……

师：是的，"男子可为之事女子未必不可为"，木兰"巾帼不让须眉"的形象在我们心中留下了深深的烙印，我们不难体会出在面对国家需要和家庭实际困难时，木兰的人生抉择是——

生：替父从军。（师板书）

师：接下来，我们再来了解另一位古代名人——陶潜，看看他又有怎样的人生抉择。

学生活动：齐读选文二，师纠正错音错字。

师：这篇选文比较长，老师和大家一起来翻译原文。

（师生互动，通过翻译掌握文本主要内容）

师：如果让大家用文中的一个词来评价陶潜的话，大家的选择是——

生：博学善属文。

生：任真自得。

生：……

师：那么什么叫"任真自得"？下面我们再通过配对小游戏加深大家对"任真自得"四字的理解。

（投影展示游戏，先四人一小组进行讨论，再请一位同学上台完成配对）

学生活动：进行配对小游戏，认为文中的"不堪吏职，少日自解归""令吾常醉于酒足矣""素简贵，不私事上官"体现了陶潜的"任真自得"。

师：好一个率性任真的陶潜，我们从他喊出的"吾不能为五斗米折腰"可知他最终的人生抉择一定与普世众人不同。陶潜的人生抉择是——

生：放弃仕途，归隐田园。

师：没错。孟子、木兰和陶潜三人的抉择我们可以很容易归纳出来，但老师还有进一步的疑问：这三人都是品性高洁、流芳百世的大人物，他们所做的抉择有哪些相同和不同之处？

（投影呈现表格）

师总结：

不同点：背景不同，出发点不同，所以抉择不同。

孟子身处乱世，所以他呼吁大家舍生取义，认为义大于生；木兰心疼父亲，懂得孝义，才会顶着欺君之罪出征；陶潜任真自得，有自尊，有骨气，

"不为五斗米折腰"。

相同点：都是有"义"之士，所做抉择都遵循了"正义""孝义"和"道义"。

师：三位先贤都在我们中国古代的历史长河中传出了一段佳话，我想他们的抉择和坚守对同学们也是有触动的。那么老师还想考考大家，在历史上是不是所有人都会做出正确抉择呢？你还知道哪些背信弃义之人？他们的下场如何？

（学生畅所欲言）

生：我知道朱元璋当上皇帝后，由于担心一些臣子功高盖主，便找一些理由将他们的权力架空，甚至将其处死。

生：……

师：是的，老师也想和大家一起从反面的角度来了解一些背信弃义之人，了解他们在利益的驱使下做了哪些抉择。

（投影呈现活动三：反向思维，话坚守）

师：请大家读选文三《岳飞之死》，思考：面对岳飞，秦桧做了怎样的人生抉择？

学生活动：读选文三，大致了解秦桧的错误抉择所致的悲惨结局。

师：秦桧等人合伙陷害岳飞，他们编造了三条"莫须有"的罪证，诬陷岳飞谋反，并将岳飞打入死牢，严刑逼供，最后岳飞惨死于风波亭。秦桧背信弃义，是奸邪贪佞之人，他的这一抉择，不仅害死了忠义之士，也让他自己遗臭万年，下场凄惨。

师（小结）：今天的文言文群文阅读课就上到这里。在这节课中，老师相信大家能体会到文言文群文阅读带给我们的思想碰撞和总结提升。老师希望通过这节课，同学们能了解到中国古代文人在儒、道思想的影响下所做的来去自如又毫无违和的抉择，更希望同学们对优秀的传统文化有进一步的继承与发扬，在自己的人生旅途中，学会正确地选择与坚守，让我们的成长之路走得更稳健、更有力！下课！

七、教研视角

文言文教学的整个备课、设计和讲课过程，对教师而言都是一次成长和洗礼，让教师对统编版教材、对文言文群文阅读教学有了较深入的思考和理解。

（一）精心设计预习单，提高预习的有效性

九年级的学生已经接触过相当数量的文言文，有一定的阅读基础。但是文言文作为由中国古代语言写成的文章，因年代久远，和现代汉语表达方式有所不同，学生在文言文阅读能力和兴趣上还比较欠缺。因此，在设计文言文的群文阅读时，我针对学情，有意识地选择学生耳熟能详的人物或事件，降低学生的阅读难度。同时，设计预习单让学生有具体的预习任务，不仅使学生能更深入地学习教材，尝试着解决问题，而且在明确的任务目标驱动下，促进学生思维的有效参与，从而预习质量自然就提高了。此外，教师对预习作业进行的评价使学生有了完成好预习任务的动力，这样长期坚持训练，就能实现培养学生预习习惯的目标。

（二）解读文本、设计活动，激活文言课堂

文言文的群文学习是需要方法和技巧的，尤其想在一堂课当中高效、优质地呈现核心内容，需要巧思和设计，而这些巧思和设计是教师文本解读能力、探究能力和整合能力的体现。我在本节课设计之初阅读了大量相关文言篇目，再通过提炼归纳明确了本课中心议题，随后在课堂活动中以项目式学习活动的形式让学生深入学习，在真实语言情境中探究；通过让学生完成相关活动来完成文言文群文教学，以及文言文相关知识的框架建构。从本节课的教学和学生的课堂表现来看，这个思路是行之有效的，可以拓展深化下去。

此外，文言文的学习离不开朗读，朗读是文言文学习的基础。教师可以示范读，也可以以检验的形式让学生花样朗读，读出节奏，读出韵律，读出对人物的理解和认识，从而引导学生感受文言文的独特魅力，激发学生学习文言文的兴趣。这是基于课标，也是符合学情的，让学生在阅读中加深理解，在比对中提高认知。

（三）文言文群文阅读，传承中华文化

通过本节课的学习，学生能了解到中国传统文化中的"义"文化，孟子的"正义"、木兰的"孝义"和陶潜的"道义"。无论这些先贤的人物形象和所做抉择有何不同，都绕不开一个"义"字，而这些不同侧面体现出的"义"，也能指引学生在自己的人生道路上做出正确的抉择。文言文群文阅

_

_

_

_

_

_

读能让学生感受文言文的魅力，为传承中华文化助力。诚然，文言文的群文阅读教学仍是任重而道远的，但只要我们在正确的道路上坚持不懈地走下去，引导学生落实"诵读古代诗词，阅读浅易文言文，注重积累"的教学目标，那么不久的将来一定能硕果累累。

古人劝谏的艺术技巧

——统编版教材九年级（下）《邹忌讽齐王纳谏》群文阅读案例

东莞中学南城学校　徐晓璐

一、群文选文

1. 文本选择

邹忌讽齐王纳谏

《战国策》

（具体内容请参考教材）

秦王与中期争论

《战国策》

秦王与中期争论，不胜。秦王大怒，中期徐行而去。或为中期说秦王曰："悍人也。中期适遇明君故也，向者遇桀、纣，必杀之矣。"秦王因不罪。

少孺子智劝吴王

刘　向

吴王欲伐荆，告其左右曰："敢有谏者死！"

舍人有少孺子者欲谏不敢，则怀丸操弹于后园。露沾其衣，如是者三旦。

吴王曰："子来，何苦沾衣如此？"

对曰："园中有树，其上有蝉。蝉高居悲鸣，饮露，不知螳螂在其后也；螳螂委身曲附，欲取蝉，而不知黄雀在其傍也；黄雀延颈，欲啄螳螂，而不知弹丸在其下也。此三者皆务欲得其前利，而不顾其后之有患也。"

吴王曰："善哉！"乃罢其兵。

优旃反语谏秦皇
司马迁

始皇议欲大苑囿，东至函谷关，西至雍、陈仓。优旃曰："善。多纵禽兽于其中，寇从东方来，令麋鹿触之足矣。"始皇以故辄止。

2.文本分析

《邹忌讽齐王纳谏》出自统编版教材九年级下册第六单元。本单元一共包含三篇文章，从不同角度反映了古人的政治、军事生活。学习这类文章，能够帮助学生体会故事情节所折射出的人生哲理，感受古人的智慧，受到美的熏陶和感染。这篇课文记叙了邹忌讽齐王纳谏，通过自己比美这件日常小事设喻，使齐王广开言路，修明政治的故事，对学生的情感、态度和价值观的培养有重要意义。

《秦王与中期争论》是一篇散文，出自西汉文学家刘向编订的《战国策》。伴君如伴虎，对于拥有一国政治、经济、军事极权乃至生杀特权的君王来说，谋臣们实际上都是弱者，除了智谋和口才之外，他们一无所有。从这个故事可以看出谋臣们的生死命运往往掌握在君王的一喜一怒之间，替中期辩解的大臣实在是一个具有上乘口才的人物。他知道采用迂回曲线式的说话方式，以赞扬的口吻对秦王说话，秦王肯定喜欢听。看似在褒扬秦王是个明君，实际上是在告诫秦王不要做夏桀、商纣，如此一来，任何一个君王都不敢胡来。

《少孺子智劝吴王》出自《说苑·正谏》，是西汉史学家刘向创作的一篇散文。文章中的年轻人通过"螳螂捕蝉，黄雀在后"的故事，成功劝说吴王放弃攻打荆国的想法。

《优旃反语谏秦皇》是汉代古人创作的文言文，出自《史记·滑稽列传》。

这些劝谏名篇有的以古代的暴君为镜，以人尽皆知的哲理为镜，让君王平息怒火；有的以小动物的故事为镜，告诫君王不能只顾眼前利益而忘记自身的险境。正是这一面面镜子，让被劝谏者清晰地认识到自己的思想、行为和决策的不妥之处，进而做出改变。因此，我们可以得出结论：针对不同的劝谏对象、不同的劝谏目的，我们要有适合的劝谏的艺术技巧。其实，这些镜子后面藏着一个关键词：智慧。希望学生能通过本课的学习，领悟到古人强大的劝谏智慧并学以致用。

二、群文议题

古人劝谏的艺术技巧。

三、群文策略

母题建构。

四、教学价值

现代教育理论强调，任何教学活动都必须以满足学习者的需要为出发点和落脚点，所以教学之前应分析学生的情况。本课的教学对象是九年级的学生，在此之前，他们学习过文言文，感受过文言文的语言美、意境美，而且大部分学生也能说出文言文的极致魅力。但学生的能力主要还停留在初读和泛读上，思维能力和审美能力仍在形成之中，需要教师的引导和指点。

《邹忌讽齐王纳谏》是一篇以对话为主，既具故事性又具论辩性的文言文。本文文字并不深奥，学生可以借助课文注释和已学的文言文知识自行翻译。

采用类比的方式劝谏说理是本文最显著的特点，邹忌是以自身经历来和齐王进行类比的。邹忌讽谏齐王时，先从自家"比美"的趣事侃侃道来，通过三比，顺理成章地推出了"王之蔽甚矣"的结论。这种由近到远，由小到大，由生活琐事推及国家大事的类比进谏，不能不让齐王欣然领悟，从而接受群言，而使齐国大治了。本节课试图探寻新课程背景下文言文教学的改革路子，努力体现文言文的教学价值，以此提高文言文的教学效益。

五、学程设计

（一）教学目标

1. 掌握文言文内容，感受文言文语言的艺术魅力，赏析邹忌讽齐王纳谏的技巧。

2.通过群文阅读，掌握并运用古人劝谏的艺术技巧。

（二）教学重难点

教学重点：掌握文言文内容，感受文言文语言的艺术魅力，赏析邹忌讽齐王纳谏的技巧。

教学难点：通过群文阅读，掌握并运用古人劝谏的艺术技巧。

（三）教学准备

1.打印导学案，师生每人一份。

2.课前初读文本，充分扫清理解障碍。

（四）课时安排

1课时（40分钟）。

（五）教学过程

表1　教学过程概述

教学环节	教师活动	学生活动	设计意图
课文回顾 吟咏妙语	追问式提问，引导学生感受邹忌劝谏语言的魅力	诵读课文，感知人物语言	引出"劝谏"一词
阅读群文 涵泳佳言	疏通文意，引导学生体会不同的劝谏艺术	合作探究，参与游戏	通过引导学生分析故事，让学生领悟劝谏艺术，提高学生的口语交际能力
总结迁移 领悟劝谏	运用表格总结《邹忌讽齐王纳谏》《秦王与中期争论》《少孺子智劝吴王》《优旃反语谏秦皇》的劝谏艺术	小组合作，完成表格	提高学生的阅读理解能力和感悟能力
拓展阅读 撰写新语	情境模拟，引导学生学以致用	学习在具体情境中运用劝谏艺术	通过学以致用，提高学生的语文素养

（六）课堂小结

我们今天读到了不少有趣的故事，有的以古代的暴君为镜，以人尽皆知的哲理为镜，让君王平息怒火；有的以小动物的故事为镜，告诫君王不能只顾眼前利益而忘记自身的险境。怎样劝谏才有效？我们可以从四篇文本的不同角度出发去构建共识：针对不同的谏说对象、不同的劝谏目的，我们要有适合的劝谏的艺术技巧，这对提高我们的社会交际能力是十分有帮助的。

（七）板书设计

篇目	劝谏的艺术技巧
邹忌讽齐王纳谏	类比推理，推己及人
秦王与中期争论	明赞暗谏，欲擒故纵
少孺子智劝吴王	引起关注，以小见大
优旃反语谏秦皇	明赞暗谏，欲擒故纵

六、教学现场

师：欢迎进入文言文的美妙世界。同学们，我们今天以《邹忌讽齐王纳谏》为例学习古人劝谏的艺术技巧。

师：明确目标能使我们的学习事半功倍。请同学们齐读本课的学习目标。

生：（1）掌握文言文内容，感受文言文语言的艺术魅力，赏析邹忌讽齐王纳谏的技巧。

（2）通过群文阅读，掌握并运用古人劝谏的艺术技巧。

师：以铜为镜，可以正衣冠；以史为镜，可以知兴替；以人为镜，可以明得失。历代君王要成就一番霸业，身边没有几位敢劝谏的大臣是不行的。那到底什么是劝谏呢？请同学们看屏幕——劝谏，预备读。

生：劝谏，指旧时臣子对君王进言规劝，后泛指下级规劝上级、后辈规劝长辈改正错误。劝谏是一门艺术，会劝谏的人不但能把被劝方说服，而且能通过劝谏与被劝方和谐相处，使关系更加融洽。

师：中国历史上有不少能说会道的谏臣，如伍子胥、晏子、魏征等。有的一身正气，犯颜直谏；有的审时度势，旁敲侧击；有的独辟蹊径，启发诱导。但他们劝谏的结果却大不相同。邹忌为什么能让齐威王痛快地接受他的意见呢？哪位同学能说一说？

生：在进谏的过程中，邹忌先说在家里与徐公比美时受到蒙蔽的情况，接着说齐王与自己相似的情况，最后得出结论：王之蔽甚矣。邹忌是把自己与齐王身上相似的特点一一对应。

师：非常棒，如果我们用两个四字词语来总结，就是今天我们学到的第一个劝谏的艺术技巧——类比推理、推己及人。刚刚说到古代有非常多的谏臣，我们再来看这样一个小故事——《秦王与中期争论》。课前我们已经预习了，哪位同学能一眼看出这位臣子劝谏的艺术技巧呢？

生：封建时代君主有至高无上的权力和尊严，但中期却敢于与秦王争论，所以必然有受罚的危险。这位臣子迎合了秦王的自尊心理，维护了他的面子，巧妙地将"国君仁厚"和"臣子刚直"联系起来，明赞暗谏，既消解了秦王的怒气，又达到了劝谏的目的，还挽救了中期。

师：没错，我们也用两个四字词语来总结，这就是我们今天学的第二个劝谏的艺术技巧——明赞暗谏、欲擒故纵。

师：战国时代的吴王身边也有一个年轻人的劝谏艺术非常高超。现在给每个小组10分钟的讨论时间，请同学们借助注释疏通文意，并思考：这位年轻人劝谏的艺术技巧是什么？我们稍后会玩一个小游戏，来检测大家的掌握情况。

师：下面请一位同学扮演小绵羊，一位同学扮演大灰狼，参与这个"趣味运动会"，看看"小绵羊"和"大灰狼"的翻译是否准确。

师：同学们翻译得很不错。刚刚这个小组讨论得最热烈，你们来说说少孺子是如何劝谏吴王的吧。

生：少孺子在劝谏吴王时，首先运用一些小技巧引起吴王的注意，再讲"螳螂捕蝉，黄雀在后"的故事。吴王听了故事后，联想到自己的国家，如果出兵攻打荆国，就可能给其他国家乘虚而入的机会，因此罢兵。所以，少孺子是用了引起关注和以小见大的劝谏艺术技巧。

师：非常棒，掌声送给这个小组的代表。下面我们一起来总结一下这几篇文言文所涉及的劝谏艺术技巧吧。

表2　劝谏的艺术技巧

篇目	劝谏的艺术技巧
邹忌讽齐王纳谏	类比推理，推己及人
秦王与中期争论	明赞暗谏，欲擒故纵
少孺子智劝吴王	引起关注，以小见大

师：学习了这么多劝谏的艺术技巧，我们要学以致用。请同学们借鉴邹忌等人的劝谏艺术技巧，一起来帮助优旃吧，想想如何劝说秦皇停止扩大园林的计划。相信大家都已经有答案了，哪位同学来展示一下？（用文言文回答）

生：我用的是类比推理和推己及人的艺术技巧。"昔者臣毁墙以大院。明日，盗入而库空。不知寇何如？"

师：从自家院子外墙损毁小偷入室类比推理到国家的城墙损毁外寇入侵，非常贴切。还有吗？

生：我用的是引起关注和以小见大的艺术技巧。"臣闻之，唇揭者齿寒。若函谷关揭者国土寒也。愿大王孰计之。"

师：运用了唇亡齿寒的典故，以小见大，不错！那我们来看看这篇文章的作者司马迁运用了什么技巧。他运用的是明赞暗谏、欲擒故纵的劝谏艺术技巧，写下了"善。多纵禽兽于其中，寇从东方来，令麋鹿触之足矣。"的劝谏名言。

师：我们今天读到了不少有趣的故事，有的以古代的暴君为镜，以人尽皆知的哲理为镜，让君王平息怒火；有的以小动物的故事为镜，告诫君王不能只顾眼前利益而忘记自身的险境。今天，我们学习了这么多劝谏的艺术技巧，这对提高我们的社会交际能力是十分有帮助的。老师推荐大家课后去阅读其他忠谏大臣的故事，如忠谏始祖比干、殷商大夫彭咸、史鱼秉直"尸谏"等。好，今天的课就到这里。

七、教研视角

群文阅读教学，顾名思义，就是一节课要呈现多篇文章，以一定议题为依托，以粗读略读为主法，以分享感悟为核心，以探索发现为乐趣的教学方法。

（一）教学过程

本次课以《邹忌讽齐王纳谏》中邹忌劝谏齐威王的艺术为依托，提炼出"古人劝谏的艺术技巧"这一议题，粗读略读《秦王与中期争论》《少孺子智劝吴王》《优旃反语谏秦皇》三篇课外文言文，中间穿插小游戏加强学生对全文大意的理解，提炼出每篇文言文中主人公独特的劝谏艺术技巧，最后设置情境模拟，引导学生学以致用。

（二）课堂亮点

1. 增加阅读的数量，让学生读得更多；提高阅读的速度，让学生读得更快；强化阅读的主体，让学生读得更乐；丰富阅读的方式，让学生读得更深。

2. 阅读是学生的个性化行为，只有倡导多元化的主题探究，才能让学生拥有独特的感悟，迸发多彩的灵感，唤醒潜在的生命意识，真正提高学生的阅读素养。

3. 本次课采用举一反三式的群文阅读教学结构，即先读一篇文章，再读一组文章。这种教学结构以一篇带多篇，教师容易教，学生容易学，可操作性强，能很好地提高教学目标的达成度。

4. 群文阅读的文本多，增加了学生的课堂容量，督促学生在不同方面有所收获。群文阅读课堂也是充满活力的课堂，大量的内容促使教师少讲，学生多读，充分尊重学生的自主学习能力，为学生的自我展示提供了空间。群文阅读的不同体裁、不同风格、不同作家、不同情感的文本满足了学生不同的阅读兴趣，也吸引着更多学生积极参与课堂教学，弥补了单篇课文精读带来的枯燥。群文阅读值得教师在每一堂语文课上践行。

（三）不足之处

1. 在分析邹忌、少孺子、优旃的进谏方法时，问题设置的层次性不强，梯度不够明显，没有做到由浅入深。

2. 没有把握好课堂时间，前面对邹忌的分析相对简略，对两篇课外文言文的讲解也过于简单，没有结合文本进行深入挖掘。

3. 在提问时，教师给学生的思考时间较少，学生还没有思考完毕，教师就急于揭示答案。

4. 预设的课堂容量偏大，致使对某些问题的分析难以深入，不能及时捕捉学生思维的闪光点，很难利用新生成的教学资源。

5. 情境模拟题有些脱离学生的实际生活，设置为文言文回答，难度偏高。

6. 对学生的回答点评得不够深刻。

（四）改进措施

1. 教师要了解文言常识，增强自身的知识底蕴，从而激发学生的学习兴趣。

2. 灵活采用教学方法，提高课堂效率。

3. 引导学生对一些有价值的问题进行思考和探究；以意率文，以问题的思考和探究带动词句的理解。在这个过程中，必须先让学生弄清句意和文意，再解读文本，这样才能增加学生的文言文知识与积累，提高学生的阅读能力。

第二章

章体建式

写人记事高人一等，对比衬托增色三分

——统编版教材八年级（上）《周亚夫军细柳》群文阅读案例

东莞市寮步镇香市中学　刘　健

一、群文选文

1.文本选择

周亚夫军细柳

司马迁

（具体内容请参考教材）

选段（一）

匈奴大入上郡，天子使中贵人①从广②勒习兵③击匈奴。中贵人将骑数十纵，见匈奴三人，与战。三人还射，伤中贵人，杀其骑且尽。中贵人走广。广曰："是必射雕者也。"广乃遂从百骑往驰三人。三人亡马步行，行数十里。广令其骑张左右翼，而广身自射彼三人者，杀其二人，生得一人，果匈奴射雕者也。已缚之上马，望匈奴有数千骑，见广，以为诱骑，皆惊，上山陈④。广之百骑皆大恐，欲驰还走。广曰："吾去大军数十里，今如此以百骑走，匈奴追射我立尽。今我留，匈奴必以我为大军之诱，必不敢击我。"广令诸骑曰："前！"前未到匈奴陈二里所，止，令曰："皆下马解鞍！"其骑曰："虏多且近，即有急，奈何？"广曰："彼虏以我为走，今皆解鞍以示不走，用坚其意。"於是胡骑遂不敢击。

（节选自《史记·李将军列传》）

注释：①中贵人：帝王所宠信的宦官。②广：李广，陇西成纪（今甘肃天水秦安县）人，先祖为秦朝名将李信，中国西汉时期的名将，人称"飞将军"。③勒习兵：训练部队。④陈：通"阵"，此处用作动词，列阵。

选段（二）

既罢归国，以相如①功大，拜为上卿，位在廉颇②之右。廉颇曰："我为赵将，有攻城野战之大功，而蔺相如徒以口舌为劳，而位居我上，且相如素贱人，吾羞，不忍为之下。"宣言曰："我见相如，必辱之。"相如闻，不肯与会。相如每朝时，常称病，不欲与廉颇争列。已而相如出，望见廉颇，相如引车③避匿。于是舍人相与谏曰："臣所以去亲戚而事君者，徒慕君之高义也。今君与廉颇同列，廉君宣恶言而君畏匿之，恐惧殊甚，且庸人尚羞之，况于将相乎！臣等不肖，请辞去。"蔺相如固止之，曰："公之视廉将军孰与秦王？"曰："不若也。"相如曰："夫以秦王之威，而相如廷叱之，辱其群臣，相如虽驽，独畏廉将军哉？顾吾念之，强秦之所以不敢加兵于赵者，徒以吾两人在也。今两虎共斗，其势不俱生。吾所以为此者，以先国家之急而后私仇也。"廉颇闻之，肉袒负荆④，因宾客至蔺相如门谢罪。曰："鄙贱之人，不知将军宽之至此也。"卒相与欢，为刎颈之交⑤。

（节选自《史记·廉颇蔺相如列传》）

注释：①相如：蔺相如，今保定市曲阳县相如村人，战国时赵国上卿，著名的政治家、外交家。赵惠文王时，蔺相如携和氏璧出使秦国，后完璧归赵。其后蔺相如随侍赵王与秦昭王于渑池（今河南渑池西）相会，他怒斥欲羞辱赵王的秦昭王，令赵王安然而退。②廉颇：字洪野，嬴姓，中山苦陉（今河北定州市邢邑镇）人，战国末期赵国名将。③引车：把车掉转方向。④负荆：身背荆条，表示愿受责罚。⑤刎颈之交：誓同生死的好朋友。

2. 文本分析

《周亚夫军细柳》节选自《史记·绛侯周勃世家》，主要记叙了汉文帝细柳营劳军的故事，重点刻画周亚夫这样一位"真将军"的形象。本文的主要人物无疑是周亚夫，但作者并不是一味把笔墨放在周亚夫本人身上。文章先写霸上及棘门军的戒备松弛，形同儿戏，作为对比的参照；随后写周亚夫麾下的士吏全副武装，写军门都尉、壁门士吏传达将军的指示，既与霸上及棘门军形成鲜明的对比，也是从侧面写周亚夫；最后以皇帝和群臣的反应作为故事的结尾，同样是从侧面表现了周亚夫治军严明、恪尽职守、刚正不阿、凛然不可犯的"真将军"形象。本文在写作方面最大的特点是正面描写和侧面描写相结合，特别是用对比和衬托的手法凸显人物形象。

《史记》写人时常用"两种突出的性格或两种不同的情势，抑或两种不同的结果，作为对照"（李长之语）。例如，《史记·李将军列传》中上郡遭遇战的故事，用中贵人的受伤败走衬托李广的骁勇善战，用部下士吏的惊恐欲逃衬托李广的机智勇敢、胆略过人、从容镇定、临危不惧。《史记·廉颇蔺相如列传》中负荆请罪的故事，蔺相如面对盛气凌人的秦王寸步不让，严词厉色，为维护国家尊严，置生死于度外。面对廉颇的步步紧逼，蔺相如却隐忍退让，在对比中充分表现了蔺相如炽热的爱国情怀，以及甘受委屈、豁达大度、品格高尚、智勇兼备的形象；从廉颇对待蔺相如态度的前后对比中，凸显蔺相如宽容大度、顾全大局的大将之风。

二、群文议题

写人记事高人一等，对比衬托增色三分。

三、群文策略

章体建式。

四、教学价值

《周亚夫军细柳》选自统编版教材八年级上册第六单元。从语文能力训练的角度看，在本课的学习中，要继续培养学生利用注释和工具书自主阅读文言文的能力。八年级的学生基本具备利用注释阅读浅易文言文的能力，但要拓展阅读《史记》这样的文言巨著，学生会有一定的畏难情绪。因此，在设计群文阅读时，选择的文本内容要相对浅显、有趣，以激发学生的阅读兴趣。此外，学生在教师的引导下能够理解《周亚夫军细柳》正面描写和侧面描写相结合的特点，但要让学生明白这是《史记》写人的其中一个显著特点，需要在群文文本的选择上体现用对比和衬托的手法凸显人物这一共性。本课组成群文的三个选段，可以引导学生管窥《史记》人物刻画的特点，进而激发学生阅读整本书，领略人物风采，感受《史记》的写人艺术。为了达到读写结合、以读促写的教学目标，需要引导学生分析、把握通过对比、衬托来刻画人物形象的手法，并有意识地运用到自己的写作中，丰富自己的写作技巧，提高文章的表现力。

五、学程设计

（一）教学目标

1. 结合注释，阅读群文选段，梳理情节，关注人物描写。

2. 品析手法，区别衬托、对比，学以致用，进行人物刻画。

（二）教学重难点

教学重点：品析手法，区别衬托、对比。

教学难点：学以致用，进行人物刻画。

（三）教学准备

1. 完成《周亚夫军细柳》第一课时的学习，学生疏通文意，理解人物形象。

2. 打印导学案，供学生课前初读文本，扫清理解障碍。

（四）课时安排

1课时（40分钟）。

（五）教学过程

1. 回顾导入

（1）阅读《周亚夫军细柳》，找出描写周亚夫的句子，说说作者是从哪方面进行描写的。

（将军亚夫持兵揖曰："介胄之士不拜，请以军礼见。"——一个动作，一句话）

点拨：刻画人物之方法一——正面描写。

（2）对比原文和以下文段，你觉得写法有何区别？哪种写法更好？

文帝之后六年，匈奴大入边……以河内守亚夫为将军，军细柳：以备胡。上自劳军……于是上乃使使持节诏将军："吾欲入劳军。"亚夫乃传言开壁门……至营，将军亚夫持兵揖曰："介胄之士不拜，请以军礼见。"……成礼而去。

点拨：刻画人物之方法二——侧面衬托。

63

2.比读析法

（1）阅读选段（一），完成以下表格。

表1　人物的不同表现

情境	遇见匈奴射雕者		遇见匈奴骑兵	
人物	中贵人	李广	部下士吏	李广
表现				

出示答案：

人物的不同表现（答案）

情境	遇见匈奴射雕者		遇见匈奴骑兵	
人物	中贵人	李广	部下士吏	李广
表现	与战。三人还射，伤中贵人，杀其骑且尽。中贵人走广	广乃遂从百骑往驰三人。广令其骑张左右翼，而广身自射彼三人者，杀其二人，生得一人	皆大恐，欲驰还走	广令诸骑曰："前！"前未到匈奴陈二里所，止，令曰："皆下马解鞍！"

① 思考：《周亚夫军细柳》和选段（一）两篇中的衬托手法有何异同？

② 明确：衬托是指为了突出主要事物，用类似的事物或反面的、有差别的事物作陪衬，使之形象鲜明，给人以深刻的感受。衬托可分为正衬与反衬。

正衬——用类似的事物衬托所描绘的事物，如用"高的"衬托"更高的"，用"好的"衬托"更好的"。

反衬——用相反或相异的事物衬托所描绘的事物，如用"矮的"衬托"高的"，用"坏的"衬托"好的"。

（2）阅读选段（二），小组合作完成以下两个表格。

表2　蔺相如对待秦王与廉颇的态度对比

蔺相如	对待秦王		性格特点	
	对待廉颇			

表3　廉颇对待蔺相如的态度对比

廉颇对待蔺相如	前		变化原因	
	后			

出示答案：

蔺相如对待秦王与廉颇的态度对比（答案）

蔺相如	对待秦王	廷叱之，辱其群臣	性格特点	顾全大局，理智宽容
	对待廉颇	不肯与会。每朝时，常称病，不欲与廉颇争列。望见廉颇，引车避匿		

廉颇对待蔺相如的态度对比（答案）

廉颇对待蔺相如	前	宣言曰："我见相如，必辱之。"	变化原因	听闻蔺相如的言论，心生敬佩，自愧不如
	后	肉袒负荆，因宾客至蔺相如门谢罪		

点拨：刻画人物之方法三——对比彰显。

①思考：《周亚夫军细柳》和选段（二）两篇中的对比手法有何异同？

②明确：对比是把两个相反、相对的事物或同一事物相反、相对的两个方面放在一起，用比较的方法加以描述或说明。运用对比，能把好与坏、善与恶、美与丑这样的对立揭示出来，给人们以深刻的印象和启示。

第一，不同人物之间的对比。

通过与周围其他人对比，在对比中突出所要表现的人物形象的鲜明个性。

通过与周围其他人对比，在对比中包含作者对所要表现的人物形象的态度、褒贬。

第二，人物自身的对比。

通过对同一人物不同方面的对比，丰富人物形象，或者突出表现人物形象的某一品质。

通过对同一人物前后变化的对比，形成巨大反差，突出表现人物性格、思想特征，以及作者对人物形象改变前或者改变后的思考和态度。

表4　衬托和对比的区别

手法	衬托	对比
对象	描写的是两个事物	描写的可以是两个事物，也可以是一个事物的两个不同方面
关系	有主、宾之分，陪衬事物是为被陪衬事物服务的，是为了突出被陪衬事物的	两种对立的事物是平行的并列关系，并无主、宾之分
效果	"红花还需绿叶扶"	使好的显得更好，使坏的显得更坏

3. 细读学法

阅读《周亚夫军细柳》，完成以下表格。

表5　对比不同人物的描写

情境			
人物	表现	描写方法	作用
周亚夫			
霸上、棘门军			
军士吏			
天子先驱			
军门都尉			
壁门士吏			
天子			
群臣			

出示答案：

对比不同人物的描写（答案）

情境	文帝之后六年，匈奴大入边。乃以宗正刘礼为将军，军霸上；祝兹侯徐厉为将军，军棘门；以河内守亚夫为将军，军细柳：以备胡		
人物	表现	描写方法	作用
周亚夫	持兵揖曰："介胄之士不拜，请以军礼见。"	动作、语言	正面描写
霸上、棘门军	将以下骑送迎	动作	对比
军士吏	被甲，锐兵刃，彀弓弩，持满	动作	衬托
天子先驱	不得入。曰："天子且至！"	动作、语言	衬托
军门都尉	曰："将军令曰：'军中闻将军令，不闻天子之诏。'"	语言	衬托

66

人物	表现	描写方法	作用
壁门士吏	谓从属车骑曰:"将军约,军中不得驱驰。"	语言	衬托
天子	不得入,按辔徐行,改容式车。使人称谢:"皇帝敬劳将军。"曰:"嗟呼,此真将军矣!"	动作、语言	衬托
群臣	皆惊	神态	衬托

小结:跟《史记》学刻画人物的方法——创设情境,正面描写,侧面衬托,对比彰显,细节表现。

4.学以致用

如果要表现一位同学的勤劳,你会如何对其进行人物刻画?

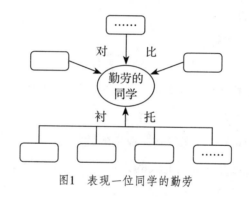

图1　表现一位同学的勤劳

六、教学现场

(一)回顾导入

师:同学们,上一节课我们学习了《周亚夫军细柳》,还记得里面最突出的写人手法是什么吗?

生:对比、衬托。

师:是的。《周亚夫军细柳》里面用对比、衬托手法塑造了周亚夫"真将军"形象。今天,我们来读一读《史记》里另外两篇有关将军的文章,一起跟《史记》学习人物刻画的方法。

师:阅读《周亚夫军细柳》,请找出描写周亚夫的句子。

生：将军亚夫持兵揖曰："介胄之士不拜，请以军礼见。"

师：作者仅用了一句话描写周亚夫，具体是从哪些方面描写的？

生：动作和语言两个方面。

师：作者从动作和语言两个方面对人物进行描写，这种描写方法叫作什么？

生：正面描写。

师：由此我们可以归纳出刻画人物的第一个方法——正面描写。

师：对比原文和以下文段，你觉得写法有何区别？哪种写法更好？

（投影展示）

文帝之后六年，匈奴大入边……以河内守亚夫为将军，军细柳：以备胡。上自劳军……于是上乃使使持节诏将军："吾欲入劳军。"亚夫乃传言开壁门……至营，将军亚夫持兵揖曰："介胄之士不拜，请以军礼见。"……成礼而去。

生：我觉得原文更好。

师：你觉得原文和文段有何区别？为什么你觉得原文更好？

生：文段只写了周亚夫的表现，原文除了写周亚夫的表现，还写了霸上及棘门军，以及周亚夫的部下，如军士吏、军门都尉、壁门士吏等的表现，可以让读者通过其他人的表现看到周亚夫的性格。

师：通过他人的表现看周亚夫的人物形象，我们会觉得周亚夫的形象变得更加的——

生：饱满、立体、鲜明……（生争先恐后地回答）

师：由此我们可以归纳出刻画人物的第二个方法——侧面衬托。

（二）比读析法

师：阅读选段（一），完成以下表格。请尽量用原文中的句子回答。

（投影展示）

表1　人物的不同表现

情境	遇见匈奴射雕者		遇见匈奴骑兵	
人物	中贵人	李广	部下士吏	李广
表现				

师：现在，请一位同学告诉大家你的答案。文章写到遇见匈奴射雕者

时，中贵人的表现是怎样的？

生："与战。三人还射，伤中贵人，杀其骑且尽。中贵人走广。"

师：所以说中贵人是迎战但最后败走了。那李广的表现如何？

生："广乃遂从百骑往驰三人。""广令其骑张左右翼，而广身自射彼三人者，杀其二人，生得一人。"

师：你能用现代汉语解释一下这几句话吗？

生：李广于是带上一百名骑兵前去追赶那三个匈奴人。李广命令他的骑兵左右散开，两路包抄，他则亲自去射杀那三个人，射死了两个，活捉了一个。

师：所以说李广是迎战并且取胜了。当遇见匈奴骑兵时，部下士吏和李广的表现各是怎样的？

生：部下士吏是"皆大恐，欲驰还走"。李广是"广令诸骑曰：'前！'前未到匈奴陈二里所，止，令曰：'皆下马解鞍！'"

师：两者的表现有什么不一样呢？

生：部下士吏看到匈奴有那么多人是害怕的，想离开。李广是解下马鞍，表示不会离开。

师：从两者的表现中，我们可以看到李广的形象是怎样的？

生：冷静。

生：有勇有谋。

师：有勇有谋，这个词用得好！同学们，我们可以看到中贵人、李广、部下士吏面对相同情境时不同的反应和表现。作者为什么要花那么多笔墨描写中贵人与部下士吏呢？

生：描写中贵人与部下士吏都是为了衬托李广的形象。

师：就如《周亚夫军细柳》里用军士吏、军门都尉、壁门士吏等的表现来衬托周亚夫一样，选段中用中贵人和部下士吏衬托李广。请同学们思考一下，《周亚夫军细柳》和选段（一）两篇中的衬托手法有何不同之处？

生：一个是正衬，一个是反衬。

师：谁能解释一下这里的正衬和反衬手法？

生：正是正面的意思，反是反面的意思。

师：正衬就是用好的、正面的事情来衬托。反之，反衬就是——

生：用不好的、相反的一面来衬托。

师：我们可以这样来区分正衬和反衬，请看屏幕，一起把内容读一遍。

（投影展示）

衬托是指为了突出主要事物，用类似的事物或反面的、有差别的事物作陪衬，使之形象鲜明，给人以深刻的感受。衬托可分为正衬与反衬。

正衬——用类似的事物衬托所描绘的事物，如用"高的"衬托"更高的"，用"好的"衬托"更好的"。

反衬——用相反或相异的事物衬托所描绘的事物，如用"矮的"衬托"高的"，用"坏的"衬托"好的"。

（生齐读）

师：接下来，阅读选段（二），小组合作完成以下两个表格。大家用原文句子填进去后，尝试用现代汉语翻译句子。

（投影展示）

表2 蔺相如对待秦王与廉颇的态度对比

蔺相如	对待秦王		性格特点	
	对待廉颇			

表3 廉颇对待蔺相如的态度对比

廉颇对待蔺相如	前		变化原因	
	后			

（生小组交流与分享，填写表格。）

师：我们请第一小组派一位同学来说说填进第一个表格的内容。

生：对待秦王，蔺相如"廷叱之，辱其群臣"；对待廉颇，蔺相如"不肯与会""每朝时，常称病，不欲与廉颇争列""望见廉颇，引车避匿"。蔺相如是想方设法躲避廉颇的。

师：蔺相如为什么要躲避廉颇呢？

生：因为蔺相如不想与廉颇起争执。

师：这体现蔺相如怎样的性格特点？

生：以国家利益为重。

生：顾大局，识大体。

师：请第二小组派一位同学来说说填进第二个表格的内容。

生：廉颇前期对待蔺相如是"我为赵将，有攻城野战之大功，而蔺相如徒以口舌为劳，而位居我上，且相如素贱人，吾羞，不忍为之下。""宣言曰：'我见相如，必辱之。'"

师：能否把答案再精简一点？

生："不忍为之下。"

生："见相如，必辱之。"

师：廉颇后期的态度呢？

生："肉袒负荆，因宾客至蔺相如门谢罪。"后来，廉颇认识到自己的错误，并向蔺相如道歉。

师：这里引申出一个成语——

生：负荆请罪。

师：廉颇的态度为什么会有如此变化呢？

生：因为廉颇被蔺相如顾全大局、以国家利益为重的精神打动了，他对蔺相如的态度改观了，从不服气变得愿意与之交朋友了。

师：说得好，廉颇被蔺相如的精神打动了，因此对蔺相如产生了由衷的敬佩。

师：蔺相如对待秦王与廉颇有不同的态度，廉颇对待蔺相如的态度有前后的变化，这是一种怎样的手法？

生：对比。

师：由此我们可以归纳出刻画人物的第三个方法——对比彰显。

师：我们回忆一下，《周亚夫军细柳》里面同样用了对比手法，是谁与谁的对比呢？

生：霸上、棘门军与细柳营的对比。

师：思考一下，《周亚夫军细柳》和选段（二）两篇中的对比手法有何不同？请大家比较刚刚所填的表格，找出规律。

生：《周亚夫军细柳》是不同人物之间的对比。

生：选段（二）第一个表格是同一个人物对不同人物的看法的对比。

生：选段（二）第二个表格是同一个人物前后变化的对比。

师：我们可以总结出以下知识，大家齐读一遍屏幕内容。

（投影展示）

对比是把两个相反、相对的事物或同一事物相反、相对的两个方面放在一起，用比较的方法加以描述或说明。运用对比，能把好与坏、善与恶、美与丑这样的对立揭示出来，给人们以深刻的印象和启示。

（1）不同人物之间的对比。

通过与周围其他人的对比，在对比中突出所要表现的人物形象的鲜明个性。

通过与周围其他人的对比，在对比中包含作者对所要表现的人物形象的态度、褒贬。

（2）人物自身的对比。

通过对同一人物不同方面的对比，丰富人物形象，或者突出表现人物形象的某一品质。

通过对同一人物前后变化的对比，形成巨大反差，突出表现人物性格的思想特征，以及作者对人物形象改变前或者改变后的思考和态度。

（生齐读）

师：由此可知，当我们运用对比手法写人物时，我们可以写不同人物之间的对比，也可以写人物自身的对比。

师：同样是把两个对象放在一起，对比和衬托又有什么区别呢？

生：对比的两个对象地位是差不多的，衬托的两个对象地位是有高低之分的。

生：对比的两个对象是平等的，衬托的两个对象是有主次的。

师：我们看以下表格，区别衬托和对比手法。

（投影展示）

表4　衬托和对比的区别

手法	衬托	对比
对象	描写的是两个事物	描写的可以是两个事物，也可以是一个事物的两个不同方面
关系	有主、宾之分，陪衬事物是为被陪衬事物服务的，是为了突出被陪衬事物的	两种对立的事物是平行的并列关系，并无主、宾之分
效果	"红花还需绿叶扶"	使好的显得更好，使坏的显得更坏

师：我们再次回到《周亚夫军细柳》，阅读文章，完成以下表格。

（投影展示）

表5 对比不同人物的描写

情境			
人物	表现	描写方法	作用
周亚夫			
霸上、棘门军			
军士吏			
天子先驱			
军门都尉			
壁门士吏			
天子			
群臣			

师：文章的第一段创设情境，交代故事发生的背景。接下来写不同的人物，采用不同的人物描写方法，体现人物性格，达到正面描写、侧面衬托、对比彰显的效果。今天，我们读了《史记》里面三篇有关将军的文章，学习了《史记》里常用的人物刻画的几个方法——创设情境、正面描写、侧面衬托、对比彰显、细节表现。

师：如果在作文中我们要表现一位同学的勤劳，你会如何对其进行人物刻画？

生：创设一个情境，如大扫除。

生：找一位懒惰的同学和其对比，如懒惰的同学随意扔垃圾，而勤快的同学在扫地。

生：用一位勤奋的同学来衬托其更勤奋。

生：创设情境，如天气寒冷；写出细节，如一位同学用布擦窗户，双手冻得通红。

师：对了，我们不要忘了对这位勤奋的同学进行细致的正面描写。

师：现在，我们一起来讲故事。选取你生活中常见的一个场景，小组成员之间一起口头创作，互相交流。

（在师生交流创作中结束课堂教学）

七、教研视角

教师在这节课上做了大胆的尝试。在议题确定和文本选择上，文言文群文阅读较之现代文具有一定的难度。教师要想把群文阅读课上成读写结合、以读促写的课型，需要进一步考虑方法的归纳和运用。一节课下来，或许遇到了一些问题，但也看到了希望。

文言文阅读教学的着力点，是引导和帮助学生通过"章法考究处、炼字炼句处"具体把握作者的"所言志、所载道"。《周亚夫军细柳》在写作上的最大特点是正面描写和侧面描写相结合，特别是用对比和衬托的手法凸显人物形象。教材为这节群文阅读课提供了一个范本、一个思路和一种参考。教师整合了《史记》另外两篇关于将军的选段，引导学生在理解文意之后，发现文章共同的写作手法，体会作者对人物的态度评价，做到"言"与"文"的结合。这个目标在本节课上基本达到了。

群文阅读不仅是为了让学生多读几篇文章，更是为了训练学生分析、综合、运用的高阶思维能力。本节课的设想是以阅读为基础，指向口头表达和书面写作；通过比较阅读一组写作手法相同的文本，让学生发现写作手法并分析其特征，将其运用到情境写作中，实现以读促写的目的。因此，教师设计了一系列的表格，让学生在求同比异中发现、总结人物刻画的方法。但在实际操作中，由于课堂时间有限，学生无法动笔完成片段写作并展示成果、口头创作与交流，使教学效果打了折扣。同时，创设的写作情境，未能更好地打开学生写作的思路，导致学生虽有意识运用对比、衬托手法来刻画人物，但运用起来稍显刻板。

虽然本节课只是阅读了《史记》中的三个选段，但学生对《史记》的阅读兴趣大增。尤其是在初步了解《史记》的人物刻画方法之后，学生面对书中庞杂繁多的人物形象，不再感到那么恐惧，愿意静下心来慢慢疏通文意，体会性格各异的人物形象。

路漫漫其修远兮，求索之路，一直都在我们脚下！

讽谏之艺术技巧

——统编版教材九年级（下）《邹忌讽齐王纳谏》群文阅读案例

东莞市横沥中学　肖胜美

一、群文选文

1.文本选择

邹忌讽齐王纳谏

（具体内容请参考教材）

秦王与中期争论

秦王与中期争论，不胜。秦王大怒，中期徐行而去。或为中期说秦王曰："悍人也。中期适遇明君故也，向者遇桀、纣，必杀之矣。"秦王因不罪。

（选自《战国策·秦策》）

优孟哭马

楚庄王之时，有所爱马，衣以文绣，置之华屋之下，席以露床，啖以枣脯。马病肥死，使群臣丧之，欲以棺椁大夫礼葬之。左右争之，以为不可。王下令曰："有敢以马谏者，罪致死。"

优孟闻之，入殿门，仰天大哭。王惊而问其故。优孟曰："马者王之所爱也，以楚国堂堂之大，何求不得，而以大夫礼葬之，薄，请以人君礼葬之。"

王曰："何如？"对曰："臣请以雕玉为棺，文梓为椁，楩、枫、豫章为题凑，发甲卒为穿圹，老弱负土，齐、赵陪位于前，韩、魏翼卫其后，庙食大牢，奉以万户之邑。诸侯闻之，皆知大王贱人而贵马也。"

王曰："寡人之过一至此乎！为之奈何？"优孟曰："请为大王六畜葬之。以垄灶为椁，铜历为棺，赍以姜枣，荐以木兰，祭以粳稻，衣以火光，葬之于人腹肠。"于是王乃使以马属太官，无令天下久闻也。

（节选自《史记·滑稽列传》）

2. 文本分析

《邹忌讽齐王纳谏》是统编版教材九年级下册第六单元的一篇文章，该文的重点是邹忌讽谏之艺术技巧。邹忌用类比的方式将自己的生活小事和齐王的国家大事联系起来，这种设喻说理的方法成功地使齐王欣然纳谏。

《秦王与中期争论》选自《战国策》，叙述了秦王与中期争论不胜之后大怒，眼见中期有杀身之祸，有一人用夸赞秦王是明君的方式，使中期免遭杀身之祸。

《优孟哭马》选自《史记·滑稽列传》，叙述了楚庄王欲以大夫之礼厚葬爱马，优孟闻之而哭，楚庄王问其缘故，优孟欲擒故纵说葬礼太轻马，应以人君之礼葬之，让天下人皆知王贱人而贵马，最终使楚庄王知错。

这三篇文章中进谏的方式都是讽谏，即用含蓄的话委婉地规劝，且进谏效果甚佳。同时，三篇文章的设喻说理、以颂为讽、欲擒故纵三种讽谏方式极具代表性。

三、群文议题

讽谏之艺术技巧。

四、群文策略

章体建式。

五、教学价值

唐建新老师在《学生小学初中高中语言发展的阶段性初涉》一文中认为，初中应该是将书面语言发展为文学语言的阶段，即初中生应该追求语言表达有文采、有艺术技巧。而初中生由于逻辑思维发展还不够成熟，再加上受网络语言简单直接的影响，语言表达缺乏艺术技巧。尤其是初三学生可能因为中考压力的影响，情绪波动比较大，经常出现好朋友之间因言语不当而不欢而散甚至结仇的现象。

《邹忌讽齐王纳谏》这篇课文选自统编版教材九年级下册第六单元，本单元的学习要求是感受古人的智慧，体会他们的责任感和担当精神。文中邹忌采用讽谏这一巧妙的劝谏技巧使齐王欣然纳谏，充分体现了语言艺术技巧尤其是劝谏艺术技巧的魅力，也体现了邹忌的智慧和他的责任担当。这一技巧是本文的重心，在《鱼我所欲也》这篇课文中学生也学习过。为了让学生加深对设喻说理的理解，探究讽谏艺术技巧的多样性，更好地掌握这种技巧，更为了让学生有意识地提高自己的语言表达水平，高效地进行沟通，教师在讲授完《邹忌讽齐王纳谏》这篇课文后，便以"讽谏之艺术技巧"为主题开展群文教学，让学生由积累走向探究，由探究走向运用，由运用走向创新，实现文言文教学由"言"走向"文"的目标。

六、学程设计

（一）教学目标

1. 能准确、流利地朗读文言文，积累文言词汇。

2. 通过深入阅读《邹忌讽齐王纳谏》《秦王与中期争论》《优孟哭马》来掌握、运用讽谏之艺术技巧，并探究讽谏文化的意义。

（二）教学重难点

教学重点：通过朗读和对比感悟讽谏之技巧。

教学难点：通过深入阅读探究讽谏之艺术技巧。

（三）教学准备

1. 课前让学生回顾《邹忌讽齐王纳谏》，重点分析设喻说理的特点。

2. 课前让学生阅读《秦王与中期争论》《优孟哭马》两篇文章，了解文章大意，并思考讽谏的艺术技巧。

（四）课时安排

1课时（40分钟）。

（五）教学过程

1.情境导入，引入课题

播放视频《屈原放逐》，引出"讽谏之艺术技巧"的课题。

2.活动一：比一比，我能行（字词通关）

（1）检测巩固重点知识。（互动教学平台游戏竞赛）

（2）解释加点字词的意思。

邹忌讽齐王纳谏（讽谏，用含蓄的话委婉地规劝）

皆知大王贱人而贵马也（以……为贱）

皆以美于徐公（认为）　　　　　熟视之（同"熟"，仔细）

时时而间进（间或，偶然）　　　面刺（当面指责）

私我也（偏爱）　　　　　　　　或为中期说秦王曰（有人）

秦王因不罪（于是）　　　　　　啖以枣脯（吃）

而以大夫礼葬之，薄（轻视）

（3）翻译下列句子。

①能谤讥于市朝，闻寡人之耳者，受下赏。

能在公众场所指责、议论我的过失，传到我耳朵里的，可得下等奖赏。

②令初下，群臣进谏，门庭若市；数月之后，时时而间进。

命令刚下达，群臣都来进谏，门前、院内像集市一样；几个月以后，还不时地有人偶尔进谏。

③中期适遇明君故也，向者遇桀、纣，必杀之矣。

中期刚好遇到贤明的君主，如果是以前遇上夏桀、商纣，一定会杀了他的。

④寡人之过一至此乎！为之奈何？

我的过错竟到这种地步了！对于这件事该怎么办呢？

3.活动二：析一析，探技巧

深入阅读《邹忌讽齐王纳谏》《秦王与中期争论》《优孟哭马》这三篇文章，探究"讽谏之艺术技巧"。（小组讨论、对话表演）

（1）邹忌是怎样成功劝说齐王纳谏的？请填写下列表格。

表1　邹忌劝说齐王纳谏

所借之事	邹忌受蒙蔽严重
所用之法	类比
所说之理	"王之蔽甚矣"
所劝之事	齐王除弊

（2）探究《邹忌讽齐王纳谏》《秦王与中期争论》《优孟哭马》这三篇文章的讽谏之艺术技巧。

表2　讽谏之艺术技巧

篇名	邹忌讽齐王纳谏	秦王与中期争论	优孟哭马
艺术技巧	设喻说理	以颂为讽	欲擒故纵
	寓谏于"比"	寓谏于"颂"	寓谏于"纵"

4. 活动三：试一试，用妙招

请根据学过的"讽谏之艺术技巧"，补充括号里的内容。

齐欲伐魏

齐欲伐魏。淳于髡谓齐王曰："韩子卢者，天下之疾犬也；东郭逡者，海内之狡兔也。韩子卢逐东郭逡，环山者三，腾山者五。兔极于前，犬废于后；犬兔俱罢①，各死其处。田父②见之，无劳倦之苦，而擅③其功。（　　　　）"齐王惧，谢④将休士⑤也。

（选自《战国策·齐策》）

注释：①极、废、罢（pí）：都是疲劳的意思。②田父：种地的老人。③擅：据有了那成果。④谢：辞谢、辞退。⑤休士：让士兵休息。

补充背景：齐魏相抗衡，秦国、楚国虎视眈眈。

示例：

（1）今齐魏久相持。以顿其兵，弊其众，臣恐强秦、大楚承其后，有田父之功。（设喻说理）

（2）王乃明君，必知齐魏久相持，则将顿士罢，遂使秦楚有田父之功。（以颂为讽、设喻说理）

（3）将二人对话删除，改为：吾王欲伐魏，善！以齐国堂堂之大，何惧伐而不胜？伐魏后继而攻楚，终致将顿士罢，则秦坐收渔翁之利。（欲擒故纵）

5. 活动四：思一思，谈感悟

（1）运用这些讽谏艺术技巧时，应该注意哪些问题？

①要注意选取合适的时机。

② 要把握好对方的特点，比如诸葛亮对刘禅就不能太含蓄，否则刘禅听不明白。

③ 要选取合适的方法，如有些人喜欢被人夸赞，有些人喜欢旁敲侧击。

④ 要弄清两人间的关系，关系不同，表达也不同。

（2）探究中国讽谏文化有哪些意义？

① 便于我们更好地继承中国优秀传统文化，取其精华，去其糟粕。

② 利于提高我们的表达技巧和办事效率。

七、教学现场

播放视频《屈原放逐》。

师：同学们，刚才播放的视频讲的是什么内容？

生：屈原被放逐。

师：没错，还能具体点吗？因为什么？

生：屈原因为直言劝谏而被放逐。

师：太棒了！因为直言劝谏。封建社会，皇权威威，不可侵犯，不知有多少谋臣良相因直言进谏而惨遭杀身之祸——比干被剖腹挖心，屈原被放逐，司马迁遭受宫刑，都是千古奇冤！因此，委婉进谏即讽谏，不失为进谏的一种较好的方式。今天我们就以《邹忌讽齐王纳谏》为例通过文言文群文阅读向先贤学习沟通的艺术——讽谏之艺术技巧。这里的群文指的是《邹忌讽齐王纳谏》《秦王与中期争论》《优孟哭马》这三篇文章。那什么是讽谏呢？

生：讽谏就是用含蓄的话委婉地规劝。

师：非常好，看来同学们对讽谏的定义掌握得很好。下面我们一起来看看这节课的学习目标。（投影展示）

生：（齐读）① 能准确、流利地朗读文言文，积累文言词汇。② 通过群文阅读掌握并运用讽谏的艺术技巧并探究讽谏文化的意义。

师：为了实现我们的学习目标，本节课设置了四个学习活动：① 比一比，我能行。② 析一析，探技巧。③ 试一试，用妙招。④ 思一思，谈感悟。

下面我们开始第一个学习活动：比一比，我能行。这一活动需要两位同学作为竞争对手进行比拼，有愿意主动上来的吗？（投影展示，互动教学平

台游戏竞赛）

（两位学生上台比拼）（5分钟）

师：通过游戏竞赛，我们可以看出两位同学对这些基本知识掌握得很好，他们都很棒！（掌声）接下来我们开始第二个学习活动：析一析，探技巧。这一学习活动主要是让我们通过对《邹忌讽齐王纳谏》《秦王与中期争论》《优孟哭马》这三篇文章的深入研究来探究讽谏的艺术技巧。让我们一起看看阅读并深入研究这三篇文章的要求。（投影展示）

生：（齐读）①读顺文章，体会文言魅力。②读懂文章，积累重点字词。③读透文章，探究讽谏技巧。

师：接下来的10分钟时间，请同学们结合昨晚的预习作业，小组探讨问题，然后派代表回答问题。（投影展示）

① 邹忌是怎样成功劝说齐王纳谏的？

② 文中的"有人"是怎样成功说服秦王的？

③ 文中的"优孟"是怎样成功说服楚庄王的？

（学生小组合作讨论）

师：哪位同学愿意来分享一下你们小组的讨论结果？

生：邹忌用自身的家事推至齐王的国事，由自身受蒙蔽指出齐王受蒙蔽。这种方法就是"设喻说理"。本文所借之事是邹忌受蒙蔽严重；所用之法是类比；所说之理是"王之蔽甚矣"；所劝之事是希望齐王能除弊，广开言路。

师：优秀！条理清晰，表述严谨。（掌声）

生：老师，我们组认为《秦王与中期争论》中的"有人"用对比的方式成功说服了秦王，将秦王与以前的桀、纣相比，使秦王不好意思降罪于中期。

师：不错，文中的确用到了对比。请你再找找文章哪句话对秦王来说很奏效？

生：是"中期适遇明君故也"这句吗？因为我觉得这句话是在夸赞秦王是明君。

师：是的，你太聪明了。这就是夸赞、颂扬。老师姑且将这种方法命名为"以颂为讽"。

生：老师，我们组认为《优孟哭马》中的"优孟"是用反语激将的方式成功说服了楚庄王。"而以大夫礼葬之，薄，请以人君礼葬之"这句话中的"薄"是轻视的意思，整句话的意思是以大夫之礼来葬马，实在太轻视了，应该用国君的葬礼才对啊。我们认为优孟是在说反语，其实他认为用大夫之礼来葬马太隆重了，有点不可思议。然后优孟以人君之礼的规模告诉楚庄王，这样做百姓都知道大王贵马而轻人，让楚庄王自己认识到错误。（掌声）

师：从掌声中就可以感受到同学们对你的肯定，分析得太透彻了。这种方法就叫反语激将，也可以说是以退为进、欲擒故纵。老师为了让它和前面的方法押韵，便选了"欲擒故纵"这个词语。

师：下面我们一起来总结一下。（投影展示）

生：（念）讽谏的艺术技巧：《邹忌讽齐王纳谏》运用的是"设喻说理"，《秦王与中期争论》运用的是"以颂为讽"，《优孟哭马》运用的是"欲擒故纵"。

师：如果说设喻说理是"寓谏于比"，这"比"既可以指比喻还可以指类比；那以颂为讽可以说是"寓谏于颂"；欲擒故纵可以说是"寓谏于纵"。

师：同学们，掌握了方法，我们就来试试身手吧，开始第三个学习活动：试一试，用妙招。请同学们拿出昨晚所做的《齐欲伐魏》的习题，看看可以怎样修改？

（学生静静思考，细细修改）（6分钟）

师：时间到，哪位同学愿意来展示一下？

生：今齐魏久相持，臣恐强秦、大楚有渔翁之利。（设喻说理）

师：有同学愿意就此答案说说你的意见吗？

生：他想采用设喻说理的方法很好，但在文章中谁是渔翁呢？我认为联系上文，这样改效果可能更好些："今齐魏久相持，臣恐强秦、大楚有田父之利。"

师：太棒了，你都可以成为作家了，我们来看一下原文答案，它真的就长这样。（笑）同学们，还可以用其他两种方法吗？

生：我认为可以先夸一夸齐王，然后再用类比，将两种方法结合起来。这是我的答案："王乃明君，必知齐魏久相持，则将顿士罢，遂使秦楚有田

父之功。"（掌声）

师：看来不需要我再表扬你了，同学们的掌声已经是最好的奖励了！

生：老师，用"欲擒故纵"很难。

师：的确很难，因为前面有限制。如果老师将限制去掉，同学们再试一下看行不行？

（学生细思，作答）

生：老师，我想到了，您看行不行？"吾王欲伐魏，善！以齐国堂堂之大，何惧伐而不胜？伐魏后继而攻楚，终致将顿士罢，则秦坐收渔翁之利。"先纵容齐王伐魏并说出理由，然后再点出伐魏的后果，让齐王自己意识到错误。（掌声）

师：你真有天赋，这么短的时间内想出的答案思路清晰、表达流畅。

师：通过这个学习活动可以看出同学们对这三种方法已经掌握得很好。接下来我们进入第四个学习活动：思一思，谈感悟。请同学们思考两个问题：①运用这些讽谏艺术技巧时，应该注意哪些问题？②探究中国讽谏文化有哪些意义？（投影展示）

生：我认为要注意以下几点：①要注意选取合适的时机；②要把握好对方的特点，比如诸葛亮对刘禅就不能太含蓄，否则刘禅听不明白；③要选取合适的方法。如有些人喜欢被人夸赞，有些人喜欢旁敲侧击。

师：思考得很深入，老师再补充一点：要弄清两人间的关系，关系不同，表达也不同。好，最后一问由于时间有限，留给同学们课后思考。

师：最后我们一起总结一下本节课探究的讽谏的三种艺术技巧。（投影展示）

生：（回顾并朗读）①设喻说理。②以颂为讽。③欲擒故纵。

师：希望同学们以后在劝谏别人时，能做到"良药既利于行，又爽于口"的效果。好，课后给同学们推荐两本书：刘向的《战国策》、司马迁的《史记·滑稽列传》。这两本书可以让同学们更好地体悟古人说话的智慧。本节课到此结束，谢谢大家！

八、教研视角

去年，我有幸成为欧阳伟名师工作室的学员，通过欧阳伟老师的指导和多次外出学习，我对文言文群文阅读有了一定的认识和研究。今年，我在讲授初三文言文新课的同时，就系统地进行了文言文群文阅读教学，以扩大学生的视野，提升学生的认知和理解能力。

作为语文老师尤其是作为初三备课组长，我发现初中生由于逻辑思维能力发展得还不够成熟，再加上受网络语言简单直接的影响，语言表达缺乏艺术技巧。尤其是初三学生可能因为中考压力的影响，情绪波动比较大，经常出现好朋友之间因言语不当而不欢而散甚至结仇的现象。

《邹忌讽齐王纳谏》这篇课文中邹忌采用讽谏这一巧妙的劝谏技巧使齐王欣然纳谏，充分体现了语言艺术技巧，尤其是劝谏艺术技巧的魅力。这一技巧也是本文的重心，而且在《鱼我所欲也》这篇课文中学生也学习过。为了让学生加深对设喻说理的理解，探究讽谏艺术技巧的多样性，更好地掌握这种技巧，更为了让学生有意识地提高自己的语言表达能力，我在讲授完《邹忌讽齐王纳谏》这篇课文后，决定上一节群文阅读课。

有了这个想法后，刚好接到要外出送课的通知，于是我便在搜寻大量资料的基础上，潜心琢磨，最终确定以"讽谏之艺术技巧"为主题开展群文教学，让学生由积累走向探究，由探究走向运用，由运用走向创新，实现文言文教学由"言"走向"文"的目标。

这节群文阅读课，学生的热情比较高，从练习反馈来看，知识掌握、能力提升和语言沟通的效果较为显著。我想可能主要得益于以下三个方面。

1.逐层深入，重点突出

本节课采取由落实基础知识到把握文章大意再到突出重点的方式，逐层深入，由易至难，让学生乐于接受；同时聚焦核心，突出重点，增强学生对学习目标的理解。

2.选文精当，方法有效

三篇选文集中代表讽谏艺术的三种技巧，课内的典型，课外的精当。练习的选文既和三篇选文息息相关，又便于学生阅读和练习。

从三篇选文探究出的三种技巧简单易懂，并且在"试一试，用妙招"的活动中行之有效，极大地提高了学生的学习兴趣，增强了学生的自信心。

3.突出主体，动态生成

学生是学习的主体。在教学过程中我充分利用小视频、比赛等方式提高学生的兴趣，同时以小组合作的方式使学生由独学迈向互学，突出学生的主体性，使学生真正做到易学、乐学。

本节课在小组合作交流、师生共同探讨的基础上，动态生成讽谏三种艺术技巧的多种表达形式，极大地发散了学生的思维，提高了教学效率。

设喻类比，巧言进谏

——统编版教材九年级下《邹忌讽齐王纳谏》群文阅读案例

东莞市常平镇振兴中学　杨日启

一、群文选文

1.文本选择

邹忌讽齐王纳谏

（具体内容请参考见教材）

靖郭君将城薛

靖郭君将城薛，客多以谏。靖郭君谓谒者，无为客通。齐人有请者曰："臣请三言而已矣！益一言，臣请烹。"靖郭君因见之。客趋而进曰："海大鱼。"因反走。君曰："客有于此。"客曰："鄙臣不敢以死为戏。"君曰："亡，更言之。"对曰："君不闻大鱼乎？网不能止，钩不能牵，荡而失水，则蝼蚁得意焉。今夫齐，亦君之水也。君长有齐阴，奚以薛为？夫齐，虽隆薛之城到于天，犹之无益也。"君曰："善。"乃辍城薛。

（选自《战国策·齐策》）

赵且伐燕

赵且伐燕，苏代为燕谓惠王曰："今者臣来，过易水。蚌方出曝，而鹬啄其肉，蚌合而箝其喙。鹬曰：'今日不雨，明日不雨，即有死蚌！'蚌亦谓鹬曰：'今日不出，明日不出，即有死鹬！'"两者不肯相舍，渔者得而并禽之。今赵且伐燕，燕赵久相支，以弊大众，臣恐强秦之为渔父也。故愿王之熟计之也！”惠王曰："善。"乃止。

（选自《战国策·燕策》）

江乙对荆宣王

荆宣王问群臣曰："吾闻北方之畏昭奚恤也，果诚何如？"群臣莫对。

江乙对曰："虎求百兽而食之，得狐。狐曰：'子无敢食我也！天帝使我长百兽，今子食我，是逆天帝命也。子以我为不信，吾为子先行，子随我后，观百兽之见我而敢不走乎？'虎以为然，故遂与之行。兽见之皆走。虎不知兽畏己而走也，以为畏狐也。今王之地方五千里，带甲百万，而专属之于昭奚恤。故北方之畏昭奚恤也，其实畏王之甲兵也，犹百兽之畏虎也。"

（选自《战国策·楚策》）

魏王欲攻邯郸

魏王欲攻邯郸，季梁闻之，中道而反，衣焦不申，头尘不去，往见王曰："今者臣来，见人于大行，方北面而持其驾，告臣曰：'我欲之楚。'臣曰：'君之楚，将奚为北面？'曰：'吾马良。'臣曰：'马虽良，此非楚之路也。'曰：'吾用多。'臣曰：'用虽多，此非楚之路也。'曰：'吾御者善。'此数者愈善，而离楚愈远耳。今王动欲成霸王，举欲信于天下。恃王国之大，兵之精锐，而攻邯郸，以广尊名。王之动愈数，而离王愈远耳。犹至楚而北行也。"此所谓南其辕而北其辙也。

（选自《战国策·魏策》）

吴宫遗事

罗　隐

越心未平，而夫差有忧色。一旦，复筑台于姑苏之左，俾参政者以听百姓之疾苦焉，以察四方之兵革焉。一之日，视之以伍员。未三、四级，且奏曰："王之民饥矣，王之兵疲矣，王之国危矣。"夫差不悦，伯嚭以代焉。毕九层而不奏，且倡曰："四国畏王，百姓歌王，彼员者欺王。"员曰："彼徒欲其身之亟高，固不暇为王之视也，亦不为百姓谋也，岂臣之欺乎？"王赐员死，而嚭用事。明年，越入吴。

第二章　章体建式

87

太宗罢朝

　　大宗曾罢朝，怒曰："会杀此田舍汉！"文德后问："谁触忤陛下？"帝曰："岂过魏徵，每廷争辱我，使我常不自得。"后退而具朝服立于庭，帝惊曰："皇后何为若是？"对曰："妾闻主圣臣忠。今陛下圣明，故魏徵得直言。妾幸得备数后宫，安敢不贺？"上乃悦

（选自《隋唐嘉话》）

2. 文本分析

　　《战国策》是西汉刘向编订的国别体史书，是我国古代记载战国时期政治斗争的一部最完整的著作。该书文辞优美，语言生动，富于雄辩与运筹的机智，人物描写绘声绘色，常用寓言阐述道理，在我国古典文学史上占有重要地位。《邹忌讽齐王纳谏》讲述了战国时期齐国谋士邹忌劝说君主纳谏，使之广开言路，改良政治的故事。文章塑造了邹忌这一有自知之明、善于思考、勇于进谏的贤士形象，也表现了齐威王知错能改、从谏如流的明君形象。文章以"孰美"的问答开篇，继写邹忌暮寝自思，寻找妻、妾、客人赞美自己的原因，并因小悟大，将生活小事与国家大事有机联系起来。邹忌用类比推理的方法以自己的"蔽"婉讽"王之蔽甚"，充分显示了他巧妙的讽谏艺术与娴熟的从政谋略。邹忌正是以自身的生活体悟，委婉地劝谏齐威王广开言路，改革弊政，整顿吏治，从而收到很好的效果。《靖郭君将城薛》中齐人的目的是劝谏靖郭君不要去薛地当地主，用鱼离不开水比喻靖郭君离不开齐国庇护。文中蕴含的哲理是看问题、办事情，要从大局和整体出发，不要脱离根本。《赵且伐燕》中苏代只用寓言故事——"鹬蚌相争，渔人得利"，就免除了燕国的一场兵祸。"狐假虎威""南辕北辙"成语分别出自《江乙对荆宣王》《魏王欲攻邯郸》。这些篇目运用寓言故事来喻事明理，生动形象、直白明了。寓言不仅增强了辩词的说服力，而且使行文具有别出心裁、独具意蕴无穷的美感。

　　《吴宫遗事》是唐末文学家罗隐（833—909）的一篇寓言体小品文。作者没有拘泥于史实，而是从吴国众多的君臣中选出了三个典型人物，即一个昏君的代表夫差、一个忠臣伍员和一个奸臣伯嚭，在姑苏台这个历史舞台上，让他们演出了一幕历史兴亡的"活剧"。文章的结尾寄寓了作者对历史经验

沉痛的总结和对当政者恳切的告诫：伍员的死、伯嚭的奸佞与吴的亡国联系在一起，意味着君王对谀辞谗言的听信和对忠言诤语的拒绝将会付出极沉重的代价。

《太宗罢朝》出自唐代笔记小说集《隋唐嘉话》，另有一版本出自《资治通鉴》。文章主要讲述了唐太宗因大臣魏徵常常直言进谏而生气，后来在皇后的开解下转怒为喜的故事。文德皇后能在太宗盛怒之时，指出"君圣臣忠"之道并朝服以贺，也算是独具卓识之人。魏徵和文德皇后十分正直，而在我们的生活中却缺少像魏徵一样能够直言不讳的人。

二、群文议题

设喻类比，巧言进谏。

三、群文策略

章体建式。

四、教学价值

《邹忌讽齐王纳谏》选自统编版教材九年级下册第六单元。九年级的学生已经具备自主阅读的能力，也处在复习备考阶段。因此，在设计本课的群文阅读时，文本选择了六篇，以保证课堂有充分的阅读实践。课堂上教师先引导学生进行自主学习，小组探究完成文意疏通（解词、翻译）；再仿照示例进行文本讽谏艺术探究；最后进行深度的拓展延伸，推介《战国策》整本书阅读，了解古代讽谏文化。

五、学程设计

（一）教学目标

1. 探究《邹忌讽齐王纳谏》中邹忌"讽"的妙处。

2. 疏通群文文意，小组合作探究分析群文"讽"的妙处。

3. 了解古代进谏文化。

（二）教学重难点

教学重点：小组合作疏通文意。

教学难点：小组合作探究群文"讽"的妙处。

（三）教学准备

1.印发《邹忌讽齐王纳谏》群文阅读导学案。

2.课前初读文本，完成解词、翻译。

（四）课时安排

1课时（40分钟）。

（五）教学过程

1.温故知新

（1）《邹忌讽齐王纳谏》重点字词解释、检测。

① 朝服衣冠：＿＿＿＿＿＿＿

② 窥镜：＿＿＿＿＿＿＿

③ 吾孰与徐公美：＿＿＿＿＿＿＿

④ 孰视之：＿＿＿＿＿＿＿

⑤ 吾妻之美我者：＿＿＿＿＿＿＿

⑥ 私我也：＿＿＿＿＿＿＿

⑦ 臣诚知不如徐公：＿＿＿＿＿＿＿

⑧ 王之蔽甚矣：＿＿＿＿＿＿＿

⑨ 闻寡人之耳者：＿＿＿＿＿＿＿

⑩ 时时而间进：＿＿＿＿＿＿＿

（2）赏析"邹忌讽"的妙处。

臣之妻→私臣　设　宫妇左右→私王

臣之妾→畏臣　喻　朝廷大臣→畏王

臣之客→求臣　类　四境之内→求王

邹忌家中受蔽　比　齐王国中受蔽

"邹忌讽"：用暗示、比喻的方法进行委婉地规劝。

2.学习探究

（1）解词竞赛。

（互动教学平台"森林运动会"判断词语解释正误互动游戏：分两轮，第一轮60秒，第二轮30秒）

① 益一言（增加）

②因反走（转身）

③更言之（再）

④蚌方出曝（晒太阳）

⑤并禽之（一起）

⑥兽见之皆走（跑）

⑦中道而反（同"返"，返回）

⑧我欲之楚（到……去）

预设错误答案：

③更言之（更加）

④蚌方出曝（暴露）

⑧我欲之楚（的）

（2）翻译竞赛。

（互动教学平台"森林运动会"判断句子翻译正误互动游戏：一轮，每题20秒）

① 今夫齐，亦君之水也。君长有齐阴，奚以薛为？失齐，虽隆薛之城到于天，犹之无益也。

翻译：现在齐国也就如同您的"水"。如果您永远拥有齐国，要了薛地来干什么呢？而您如果失去了齐国，即使将薛地的城墙筑得跟天一样高，仍然没有什么用处。

② 今赵且伐燕，燕赵久相支，以弊大众，臣恐强秦之为渔父也。故愿王之熟计之也！

翻译：现在赵国攻打燕国，燕赵两国长时间相持，致使百姓受到弊害，我担心强大的秦国要成为渔夫了。所以请大王再仔细考虑这件事。

③ 今王之地方五千里，带甲百万，而专属之于昭奚恤。故北方之畏昭奚恤也，其实畏王之甲兵也，犹百兽之畏虎也。

翻译：现在大王的土地面积五千里，大军百万，却由昭奚恤独揽大权。所以，北方诸侯害怕昭奚恤，其实是害怕大王的军队，就像群兽害怕老虎一样。

④ 今王动欲成霸王，举欲信于天下。恃王国之大，兵之精锐，而攻邯郸，以广尊名。王之动愈数，而离王愈远耳。犹至楚而北行也。

翻译：如今大王的行动是想建立霸业，举止是想取信于天下。然而依

91

仗魏国的强大，军队的精良，而去攻打邯郸，以使土地扩展，名分尊贵。大王这样的行动越多，距离大王的事业就越来越远。就像到楚国去却向北走一样。

预设错误答案：第①句中"虽"错译为"虽然"。（正确：即使）

第③句中"地方"错译为"土地"。（正确：土地面积）

（3）小组探究。

① 以《靖郭君将城薛》为例，小组板书展示群文"设喻类比"的劝说技巧。

《靖郭君将城薛》

海→大鱼：网，钩　　　　　齐→君长有齐阴

失水→蝼蚁得意　　　　　　失齐→遭人凌辱

设喻类比：齐国的庇佑才是薛地长治久安之计。

② 小组探究完成《赵且伐燕》《江乙对荆宣王》《魏王欲攻邯郸》导学案"讽谏艺术"填空题。

表1　讽谏艺术

篇目	设喻类比	说理
赵且伐燕	"鹬蚌相争，渔人得利"	双方争斗，两败俱伤，第三者得利
江乙对荆宣王	"狐假虎威"	分析问题要看到问题本质
魏王欲攻邯郸	"南辕北辙"	做事不能背道而驰

3. 拓展延伸

（1）阅读《吴宫遗事》《太宗罢朝》，思考：伍员和文德皇后的进谏方式有什么不同？效果如何？

明确：伍员忠诚直谏，因吴王不辨忠奸而给自己带来了杀身之祸；文德皇后能顾全太宗的面子，巧妙讽谏，让太宗乐意接受。

（2）了解进谏文化。

中国历朝历代都有独特的进谏方式，有讽谏，有直谏，甚至还有死谏。进谏文化，正是忠君思想文化的延伸，成为中国传统文化中的一股清流。春秋战国之际，七雄并立，各国间的兼并战争，各统治集团内部新旧势力的斗争，民众风起云涌的反抗斗争，都异常尖锐激烈。在这激烈动荡的时代，士作为一种最活跃的阶层出现在政治舞台上，他们以自己的才能和学识，游说

于各国之间，有的主张连横，有的主张合纵。他们的言辞多用夸张、比喻、排比等手法，时而词锋犀利，时而诙谐圆润，表达生动活泼，有利于统治者理解和接受。

（3）推介《战国策》。

"带甲百万，良谋鬼策，伏尸千里，流血漂橹。纵横千里，万乘战车，三寸之舌，割地求存。弹丸之国，弱旅弊邑，衽席谈笑，左右逢源……"《战国策》一书讲述各国之间的博弈，我们可以从中训练阅读古文的能力，学习做人做事、识人用人、管理的策略，学习语言交际的技巧，提升个人修养，这对个人未来发展大有裨益。

4. 课堂小结

"讽谏"大多是用生动具体的事例说明抽象的道理，变深奥为浅显，变复杂为简明，变逆耳为顺耳，变生硬直率为和谐风趣，其言辞委婉而富有远见，从而使谏言者与言语环境、劝谏对象之间产生巨大的亲和力，使谏言具有很强的说服力。

5. 板书设计

篇目	设喻类比	说理
邹忌讽齐王纳谏	邹忌家中受蔽 齐王国中受蔽	"王之蔽甚" 广开言路，除弊纳谏
靖郭君将城薛	鱼离不开水 靖郭君离不开齐国	齐国的庇佑才是薛地长治久安之计
赵且伐燕 江乙对荆宣王 魏王欲攻邯郸	"鹬蚌相争，渔人得利" "狐假虎威" "南辕北辙"	双方争斗，两败俱伤，第三者得利 分析问题要看到问题本质 做事不能背道而驰

六、教学现场

师：同学们，今天我们来学习《邹忌讽齐王纳谏》的群文阅读。首先我们来温故知新，请同学们接龙解释下列语句中加点的字词。

生：（接龙解词）

师：注意"吾孰与徐公美"与"孰视之"两句中的"孰"的解释：一是"谁，哪一个"；二是同"熟"，仔细。接下来，让我们深入体会《邹忌讽齐王纳谏》一文设喻类比、巧言进谏的技巧。

（生补充，梳理）

师：（小结"邹忌讽"的妙处）

臣之妻→私臣　设　宫妇左右→私王

臣之妾→畏臣　喻　朝廷大臣→畏王

臣之客→求臣　类　四境之内→求王

邹忌家中受蔽　比　齐王国中受蔽

"邹忌讽"：用暗示、比喻的方法进行委婉地规劝。

（生读群文《靖郭君将城薛》《赵且伐燕》《江乙对荆宣王》《魏王欲攻邯郸》，小组交流导学案，解答文意疏通疑惑）

师：（随堂解疑，指导学生学习）

（生解词竞赛——互动教学平台"森林运动会"互动游戏：分两轮，第一轮60秒，第二轮30秒）

师：注意两个词语解释："益一言"中"益"意为"增加"，"更言之"中"更"意为"再"。

（生翻译竞赛——互动教学平台"森林运动会"互动游戏：一轮，每题20秒）

师：（明确"虽""顿""弊""故""熟""地方""恃""广"等词在句中的解释）（投影展示）

师：接下来，请同学们模仿《邹忌讽齐王纳谏》讽谏艺术示意图，小组绘制《靖郭君将城薛》"讽谏艺术"示意图。

（生小组合作，绘制《靖郭君将城薛》"讽谏艺术"示意图）

师：请第三学习小组板书展示。

师：（点评第三学习小组板书展示的《靖郭君将城薛》"讽谏艺术"示意图）

（生小组合作完成导学案《赵且伐燕》《江乙对荆宣王》《魏王欲攻邯郸》"讽谏艺术"部分填空题）

师：同学们，群文用"鹬蚌相争，渔翁得利""狐假虎威""南辕北辙"等寓言来作类比，能直观地说明问题，易于让劝谏对象理解。

师：接下来，我们继续读《吴宫遗事》《太宗罢朝》两篇古文，并结合文本分析伍员和文德皇后的进谏方式、效果有什么不同？请两位同学分别来说说。

生：伍员→"王之民饥（饥饿）矣，王之兵疲（疲惫）矣，王之国危（危险）矣。""彼徒（只）于其身之亟高（自己极力往上爬），固（本来）不暇为王之视（明察秋毫）也，亦不为百姓谋（打算）也，岂（哪里）臣之欺乎？"→直谏→被赐死。

生：文德皇后→"妾闻主圣臣忠。今陛下圣明，故（所以）魏徵得（敢于）直言。妾幸得备数后宫（妾有幸在后宫充数），安敢不贺？"→讽谏→太宗喜。

师：伍员忠诚直谏，因吴王不辨忠奸而给自己带来了杀身之祸；文德皇后能顾全太宗的面子，巧妙讽谏，让太宗乐意接受。

生：看来进谏不简单，要讲究对象、方式、技巧，更见人品、精神、气质。

师：对啊，进谏大有文化。让我们了解一下进谏文化和《战国策》这本书吧。（投影展示）

师小结：讽谏又可以叫作"设喻说理"。由于讽谏大多是用生动具体的事例说明抽象的道理，所以常常会变深奥为浅显，变复杂为简明，变逆耳为顺耳，变生硬直率为和谐风趣，言辞委婉而富有远见，从而使谏言者与言语环境、劝谏对象之间产生巨大的亲和力，使谏言具有很强的说服力。（投影展示）

七、教研视角

事非经过不知难，第一次文言文的群文阅读教学尝试，可谓印象深刻。本课教学设计立足于课内文章《邹忌讽齐王纳谏》，选文围绕"设喻类比、巧言进谏"的议题，在《战国策》中进行文本选择。个人认为"设喻类比、巧言进谏"这个议题符合选文共性。教学设计思路是基于初三学生的文言文阅读能力开展自主阅读，完成群文解词、翻译，课堂开展小组合作，学习探究群文讽谏技巧。

在课堂教学实践中，学生的阅读、探究比较充分，教师注重学生课堂的集体建构，课堂教与学一致，较好地达成了学习目标。但通过教后认真反思和虚心听取评课教师的意见，个人认为本节课教学不足也很突出：一是阅读策略上主要是进行比对阅读，注重求同而没有注意求异，议题选点窄。二是对文本的分析还不够深入，如在"谏"的艺术上除了"讽谏"，还有"直谏"、"巧言"（旁敲侧击、欲擒故纵）、"死谏"等。

经过"试水"，教师感悟有：一是对文言文群文阅读教学的各种策略有更深入的思考，如工作室主持人欧阳伟老师独创的母题建构策略、章体建式策略、比对阅读策略、统整重构策略等。二是对文言文群文阅读教学的原则有更深刻的体会，文言文的群文阅读教学要基于学情，要基于文体特征，要基于学习目标，要基于语文性。总之，文言文群文阅读教学的关键在于议题选择"小而具体"，课堂教与学一致，扎实提高学生的文言文语感，以更好完成"文化传承"这一文言文教学的核心任务。

同时，教师也有一点困惑：语文教师如何把文言文群文阅读教学（备课难度大）和实际文言文教学（课时紧，学生兴趣不浓、能力参差不齐）结合起来，实现文言文群文阅读课堂常规教学。教师将继续努力向工作室主持人欧阳伟老师及室友们学习，积极开展文言文群文阅读课堂教学实践，争取有更大的突破。

对话凸显魅力

——统编版教材七年级上基于智慧学习环境的《〈世说新语〉二则》群文阅读案例

东莞市松山湖实验中学 卓意玲

一、群文选文

1.文本选择

咏 雪

（具体内容请参考教材）

陈太丘与友期行

（具体内容请参考教材）

顾荣施炙

顾荣在洛阳，尝应人请，觉行炙人有欲炙之色，因辍己施焉，同坐嗤之。荣曰："岂有终日执之而不知其味者乎？"后遭乱渡江，每经危急，常有一人左右己，问其所以，乃受炙人也。

（选自《世说新语·德行》）

支公好鹤

支公好鹤。住剡东岇山。有人遗其双鹤，少时翅长欲飞。支意惜之，乃铩其翮。鹤轩翥不复能飞，乃反顾翅垂头，视之如有懊丧意。林曰："既有凌霄之姿，何肯为人作耳目近玩！"养令翮成，置使飞去。

（选自《世说新语·言语》）

蒸饭成粥

宾客诣陈太丘宿，太丘使元方、季方炊。客与太丘论议，二人进火，俱委而窃听。炊忘著箅，饭落釜中。太丘问："炊何不馏？"元方、季方长跪曰："大人与客语，乃俱窃听，炊忘著箅，饭今成糜。"太丘曰："尔颇有所识不？"对曰："仿佛志之。"二子长跪俱说，更相易夺，言无遗失。太丘曰："如此但糜自可，何必饭也？"

（选自《世说新语·夙慧》）

谢公对弈

谢公与人围棋，俄而谢玄淮上信至。看书竟，默然无言，徐向局。客问淮上利害，答曰："小儿辈大破贼。"意色举止，不异于常。

（选自《世说新语·雅量》）

2.文本分析

以上一组群文均选自《世说新语》。《世说新语》是南朝宋时所作的文言志人小说集，是魏晋南北朝时期"笔记小说"的代表作，相传由南朝宋人刘义庆所编写。在内容上，本书主要是记载东汉后期到晋宋间一些名士的言行与轶事，分为"德行""言语""政事""文学""方正"等三十六类，每类有若干则故事，全书共有一千二百多则。

《咏雪》出自《世说新语》的"言语"篇。言语，指会说话，善于言谈应对。《咏雪》一则，言简意赅地勾勒了谢家子女赋诗咏雪的情景，展示了古代家庭文化生活轻松和谐的画面。谢朗和谢道韫两小儿分别以一句应答展现了良好的文学素养和聪慧机敏的特点。

《陈太丘与友期行》出自《世说新语》的"方正"篇，记述了儿童陈元方与来客对话时的场景，告诫人们办事要讲诚信，为人要方正。两次应答，一个举动，勾勒了陈元方讲礼守信、知书达理、善于应对的人物形象。

以上二则均被收录于统编版初中语文教材七年级上册第二单元，共同体现了《世说新语》注重刻画人物语言的艺术特点。鲁迅先生在《中国小说史略》中评《世说新语》"虽不过丛残小语，而俱为人间言动"。语言上"记言则玄远冷隽，记行则高简瑰奇"的特色使《世说新语》具有很大的价值，且一直为后人称颂。

《顾荣施炙》出自《世说新语》的"德行"篇，讲述了顾荣给佣人吃烤肉，之后每次遇险，佣人都会帮助他的故事。文中顾荣"岂有终日执之，而不知其味者乎？"一句意味深长，刻画了顾荣体恤下人、推己及人、肯为别人着想的品质。

《支公好鹤》出自《世说新语》的"言语"篇，讲述了支遁"好"鹤，但当他看见鹤不愿被人当作玩物，便舍己所爱，将鹤放飞，使其自由的故事。文中支道林"既有凌霄之姿，何肯为人作耳目近玩！"一句一语双关，既体现出他尊重动物本性的一面，又表现出他本人放纵不羁、洒脱自由的一面。

《蒸饭成粥》出自《世说新语》的"夙慧"篇，讲述了陈太丘儿子元方、季方偷听陈太丘和友人谈话，并牢牢记住，但把饭蒸成粥的故事。文中陈太丘对两个儿子的循循善诱，既赞赏了元方、季方好学的品质，又体现出自身的教育智慧。

《谢公对弈》出自《世说新语》的"雅量"篇，讲述了谢安收到己方淝水之战捷报时，不动声色、继续下棋的故事。文中谢安"小儿辈大破贼"的寥寥数语，刻画了谢安胸怀大局、淡定自若、喜不形于色的人物形象。

二、群文议题

对话凸显魅力（对话在叙事中的作用）。

三、群文策略

章体建式。

四、教学价值

《〈世说新语〉二则》选自统编版初中语文教材七年级上册第二单元，是学生在初中阶段第一次接触的课内文言文，也是教材中对文言文整本书阅读的第一次推介。本课作为初中文言文的先导，具有重要的"启蒙"意义：一是重在激发学生阅读文言文的兴趣，引导学生从单篇文言文走向文言文整本书阅读；二是意在搭建台阶，使学生初步形成阅读浅易文言文的方法与能力，避免造成"文言文难"的心理障碍。

本课群文阅读议题设置集中在"对话在叙事中的作用"上，引导学生理解形式多变的对话在叙事中具有重要的作用。本课目标的设定主要基于两点：第一，教材的两则文本《咏雪》和《陈太丘与友期行》的预习导语目标指向"感受古代儿童的聪慧机敏和良好的家庭教养"，亦即对文本人物形象进行分析；而《世说新语》主要通过对人物语言进行描写建构人物形象，亦即抓住对话进行赏析。第二，《世说新语》整本书具有"记言则玄远冷隽，记行则高简瑰奇"的艺术特色。

基于本校平板教学与小组合作探究下的智慧课堂的特点，进行群文阅读教学设计时，需要注意以下几点：第一，关注学情。在文本处理上，文本读音、字词注释应翔实，以免学生产生"畏难"心理。第二，搭建台阶。在问题设置上，导读问题设计应具有导向性、层次性、步骤性特点，以助读文言。第三，提高兴趣。在互动方式上，利用平板和互动教学平台设计互动游戏，丰富课堂检测方式。第四，注重迁移。活动梯度上，由课内导向课外，由零散走向系统，由总结归纳走向迁移应用，将知识提升为能力。注意以上几点，方可最大化发挥《世说新语》群文阅读教学的价值。

五、学程设计

（一）教学目标

感受《世说新语》"记言"的文字魅力，归纳并理解对话的形式及在叙事中的作用。

（二）教学重难点

教学重点：理解选文对话蕴含的深意。

教学难点：归纳对话在叙事中的作用。

（三）教学准备

1. 印发《世说新语》对话主题群文导学案，包含《世说新语》书籍简介、写作特色、"魏晋风度"解读、主题群文文本、导读问题五个部分，供学生课前预习。

2. 学生在课前完成导学案，充分扫清文言文理解障碍。

（四）课时安排

1课时（40分钟）。

（五）教学过程

1. 课堂导入

师生对话引出：在《世说新语》中，我们遇到了三个机智聪慧的小孩，他们以各自巧妙的应答在历史熠熠生辉。

2. 活动一：回顾课文，吟咏妙语

（1）再读《咏雪》。

① 学生对比朗读：选择两位学生分别朗读《咏雪》原文及删除问答对话的文段。

（投影展示）

原文：谢太傅寒雪日内集，与儿女讲论文义。俄而雪骤，公欣然曰："白雪纷纷何所似？"兄子胡儿曰："撒盐空中差可拟。"兄女曰："未若柳絮因风起。"公大笑乐。即公大兄无奕女，左将军王凝之妻也。

→

删除问答对话的文段：谢太傅寒雪日内集，与儿女讲论文义。俄而雪骤，公欣然。公大笑乐。即公大兄无奕女，左将军王凝之妻也。

② 教师提问：去掉问答对话后，故事和原来有什么区别？

③ 学生作答：（预设）故事情节交代不清。

（2）再读《陈太丘与友期行》（后文简称为《陈》）。

① 学生对比朗读：选择两位学生分别朗读《陈》原文及转述问答对话的文段。

（投影展示）

原文：陈太丘与友期行，期日中，过中不至，太丘舍去，去后乃至。元方时年七岁，门外戏。客问元方："尊君在不？"答曰："待君久不至，已去。"友人便怒："非人哉！与人期行，相委而去。"元方曰："君与家君期日中。日中不至，则是无信；对子骂父，则是无礼。"友人惭，下车引之，元方入门不顾。

→

转述问答对话的文段：陈太丘与友期行，期日中，过中不至，太丘舍去，去后乃至。元方时年七岁，门外戏。客问其去向，元方如实相告。友人便怒斥元方。元方晓之以理，驳之以无礼、无信。友人惭，下车引之，元方入门不顾。

②教师提问：对话改为间接的转述后，故事和原来有什么区别？

③学生作答：（预设）语言不再丰富生动，故事不再形象具体。

（3）教师引言（对话的含义及《世说新语》写作特色）。

（投影展示）

对话，主要是指人物之间的口头交谈即常规人物交谈构成的对话情境以及个人的自我言说。

以《世说新语》为例，《世说新语》的"语"就是人物言语的意思，全书将文本的重心放在人物的语言上，人物的内心独白或人物间的问答占了全书的大部分内容，书中最为后人称道的也正是这类作品。

3. 活动二：阅读群文，涵泳佳言

文段一：《顾荣施炙》探究。

①全班齐读。（投影展示）

顾荣在洛阳，尝应人请，觉行炙人有欲炙之色，因辍己施焉，同坐嗤之。荣曰：<u>"岂有终日执之，而不知其味者乎？"</u>后遭乱渡江，每经危急，常有一人左右己，问其所以，乃受炙人也。（字词注释略）

②同桌对学：疏通翻译。

③游戏检测。

学生玩互动教学平台"判断对错"两人对战游戏。

（投影展示）

检测内容（判断时长：每题7秒）：

a. 尝应人请：曾经受邀赴宴。

b. 行炙人有欲炙之色：端烤肉的仆人有紧张的神色。

c. 每经危急，常有一人左右己：每次遭受危难情况，总有一个人让自己左右为难。

d. 因辍己施焉：因此自己不吃，把肉给了他。

e. 同坐嗤之：坐在旁边的人都担心他。

正确答案：√××√×

获胜方讲解错误项的正确答案：

b. 端烤肉的仆人有想吃烤肉的神色。

c. 每次遭受危难情况，总有一个人在自己左右提供帮助。

e. 坐在旁边的人都对他嗤之以鼻。

④ 小组研讨作答。

a. 顾荣说的话是什么意思？（"岂有终日执之，而不知其味者乎？"）

b. 由此可以看出顾荣是一个怎样的人？

c. 顾荣在洛阳的言行带来什么回报？

文段二：《支公好鹤》探究。

① 全班齐读。（投影展示）

② 同桌对学：疏通翻译。

③ 游戏检测。

学生玩互动教学平台"分组竞争"两人对战游戏。

（投影展示）

检测内容（游戏时长：36秒）：

正确项：a. 好鹤：喜欢鹤。b. 遗：送。c. 惜：珍惜。d. 反顾：回头看。e. 凌霄之姿：冲上云霄的志向。f. 养令翮成：养到鹤的羽毛长出来。

错误项：a. 好鹤：有一只品种优良的鹤。b. 反顾：回首往事。c. 懊丧：害怕。d. 作耳目近玩：当作朋友一样看待。

获胜方讲解错误项的正确答案。

④ 小组研讨作答。

a. 支道林对鹤的态度前后有什么变化？

b. 支道林态度变化的原因是什么？

c. 支道林说的这句话，还可以用在今天的哪些情境中？请试举一例。（"既有凌霄之姿，何肯为人作耳目近玩！"）

文段三：《蒸饭成粥》探究。

① 游戏检测。

学生玩互动教学平台"选词填空"游戏。

检测内容：

宾客诣陈太丘宿，太丘使元方、季方炊。客与太丘论议，二人进火，俱委而窃听。炊忘著箅，饭落釜中。太丘问："＿＿＿＿＿＿（答案 a）＿＿＿＿＿＿＿"元方、季方长跪曰："大人与客语，乃俱窃听，炊忘著箅，饭今成糜。"太丘曰："＿＿＿＿＿＿（答案 b）＿＿＿＿＿＿＿"对曰："仿佛

志之。"二子俱说，更相易夺，言无遗失。太丘曰："_____（答案

c）_____"（字词注释略）

填空内容：

答案a：炊何不馏？

答案b：尔颇有所识不？

答案c：如此但糜自可，何必饭也？

② 四人小组白话文演绎：一人旁白或饰演宾客，一人饰演陈太丘，一人饰演元方，一人饰演季方。各小组分工排练，选取一个小组上台演绎，教师点评。

③ 小组研讨作答。

a.请仔细体会父亲说的三句话，都是以什么语气说的？（明确：疑问）

b.这表现出父亲与子沟通时具有什么特点？

4.活动三：总结迁移，撰写新语

（1）总结归纳，难点探究。

① 小组探究，完成表格：对话在文学作品中有哪些常见形式？有什么作用？请以小组为单位，有条理地列出，完成后拍照上传。

（投影展示）

表1

文言篇目	人物	对话	言说方式	人物个性	情节作用	其他作用
顾荣施灸	顾荣	"岂有终日执之，而不知其味者乎？"	鞭辟入里，由____（现象）到____（本质）	（参考答案：设身处地为他人着想）	____（交代、解释）前文故事背景原因	a.引起读者共鸣，使读者有身临其境之感。b.突出全文矛盾之处
支公好鹤	支道林	"既有凌霄之姿，何肯为人作耳目近玩！"	文字游戏：____（一语双关），以动物暗喻自己	（参考答案：追求思想之自由）	对情节起____（留白）艺术效果，给读者留下想象空间	

文言篇目	人物	对话	言说方式	人物个性	情节作用	其他作用
蒸饭成粥	陈太丘	"炊何不馏？""尔颇有所识不？""如此但糜自可，何必饭也？"	连用＿＿（疑问句），以反问句代替陈述句	（参考答案：循循善诱、注重教育方法）	＿＿（推动、加快）故事情节发展	a.引起读者共鸣，使读者有身临其境之感。b.突出全文矛盾之处

② 难点处理，教师点拨：教师在小组探究过程中，巡视发现学生存在的疑问难点，在学生提交表格后，快速指出浅易问题的答案，针对难点引导学生作答。

③ 教师板书：一边点拨难点，一边板书。（板书设计见本书第106页相关内容）

（2）能力提升，迁移应用：文段四《谢公对弈》。

① 独立思考，完成题目。

② 学生分享，教师点评。

题目内容：

请为谢公写出一句应答的话，要求：符合谢公收到"淝水之战"捷报后，仍"意色举止，不异于常"的形象。

谢公①与人围棋，俄而谢玄②淮上信至。看书竟，默然无言，徐向局。客问淮上③利害，答曰："＿＿＿＿＿＿"意色举止，不异于常。

注释：

① 谢公即谢安：历任吴兴太守、太保兼都督十五州军事兼卫将军等职，死后追封太傅兼庐陵郡公，世称谢太傅、谢安石、谢相、谢公。

② 谢玄：字幼度，东晋名将，谢奕之子，谢安之侄。

③ 淮上：即淮水上，这里指淝水战场上。

5. 课堂总结

（投影展示）

魏晋时期受历史文化特点和政治氛围等的影响，形成了玄学清谈的风气，在此影响下《世说新语》内容多以人物清谈为主。

鲁迅先生在《中国小说史略》中评《世说新语》"虽不过丛残小语，而俱为人间言动"。语言上"记言则玄远冷隽，记行则高简瑰奇"的特色使《世说新语》具有很大的价值，且一直为后人称颂。

请同学们课后阅读《世说新语》，继续感受名人清谈、魏晋风度。

（六）板书设计

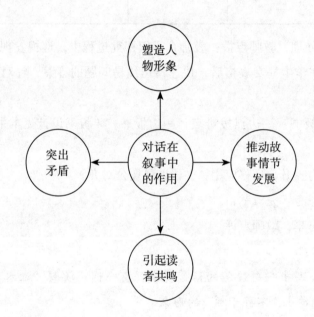

六、教研视角

在设计群文阅读课时，我将重心放在阅读层级的搭建上，每个阅读活动的开展都遵循"情节事件梳理—人物形象分析—主旨背景探究"的思路，旨在引导学生由课内走向课外，由单篇走向多篇，由多篇走向整本书，从已知走向未知，由表层（对话的文字魅力）走向深层（对话的形式及作用）。

反观课堂，我对以下几个问题进行了思考：智慧学习环境给课堂带来了什么？教学实施中存在什么问题？教学目标是否达成？学生的语文核心素养，尤其是阅读思辨能力是否得以发展？学生对《世说新语》的阅读是否从表层走向深层？

1. 本课的兴趣激发，有赖于智慧学习环境的创设，以及活动式、游戏互动式教学方法的运用。例如，活动一中，三则浅易文言文的梳理，不依靠传统的逐句翻译方式；互动教学平台的三个游戏功能——"判断对错""分组竞争""选词填空"使文本重难点的释义得以实现。智慧学习环境中的游戏功能，大大提高了阅读教学中浅层学习的课堂效率，同时激发了学生参与文言课堂的兴趣，为课堂教学的深入奠定基础。

2. 本课活动设计层级分明，聚焦思维训练，符合学情。

活动一属于课内衔接内容，着力聚焦——将课内文本集中"小"处，扣紧"对话"主题。

活动二属于活动一、三之间的过渡环节，着力发散——训练学生短时间内读懂三则课外文言文，大量储备"对话"主题的文本例子。

活动三属于整节课的升华总结与拓展延伸，着力归纳与创造——引导学生对本课知识体系做出归纳，并引导学生应用知识，将知识提升为能力。

3. 本课实施最遗憾的地方在于活动环节时间的把控，在下一次实施中应注意：活动一要"快"，要抓住重点，扣紧"对话"主题；活动二要"稳"，重点在于通过游戏互动、问题导读的方式，使得绝大部分同学能在短时间内读懂三则课外文言文，为课堂的下一环节做准备；活动三要"准"，要提供较为精准的知识体系。因此，活动二的浅易文言文阅读是文言文课堂的潜在需要，既要扎实又要高效；活动三的归纳与应用环节则是实现本课教学目标的关键所在，时间要充足，思考要充分。

第三章

比对阅读

看兵家胜败，论古人写"战"笔法

——统编版教材九年级（下）《曹刿论战》群文阅读案例

东莞中学南城学校　黎敏施

一、群文选文

1.文本选择

曹刿论战

（具体内容请参考教材）

赤壁之战（节选）

进，与操遇于赤壁。

时操军众已有疾疫，初一交战，操军不利，引次江北。瑜等在南岸，瑜部将黄盖曰："今寇众我寡，难与持久。操军方连船舰，首尾相接，可烧而走也。"乃取蒙冲斗舰十艘，载燥荻枯柴，灌油其中，裹以帷幕，上建旌旗，豫备走舸，系于其尾。先以书遗操，诈云欲降。时东南风急，盖以十舰最著前，中江举帆，余船以次俱进。操军吏士皆出营立观，指言盖降。去北军二里余，同时发火，火烈风猛，船往如箭，烧尽北船，延及岸上营落。顷之，烟炎张天，人马烧溺死者甚众。瑜等率轻锐继其后，雷鼓大震，北军大坏，操引军从华容道步走，遇泥泞，道不通，天又大风，悉使羸兵负草填之，骑乃得过。羸兵为人马所蹈藉，陷泥中，死者甚众。刘备、周瑜水陆并进，追操至南郡。时操军兼以饥疫，死者太半。操乃留征南将军曹仁、横野将军徐晃守江陵，折冲将军乐进守襄阳，引军北还。

巨鹿之战（节选）

项羽已杀卿子冠军，威震楚国，名闻诸侯。乃遣当阳君、蒲将军将卒二万渡河，救钜鹿。战少利，陈余复请兵。项羽乃悉引兵渡河，皆沉船，破釜甑，烧庐舍，持三日粮，以示士卒必死，无一还心。于是至则围王离，与秦军遇，九战，绝其甬道，大破之，杀苏角，虏王离。涉间不降楚，自烧杀。当是时，楚兵冠诸侯。诸侯军救钜鹿下者十余壁，莫敢纵兵。及楚击秦，诸将皆从壁上观。楚战士无不一以当十。楚兵呼声动天，诸侯军无不人人惴恐。于是已破秦军，项羽召见诸侯将，入辕门，无不膝行而前，莫敢仰视。项羽由是始为诸侯上将军，诸侯皆属焉。

2. 文本分析

《曹刿论战》选自《左传》。《左传》原名为《左氏春秋》，汉代改称《春秋左氏传》《春秋内传》《左氏》，汉朝以后多称《左传》，是中国古代一部叙事完备的编年体史书，也是先秦散文著作的代表，更是儒家重要经典之一。《左传》长于记述战争，故有人称之为"相砍书"（相斫书）；又善于刻画人物，重视记录辞令。本次选编的《曹刿论战》，又题作"齐鲁长勺之战"或"长勺之战"，记载了公元前684年，齐借口鲁国曾帮助公子纠争夺齐国君位，再次兴兵攻鲁，两军战于长勺。既然题为"曹刿论战"，本文重点就是"论战"，而不是战争经过，并通过对话展示曹刿和鲁庄公的对比，突出了曹刿的政治远见和军事才能。虽然鲁庄公没有远见，但是他能做到不耻下问，虚心地向曹刿请教。

《赤壁之战（节选）》出自《资治通鉴》。《资治通鉴》是中国一部编年体通史巨著，它以深邃的历史眼光，全面总结了历朝历代的政治智慧，记录了上起春秋战国，下至宋朝建立之前，总共1362年历史的发展轨迹。"赤壁之战"是我国历史上的一次著名战役，其结果是形成了魏、蜀、吴三国鼎立的局面，对汉末的历史有着重大的影响。同时，这次战役又是我国历史上以少胜多、以弱胜强的战役之一。《赤壁之战》中多用人物对话表现战略决策的过程，揭示当时各方势力面临的形势，也表现了每个人物战略眼光的高低。而本课节选部分更多地展现了战况的激烈，对话描写较少。

《巨鹿之战（节选）》出自《史记》中的《项羽本纪》。《史记》最初称为《太史公书》或《太史公记》《太史记》，是西汉史学家司马迁撰写的纪传体史书，是中国历史上第一部纪传体通史，记载了上至上古传说中的黄帝时代，下至汉武帝太初四年间共三千多年的历史。全书包括十二本纪（记历代帝王政绩）、三十世家（记诸侯国和汉代诸侯勋贵兴亡）、七十列传（记重要人物的言行事迹，主要叙述人臣，其中最后一篇为自序）、十表（大事年表）、八书（记各种典章制度，礼、乐、律、历、天官、封禅、河渠、平准）。《史记》被鲁迅誉为"史家之绝唱，无韵之《离骚》"，有很高的文学价值。本课的《巨鹿之战》（节选）记录的是秦末起义中，项羽率领数万楚军（后期各诸侯义军也参战），同秦名将章邯、王离所率四十万秦军主力在巨鹿（现属邢台市平乡县地区）进行的一场重大决定性战役，也是中国历史上著名的以少胜多的战役之一。

虽然本课所选的文言文中战争描写的篇幅较短，但我们还是可以从中窥见古人写"战"的一些手法，由此帮助学生在阅读描写战争的文章时，更快速地理解文意以及写法。

二、群文议题

看兵家之胜败，论古人之写"战"笔法。

三、群文策略

比对阅读。

四、教学价值

《曹刿论战》来自统编版教材九年级下册第六单元。在群文阅读教学设计时，我选择了学生较熟悉的战争故事文本，且节选篇幅较短，难度适中，对生僻或难懂的字词有明确的注释，让学生通过阅读群文了解历史。另外，学生虽然了解这些战争故事，但分析战争故事中的写作手法还有较多的阻碍。因此，我在设计目标时不求学生过深地研究，而是更多地激发他们阅读的兴趣，让他们亲近文言文，从而培养语感，提升语文素养。

五、学程设计

（一）教学目标

1. 熟读选段，说说"长勺之战""赤壁之战""巨鹿之战"取胜的原因。

2. 小组探究古人描写战争的技巧。

（二）教学重难点

教学重点：熟读选段，说说"长勺之战""赤壁之战""巨鹿之战"取胜的原因。

教学难点：小组探究古人描写战争的技巧。

（三）教学准备

1. 打印关于"赤壁之战""巨鹿之战"相关的背景资料，师生每人一份，以便课前熟悉文本。

2. 课前初读文本，扫清阅读障碍。

（四）课时安排

1课时（40分钟）。

（五）教学过程

1. 情境导入

前面我们跟着左丘明"目睹"了史上著名的以少胜多、以弱胜强的"长勺之战"。那么，他是怎样将这个精彩的故事呈现给我们的呢？今天我们就来探究一下古人写"战"的笔法。

2. 课内精读

（1）回顾课文，学生抢答："长勺之战"何以取胜？

（2）探究课文，小组交流，代表发言：《曹刿论战》中，作者运用哪些手法写"战"？

3. 群文展读

（1）阅读《赤壁之战》（节选）、《巨鹿之战》（节选），梳理文意，指定代表概括故事内容。

方法点拨：阅读文本，小组间交流，代表发言，教师点拨。

（2）探究文本，分别说说"赤壁之战""巨鹿之战"取胜的原因。

①方法点拨：阅读文本，讨论交流，代表发言，教师点拨。

②探究结果。

赤壁之战：

a. 以己之长，攻彼之短。

b. 积极迎战，先机制敌。

巨鹿之战：

a. 出师有名，抢占人心。

b. 决心巨大，部署正确。

c. 全面进攻，把握战机。

（3）探索古人写"战"的技巧。（从详略安排、描写方法的角度）

①方法点拨：阅读文本，讨论交流，代表发言，教师点拨。

②探究结果。

赤壁之战：

a. 详写战中、战后。

b. 善用动词，写出战争场面之激烈。

c. 运用侧面描写，衬托周瑜有勇有谋的军事才能。

巨鹿之战：

a. 详写战中情况。

b. 善用一系列动词，刻画项羽智勇双全。

c. 运用对比，突出项羽神威。

4. 课堂小结

古人的写"战"笔法：①详略得当，重现战争之激烈；②善用正、侧面描写相结合，刻画人物形象；③善用对比，突出胜败。

5. 课后研读

查找描写历史上著名战争的文章，借助本节课学到的知识，独立回答：战争何以取胜？作者何以写"战"？

6. 板书设计

看兵家胜败，论古人写"战"笔法
——《曹刿论战》群文阅读

战争	何以取胜	何以写"战"
长勺之战	（1）取信于民 （2）掌握战机 （3）后发制人	（1）详写曹刿战前、战中、战后表现 （2）对话描写 （3）对比
赤壁之战	（1）知己知彼 （2）乘胜追击	（1）详写战中、战后情况 （2）运用一系列动词 （3）对比
巨鹿之战	（1）出师有名 （2）决心巨大 （3）善于决策	（1）详写激烈的战况 （2）动作描写 （3）侧面描写

六、教学现场

师：上课！同学们好！

生：老师好！

师：同学们请坐。前面我们跟着左丘明"目睹"了史上著名的以少胜多、以弱胜强的"长勺之战"。那么，这场战争是如何取胜的呢？左丘明是怎样将这个精彩的故事呈现给我们的呢？今天我们就来探究一下古人的写"战"笔法。

师：首先，让我们回顾一下《曹刿论战》这个故事，同学们还记得"长勺之战"是何以取胜的吗？

生：取信于民。

生：把握战机。

生：后发制人。

师：对，正因为此，鲁国才得以以少胜多、以弱胜强，赢得了这场战争。那么，《曹刿论战》中作者运用了哪些写作手法来描写这场精彩的战争？请同学们进行小组间交流，解决这个问题。

（小组交流3分钟）

师：好的，第二组回答。

生：作者用了很多的对话描写。

师：那这些对话描写有什么作用呢？

生：可以表现曹刿是一个很有政治远见的人，而鲁庄公刚好相反，虽然贵为君主，但是他"鄙"，没有政治远见。

师：分析得很到位。除了对话描写，在详略的安排上还有什么特点吗？请举手回答。

师：第五组回答。

生：作者详细描写战前、战中和战后曹刿的表现，略写鲁庄公。

师：非常好。文章详略的安排也很讲究。让我们继续探究，其他组还有什么发现吗？

生：我们还发现了一种写作手法，就是对比。

师：请你说说。

生：比如，文中曹刿战前的回答、战中的指挥和战后的论战，与曹刿在胜利后不知道是如何取胜的形成对比，也是突出了曹刿的"远谋"和鲁庄公的"鄙"。

师：说得真精彩，那鲁庄公有没有优点呢？

生：有，鲁庄公善于听取他人的意见。

师：分析得很全面。除此以外，作者还用了哪些手法呢？

生：正面描写。

师：对，作者对人物进行语言描写、动作描写、神态描写等正面描写来表现人物的性格。那么，与正面描写相对的是什么描写呢？

生：侧面描写。

师：对了。等会儿我们就去看看其他描写战争的文本有没有用到侧面描写的表现手法。还可能会运用哪种表现手法？

生：对比。

师：没错。事不宜迟，我们马上看看历史上另外两场很出名的以少胜多、以弱胜强的战争——"赤壁之战"和"巨鹿之战"，探究作者又是运用哪些手法表现它们的精彩的。请同学们看导学案，阅读两个选段，概括故事内容。

生：《赤壁之战》写了周瑜火烧连环船，曹操军队战败，从华容道逃走的故事。

师：概括得很精练。（掌声）

师：那《巨鹿之战》呢，谁来挑战一下？

生：《巨鹿之战》写的是项羽去救赵国，将士们破釜沉舟、只拿三天的粮食，最后战胜敌方大军的故事。

师：文中有一个很重要的战略，对这场战争起了决定性作用。同学们知道是什么战略吗？

生：切断王离部队的供粮要道！

师：没错。

既然我们读懂了这两个故事，现在就挑战一下，分析"赤壁之战"和"巨鹿之战"中周瑜和项羽取胜的原因。请大家小组交流。

（学生小组交流讨论7分钟）

师：我们先看赤壁之战。周瑜为什么能在这场惊险的战争中取胜呢？第四组回答。

生：因为周瑜知道"寇众我寡"，面对面发起进攻一定会惨败，而他发现曹军的船是连在一起的，就想到了火烧连环船的办法。

师：也就是说，既知道自身的弱点，又发现了敌方的特点。可否用四个字来概括你的说法？

生：知己知彼。

师：非常棒！还有其他取胜的原因吗？

生：有。曹操军队受打击后逃走，死伤严重，而周瑜、刘备水陆并进，使曹操军队雪上加霜。

师：这一招又叫什么？

生：乘胜追击。

师：说得好！你们都是军事家了。

师：那么，"巨鹿之战"取胜的原因是什么？第八组回答。

生：我觉得是项羽一心想着报仇，所以决心很大，还破釜沉舟，使士兵充满斗志。

师：但是他让人看到的可能并不是报仇，而是为正义而战，去救赵国。所以，第一，他是出师有名。我非常赞同你说的"破釜沉舟"这一点，这也

117

表明了第二点，他决心很大。有了这两点还不够，这场战争非常激烈，你能找出表现"非常激烈"这一点的词语来吗？

生："九战"。

师：没错。最终能"大破之"，因为什么呀？文中怎么写的？

生："绝其甬道"。

师：这是一个非常重要的举措。"绝其甬道"之后，才有"大破之"。所以，项羽很善于做决策，这是第三点。

师：好，明确了战争取胜的原因，我们就要挑战更高难度的问题了。在《曹刿论战》中，对于作者如何写"战"，我们主要是从详略安排、正侧面描写和对比等表现手法着手分析。那么，现在我们一起去探究，司马光写"赤壁之战"和司马迁写"巨鹿之战"都用了哪些手法呢？请同学们进行小组讨论，看看哪一个组分析得最全面。

（小组交流讨论）

师：老师刚才看到有一个组讨论得最激烈。我们一起请出第三组的发言同学。大家掌声鼓励！

（生热烈鼓掌）

生：我们组刚才因为有不同意见，所以争论得有点激烈。不过后来，我们达成了一致意见。详略安排方面，我们认为作者详写战中和战后的情况，略写战前准备。

师：嗯，从节选的文段来看，确实如此，其他同学有没有发现这一点？

生：有。

师：还不错。有没有正面和侧面描写方面的？

生：有一句语言描写。

师：是有一句语言描写，但是从选段来看，并不典型。相对而言，我认为战中的描写很精彩，你们发现什么奥妙没有？

生：发现了，有很多的动词，描写周瑜军队火烧连环船的情况，非常生动，有画面感。

师：我跟你们的想法一致。这些动词呈现了整个战况，让人身临其境啊！

生：我们还有一点发现，就是这里也有对比，把周瑜军队的进攻形势和曹操败走进行对比。

师：找得很好。这一对比突出了什么呀？

生：突出了周瑜有勇有谋，善于作战。

师：你们果然是学霸组，分析得非常全面。其他组也要加油，继续挑战"巨鹿之战"的写"战"手法，谁来回答？

师：非常好，第七组举手了。精神可嘉，掌声鼓励！

生：（齐鼓掌）

生：我们找到了一个侧面描写。

师：很好，侧面描写了什么？说说看。

生：文中"项羽召见诸侯将，入辕门，无不膝行而前，莫敢仰视"是侧面描写。

师：诸侯将"无不膝行而前，莫敢仰视"正好侧面突出了什么？

生：突出项羽的威风凛凛，有威望。

师：这两个词用得真好。那有没有正面描写啊？

生：没找到。

师：好，请坐下，你再找找看。其他同学呢？

生：我认为，这里是正面描写"项羽乃悉引兵渡河，皆沉船，破釜甑，烧庐舍，持三日粮，以示士卒必死，无一还心"，以及"绝其甬道，大破之，杀苏角，虏王离"是正面描写。其中运用了"引""沉""破""持""绝""破""杀""虏"等动词，写出了战争激烈、势如破竹，也表现出项羽的英勇善战。

生：（热烈鼓掌）

师：分析得很细致，也很正确。从同学们的掌声来看，他们对你的分析评价很高。接下来，我想找一位同学说说这个片段描写的详略安排。

生：详写战争的激烈。

师：同学们同意吗？

生：同意。

师：回答正确，请坐。你们对详略安排的分析很有经验。下面我们一起来归纳一下古人的写"战"笔法有哪些特点。

师：古人的写"战"笔法：①详略得当，重现战争之激烈；②善用正、侧面描写相结合，刻画人物形象；③善用对比，突出胜败形势。

师：好，请同学们做好笔记。

师：学了这么多，今天的作业就请同学们自己单独实践一下。查找描写历史上著名战争的文章，借助本节课学到的知识，独立回答：战争何以取胜？作者何以写"战"？

师：今天的课就上到这里。同学们，下课！

生：谢谢老师，老师再见。

师：同学们再见。

七、教研视角

（一）学情分析

《曹刿论战》来自统编版教材九年级下册第六单元。九年级的学生虽然有一定的文言基础，有阅读较长文言文的能力，但描写战争的文言文对于他们来讲难度还比较大。因此，在设计群文阅读教学时，我选择了学生较熟悉的战争故事文本，且节选篇幅较短，难度适中，对生僻或难懂的字词有明确的注释。另外，学生虽然了解这些战争故事，但对于分析战争故事中的写作手法还有较多的阻碍。因此，我在目标设计时不求学生过深地研究，而是更多地激发他们阅读的兴趣，让他们了解历史，亲近文言文，从而培养语感，提升语文素养。

（二）教学思路

本节课的教学目标如下：

1. 熟读选段内容，说说"长勺之战""赤壁之战""巨鹿之战"取胜的原因。

2. 小组探究古人描写战争的技巧。

在这两个教学目标的指导下，希望通过小组讨论交流的形式，打开学生的思路，并借此锻炼学生的文本概括能力和语言组织能力。

本节课从课内文段《曹刿论战》入手，请学生说出战争取胜的原因并讨论作者运用哪些手法描写战争；接着转入两个课外文段——《赤壁之战》和《巨鹿之战》，并讨论"赤壁之战""巨鹿之战"取胜的原因；再小组合作分析作者是如何描写"赤壁之战""巨鹿之战"的；最后，在此前的分析基础上和教师的引导下小结古人写"战"的技巧，并布置作业。

（三）优点

1. 教学思路清晰，各个环节内容安排得当；教学由浅入深，从课内的《曹刿论战》到课外的《赤壁之战》和《巨鹿之战》。相较而言，《赤壁之战》是学生耳熟能详的故事，读起来难度不算很大。而《巨鹿之战》难度稍大，但因为前两个文段的铺垫，学生有一定的阅读和分析经验，所以有一定的可读性。

2. 通过小组合作的方式，锻炼学生的口语表达能力。在小组讨论中，学生开口说话的机会多了，能借此提升语言组织能力。

（四）存在问题及改进措施

1. 缺少"练笔"环节。本节课给学生提供的"说"的机会很多，但是，在小结写"战"笔法之后，没有学以致用的环节与之相联系。可以适当设置"写战"环节，让学生把学到的技法运用在写作上，加深印象。

2. 教学活动形式单一。整节课最多的学生活动是讨论、回答，可以适当增加其他类型的活动，让课堂形式更丰富，如讨论战争取胜原因和作者如何写"战"这两个问题上，让学生自行设计表格，呈现答案。提问时，先展示学生的讨论成果，以增加学生的学习兴趣。

赏山水之美，品文章之法

——统编版教材八年级（上）《答谢中书书》群文阅读案例

东莞市厚街圣贤学校　罗晓锋

一、群文选文

1.文本选择

答谢中书书

陶弘景

山川之美，古来共谈。高峰入云，清流见底。

两岸石壁，五色交辉。青林翠竹，四时俱备。晓雾将歇，猿鸟乱鸣；夕日欲颓，沉鳞竞跃。

实是欲界之仙都。

自康乐以来，未复有能与其奇者。

与朱元思书

吴　均

风烟俱净，天山共色。从流飘荡，任意东西。自富阳至桐庐一百许里，奇山异水，天下独绝。

水皆缥碧，千丈见底。游鱼细石，直视无碍。急湍甚箭，猛浪若奔。

夹岸高山，皆生寒树，负势竞上，互相轩邈，争高直指，千百成峰。泉水激石，泠泠作响；好鸟相鸣，嘤嘤成韵。蝉则千转不穷，猿则百叫无绝。鸢飞戾天者，望峰息心；经纶世务者，窥谷忘反。横柯上蔽，在昼犹昏；疏条交映，有时见日。

2. 文本分析

《答谢中书书》是陶弘景给谢征的一封回信，为六朝山水小品名作。它"犹如一幅清丽的山水画，又像一首流动的山水诗"，仅用68个字，但在这短短的68个字中蕴含着清远的意境，突显了山川景物的灵魂及自然万物的勃勃生机，表达了作者与自然相融合的生命愉悦，体现了作者酷爱自然、归隐山林的志趣。我希望在教学中让学生赏析这种美，并发挥自己的想象，置身于情境当中，深入体会作者的感情。

《与朱元思书》是吴均写给朱元思的述说旅行所见的信，是一篇用骈文写的书信。文章就作者从富阳至桐庐乘舟行旅所见，生动描绘了一幅绚丽多姿的山水画卷。作者对山光水色的描绘极具层次和立体感，先总后分，由远及近，以不同角度写出自然景物特点，使人读后悠然神往，击节叹赏。文章重在白描，多用对称句式，节奏明快，给人以和谐工整的美感；语句富有变化，散句和偶句错落有致，上下文气自然流畅。

作者从奇山异水的描写中，表现自己对人生的感悟，对大自然的倾心热爱，对官场黑暗的鄙弃。这是作者对朱元思的劝导，更体现了自己淡泊名利、归隐山林之心。

两篇文章在结构、语言、意境上都是经典之作，但就同样的山水景色却道出不一样的人生感悟。

二、群文议题

赏山水之美，品文章之法。

三、群文策略

比对阅读。

四、教学价值

《答谢中书书》和《与朱元思书》来自统编版教材八年级上册第三单元。八年级的学生经过七年级文言文学习后，对文言文的学习有了基本的方法和兴趣，但对作品中语言的揣摩不够深入。因此，在本节群文阅读课的设计，立足于文本的理解和文言基本字词的细品。同时，六朝山水小品文质兼美，学生比较容易接受，能从优美文字的揣摩中感悟文章的意境美。八年级学生的语言揣摩和知识迁移能力还比较弱，因此本节课目标设计时不求让学生过深地探究，而是更多地激发他们阅读的兴趣，运用揣摩品析的方法感悟六朝山水小品的特点，从而在文言文探究中增强人文底蕴，综合提高语言应用和鉴赏能力。

五、学程设计

（一）教学目标

1. 熟读选文，在读译中理清结构。

2. 揣摩语言，感悟文章的意境美。

3. 小组探究，比较阅读，探究文章写法。

（二）教学重难点

教学重点：揣摩语言，感悟文章的意境美。

教学难点：小组探究，比较阅读，探究文章写法。

（三）教学准备

1. 打印社会和文学相关背景资料，师生每人一份，以便课前了解六朝的社会生活和作者的生平及情感。

2. 课前熟悉文本，扫清理解障碍。

（四）课时安排

1课时（40分钟）。

（五）教学过程

1.导入

中国的文人似乎与山水、自然有着特别的情结，这是一种说不清道不明，好像永远无法割断的情愫。人生得意时，他们走向自然，向山山水水、一花一草笑谈自己心中的万丈豪情；仕途失意时，他们退隐江湖，大自然就成了他们最好的倾诉对象。多情文人与美丽山水结合的结果就是那一篇篇传诵千古的至情至性的美文，景以人名，人以景传。

——余秋雨

2. 活动一：读译结合，理清结构

（1）朗读。（略）

（2）说译。（略）

（3）梳理。

①《答谢中书书》——谈美总领、绘美写景、赞美抒怀。

②《与朱元思书》——总写特点、分写景志。

3. 活动二：揣摩语言，欣赏批注

（1）话题1："山川之美"，文中之美在何处？（写景特点）

① 例说：山水相映之美，色彩配合之美，晨昏变化之美，动静相衬之美……

② 小结：语言凝练，四字为主；一句一景，一景一意；清新明丽，活泼生动。

（2）话题2："奇山异水"，山之奇、水之异分别在何处？

（从角度、手法、内容等方面来谈）

① 例说："异"在水之色……，"奇"在明与暗……

② 小结：动静、正侧、明暗、五觉、虚实、疏密、情景、骈散、四季、对偶、夸张……

4. 活动三：比较阅读，探究写法

（1）话题3：阅读两文写山的片段，比较内容与技法的异同。

（2）话题4：理一理山水写景文的写作规律。

（3）小结：总分分总抓特点，动静相映情趣生，骈散有致韵味显。

5. 课堂小结

"一切景语皆情语"，面对"山川之美"，作者说"自康乐以来，未复有能与其奇者"，议论加抒情，表达了他沉醉山水的愉悦、思归山林的高洁和古今知音共赏奇景的闲适自得。此外，"未复"与开头"共谈"形成对比，言外之意是慕古人雅量深致，叹今人粗陋无文，隐含自矜自得之意。面对"奇山异水""鸢飞戾天者，望峰息心；经纶世务者，窥谷忘反。"，作者意在劝友人放下争名夺利之心，忘情于天地大美之中。此句既烘托山水的"独绝"，又蕴含作者对功名利禄的鄙弃。

6.板书设计

赏山水之美，品文章之法
——《答谢中书书》群文阅读案例

总：山川之美，古来共谈　　　　奇山异水，天下独绝

分：

角度：仰、俯、平　　　　　　　水、山

时间：晓、夕

感官：视、听　　　　　　　　　视、听

状态：动、静　　　　　　　　　动、静

总：实是欲界之仙都　　　　　　鸢飞戾天者，望峰息心。

　　未复有能与其奇者　　　　　经纶世务者，窥谷忘反。

六、教学现场

师：（出示投影）

生：（齐读投影内容）

师：文化大师余秋雨在上面的文字中概括了文化与自然、文人与自然的天生关系。今天就让我们走进六朝山水文章，来赏析文章给我们带来的美。

师：（板书课题）

活动一：读译结合，理清结构。

师：让我们进入今天的第一个学习活动。请同学们先自由朗读一遍文章，再用说译的方式进行汇报。（5分钟）

生：（说译展示）

师：说译时我们要注意，不追求一词一句地进行，对于一些不是很清楚的内容，能说出大意即可，确保对文章的理解。

师：两位同学的说译让我们重温了文章内容。在刚刚的说译中，大家对文章是否掌握了？老师现在要考考大家。

师：大家试试看，能否把一段内容变为多段？

生：《答谢中书书》可分为三段，因为结构是总分总。

生：《与朱元思书》可分为两段，因为结构是总分。

师：能否具体说说为什么这样划分？

生：《答谢中书书》先总写"山川之美，古来共谈"，再具体写山川之美的特点，最后抒发作者的情感。

生：《与朱元思书》先总写"奇山异水，天下独绝"，再分写山和水的特点，最后抒情和议论。

师：两位同学都很好地分析了文章的结构。两篇文章都是先总写，再分写山水的特点，最后再抒情和议论。这是六朝山水文章的写作规律：总分总的结构模式。

活动二：揣摩语言，欣赏批注。

师：活动一中，我们感知了文章的结构。接下来，我们一起更深入地学习下这种结构是怎样用语言来表达出来的。

师：（投影展示）

话题1："山川之美"，文中之美在何处？（写景特点）

例说：山水相映之美，色彩配合之美，晨昏变化之美，动静相衬之美……

生：我觉得"将"和"欲"用得很好，有拟人的成分，写出了晓雾和夕阳的动态美。

师：老师有一个问题，文章中"乱鸣"的"乱"是否给人感觉很嘈杂？

生：我认为不是，这是一种真实的自然情境，身处其中是没有"乱"的感觉的，反而更加衬托出这种美。

师：谢谢你的解答。我们再回到刚才的问题上来。

生：这种美是一种动静结合的美。"高峰入云，清流见底。两岸石壁，五色交辉。"就是动静结合，写出了山峰的挺拔，水流的柔缓，用"石壁"的静态和"五色交辉"的动态展现了自然的美。而后面的"晓雾将歇"等都是静态，用自然界的静态来衬托动态，感受生机勃勃。

师：谢谢，请问其他同学还有补充吗？

生：老师，"五色交辉"是动态的吗？

师：请这个同学读读下面的注释。

生：哦，我明白了。

师：还有其他同学要说吗？

生：老师，我认为"高峰入云，清流见底"不仅是动静结合，更是作者写景视角变化的结果，也体现了不同角度下的山川之美。

师：请你详细说说你的看法。

生："高峰入云，清流见底"是一种变换角度的描述，也就是俯视和仰视的变换。这种变换，更能全面立体地呈现出自然的美。

师：很不错，善于发现和多元思维。总结大家的阐述，老师把"山川之美"的写作技法都写在黑板上了。这就是大家集体智慧的结晶。

师：经过老师总结，请看投影。

小结：语言凝练，四字为主；一句一景，一景一意；清新明丽，活泼生动。

师：（投影展示）

话题2："奇山异水"，山之奇、水之异分别体现在何处？

生：水之异在"水皆缥碧，千丈见底。游鱼细石，直视无碍。急湍甚箭，猛浪若奔。"它写出了水的清、急、猛的特点，充分展现了富春江水的特点。

师：你的回答让老师很震惊，对文字的理解和概括很准确。其他同学有补充吗？

生："急湍甚箭，猛浪若奔。"运用了夸张和比喻的修辞，间接写出了水的"急"和"猛"的特点。

师：这个同学的思考很深入，进一步说出了水之异的理由。

生：老师，我也有发现。

师：请你说说。

生："水皆缥碧，千丈见底。游鱼细石，直视无碍。急湍甚箭，猛浪若奔。"这一句中，句子的前面是写水的静态，后面用夸张和比喻的修辞写水的动态，这是一种动静结合的写法，能更好地写出水之异。

师：你更了不起，一把前面两位同学说的综合起来了，从动静结合的角度说。

师：我们再转到山之奇上，哪位同学能说说自己的理解？

生：老师，我从水之异中总结出，写山也是动静结合，如"寒树""夹岸""负势竞上""轩邈"。

师：你的发现和理解以及学习的迁移能力很好，有同学补充吗？

生：这一段写山，从视觉角度写了山上的树，化静为动。山之奇，奇在竞相往高处、远处延伸，一山一树都具有旺盛的生命力。

师：我们再往下读，看看作者通过什么来写山。

生：通过泉水来写山。

师：是吗？我们一起来朗读、背诵。从"泉水激石"到"猿则百叫不绝"，共28字。

（师生一同朗读、背诵。）

师：这里写了哪几种事物？

生："泉水、鸟、蝉、猿"四种。

师：通过四种事物的哪方面来写的？

生：通过响声。

师：也就是通过听觉来写的：有的"泠泠作响"，有的"嘤嘤成韵"，有的"千转不穷"，有的"百叫无绝"。这样就形成了一种喧闹、嘈杂的景象，是吧？

生：是。

师：大家再仔细品一品，这是一种嘈杂的气氛吗？

生：嘈杂的声音让人讨厌，而这里明显是让人喜欢。

师：对，猿本来也是一种叫声凄厉的动物，俗话说"猿鸣三声泪沾裳"，可是在这里，我们却觉得是一种美妙的声音。

这里表面上喧闹、嘈杂，实际上却都是自然界非常和谐的声音。所以这是以闹来写静。

师：（投影展示）

小结：动静、正侧、明暗、五觉、虚实、疏密、情景、骈散、四季、对偶、夸张……

活动三：比较阅读，探究写法。

师：（投影展示）

话题3：阅读两文写山的片段，比较内容与技法的异同。

生：两篇文章写山，都抓住了山的特征，如山的高、山中的景。

师：不错，写景就是抓住景物的特点来写。每个景物处在不同的地方，具有独特的特点，抓住特点就能够更好地写出景物的特征。

师：（投影展示）

话题4：理一理山水写景文的写作规律。

师：从以上内容的赏析中，对于山水写景文的写作规律，想必大家已经有了一些印象，我们一起来总结下。

师：（投影展示）

小结：总分分总抓特点，动静相映情趣生，骈散有致韵味显。

七、教研视角

柏拉图说："强迫学习的东西是不会保存在心里的。"我非常喜欢这句话，并从它引申出我的教学宗旨——让学生乐学、好学。本节课选择的这两篇六朝美文是人与自然浑然交融的精品之作，融入了作者的细腻情思。我围绕两篇文章的结构、语言、写法进行教学，虽取得了一定教学效果，但也有很多不足之处，现反思如下。

1.小组合作应放手

对于小组合作的任务，我只停留在文本释义和浅层的讨论层面，让学生边读边译，小组合作解决问题，研讨重难点，而对于文章中体现的作者情趣、思想感情等未让学生进行深层的对比思考和探讨。特别是对"自康乐以来，未复有能与其奇者"一句中体现的与古今知音共赏美景的得意之感，与谢公比肩之意溢于言表之情体会不深。所以，我认为进行小组合作教学的关键是对学生彻底放手，相信学生，这样更有利于提高学生的合作激情。

2.教学要纲举目张，有效教学

本节课教学设计内容过多，课堂结构过于冗杂。在引导学生思考"这两篇短文都写自然景物，但表达的思想感情有所不同"时，只是把思想感情做了简单的对照，未联系时代背景进行深入的分析。既想把文本知识讲透，又想把两篇短文对比深化，结果是两项都涉入不深，想面面俱到反而面面不到。所以，教学中一定要敢于放弃，抓住重点才能纲举目张，有效展开。

3.有"读"才是真正的语文教学

在阅读中，自读是基础，诵读是重点，悟读是关键。古文教学中我一直本着"自读，通大意；诵读，理文脉；悟读，重积累"的原则进行，在自读、诵读的基础上悟读、美读。文中的词语极富表现力，如果能让学生赏析、体会这些词语的美妙，我想读起来肯定是另一番效果。但本节课学生朗读未能真正放开，美读未能引导到位。有"读"才是真正的语文教学，所以以后的教学中一定要充分利用各种手段，如加上舒缓的音乐，给学生以美的享受，努力让学生做到体会文章之美，美读，悟读。

　　总之，教师要在课堂上还学生一片自主的天地，给学生创设一个锻炼的机会，留给学生一个思考的空间，为学生创设一个讨论的氛围，让课堂成为智慧闪烁的课堂。这样才能真正置学生于主体地位，真正培养学生自主学习的能力，课堂才真正是学生的课堂！

《史记》流芳，将军风采

——统编版教材八年级上《周亚夫军细柳》群文阅读案例

东莞市厚街湖景中学　彭　莉

一、群文选文

1.文本选择

史记·项羽本纪（节选）

及楚击秦，诸将皆从壁（壁垒，营垒）上观。楚战士无不一以当十，楚兵呼声动天，诸侯军无不人人惴恐（恐惧）。于是已破秦军，项羽召见诸侯将，入辕门（营门），无不膝行（用膝盖行走）而前，莫敢仰视。项羽由是始为诸侯上将军，诸侯皆属（隶属）焉。

史记·李将军列传（节选）

望匈奴有数千骑，见广，以为诱骑（诱敌的骑兵），皆惊，上山陈（同"阵"，摆开阵势）。广之百骑皆大恐，欲驰还走。广曰："吾去大军数十里，今如此以百骑走，匈奴追射我立尽。今我留，匈奴必以我为大军诱之，必不敢击我。"广令诸骑曰："前！"前未到匈奴陈二里所（二里左右），止，令曰："皆下马解鞍！"其骑曰："虏多且近，即有急，奈何？"广曰："彼虏以我为走，今皆解鞍以示不走，用坚其意。"于是胡骑遂不敢击。

周亚夫军细柳

（具体内容请参考教材）

2. 文本分析

三篇文章均选自《史记》。《史记》是西汉著名史学家司马迁撰写的一部纪传体史书，是中国历史上第一部纪传体通史，它不同于前代史书所采用的以时间为次序的编年体，或以地域为划分的国别体，而是以人物传记为中心来反映历史内容的一种体例。《史记》不仅对后世史学产生深远影响，同时也被认为是一部优秀的文学著作，在中国文学史上有重要地位，被鲁迅誉为"史家之绝唱，无韵之《离骚》"，具有很高的文学价值。

从传说中的三皇五帝到西汉武帝这段漫长的历史中，战争是每个时代都无法回避的重要话题。《史记》作为我国历史上第一部以人物为中心的史传文学巨著，不仅系统地记述了爆发于这三千年间的五百余起战争，而且塑造了一大批个性鲜明而又生动可感的将军形象。司马迁笔下的这些将军来自不同的历史时期，他们是战争的指挥者，也是时代的见证者，在他们身上既有相同身份所赋予的共性特征，又不可避免地被打上了时代的烙印，具有鲜明的个性特征。司马迁在继承先秦史传文学塑造人物形象成功经验的基础上，大胆创新，通过捕捉人物生活细节和神情、动作细节，鲜活将军形象；描写典型精彩的战争场面，烘托将军风采；采用正面烘托与侧面衬托相结合等多种艺术手法，巧妙突出将军形象。

二、群文议题

《史记》流芳，将军风采。

三、群文策略

比对阅读。

四、教学价值

《周亚夫军细柳》选自统编版教材八年级上册第六单元。目前，文言文阅读教学基本以单篇阅读的形式开展，在新课标开展广泛阅读的背景下，单篇阅读教学受阅读量较小、讨论面较窄等因素的限制，学生对文本的认知和理解都难以深入。群文阅读教学是近年来语文学科新崛起的阅读教学形式，与传统单篇阅读教学相比，具有阅读量大、议题丰富、易于讨论等优势，能在不断提升学生的语文学科核心素养方面有所作为。

本课选择《项羽本纪》（节选）、《李广列传》（节选）等文段，与课文《周亚夫军细柳》组成群文，开展文言文群文阅读教学，引导学生在比对阅读中自主发现群文的文学结构，探究将军们的独特风采。通过对这组群文的阅读探究，学生自主发现并归纳作者的写作规律，进一步明确对比、侧面描写等表现手法的作用，由此训练学生从个别到一般的归纳思维。这样一组阅读文本，帮助学生发现和把握写作规律，培养学生的高阶思维，进而激发和增强学生阅读文言文的兴趣和自信。

八年级的学生经过七年级一年浅近文言文的学习及适量的课外文言文训练，已经具备一定的文言文阅读能力。虽然如此，文言文由于年代久远，对大部分学生而言，理解上仍存在一定困难。因此，在开展文言文群文阅读教学时，切忌贪多求快，而要尽量设置让学生"跳一跳"即能达到的教学目标。

五、学程设计

（一）教学目标

1. 阅读文段内容，感知将军风采。
2. 整合文段内容，赏析写作技法。
3. 探究文段内容，传承将军精神。

（二）教学重难点

教学重点：通过细读文本，整合、赏析写作技法。

教学难点：通过研读文本，探究、传承将军精神。

（三）教学准备

1. 确定群文文本资料，给选文中的生僻字加上注解，分发给学生。
2. 课前初读文本，初步扫清理解障碍。

（四）课时安排

1课时（40分钟）。

（五）教学过程

1.导入

（1）由诗入文，以李清照的《夏日绝句》及王维的《出塞二首·其一》，引出课题——对将军风采的讨论。

夏日绝句

李清照（宋）

生当作人杰，死亦为鬼雄。

至今思项羽，不肯过江东。

出塞二首·其一

王维（唐）

秦时明月汉时关，万里长征人未还。

但使龙城飞将在，不教胡马度阴山。

（学生齐读《夏日绝句》《出塞二首·其一》，猜测这两首诗所描述的将军分别是谁？形象感知将军的独特风采。）

（2）简单介绍《史记》的文学价值。

《史记》是西汉著名史学家司马迁撰写的一部纪传体史书，是中国历史上第一部纪传体通史，它不同于前代史书所采用的以时间为次序的编年体，或以地域为划分的国别体，而是以人物传记为中心来反映历史内容的一种体例。《史记》不仅对后世史学产生深远影响，也被认为是一部优秀的文学著作，在中国文学史上有重要地位，被鲁迅誉为"史家之绝唱，无韵之《离骚》"，具有很高的文学价值。

《史记》作为我国历史上第一部以人物为中心的史传文学巨著，不仅系统地记述了爆发于这三千年间的五百余起战争，而且塑造了一大批个性鲜明而又生动可感的将军形象。司马迁笔下的这些将军来自不同的历史时期，他们是战争的指挥者，也是时代的见证者，在他们身上既有相同身份所赋予的共性特征，又不可避免地被打上了时代的烙印，具有鲜明的个性特征。

2.展开

（1）初读群文，感知风采。

表1　各个将军的独特风采

篇目	将军名字	将军风采
周亚夫军细柳	周亚夫	治军严明
项羽本纪（节选）	项羽	英勇善战
李广列传（节选）	李广	智勇双全

（学生阅读群文，根据文段具体内容分别概括各个将军的独特风采。）

（2）再读群文，赏析写法。

写法归纳：

①抓住典型特征塑造人物。

②选取典型事件表现人物。

③运用侧面描写、对比刻画人物。

（学生再读群文，运用求同比异、整合分析等阅读策略，通过小组合作的学习方式，讨论探究文中的写作技法。）

（3）三读群文，传承精神。

探究传承将军精神的内涵。

示例：（项羽）面对困难，勇往直前/危难时刻将个人命运与国家命运融合在一起……

（李广）讲究智取，强调智慧/保护生命、财产安全……

（周亚夫）遵守规则，敬畏规则/刚正不阿，有傲骨……

（学生三读群文，通过字里行间的品析，感悟民族精神和文化内核，增强民族自信和自豪感。）

3.小结

这节课，我们通过阅读《史记》中描写将军的三个文段，感受到三位将军的独特风采，讨论了一些塑造人物形象的技法，也欣赏了古代武将独特的人格魅力。希望同学们以这节课为起点，继续阅读《史记》，在这本史家绝唱中学习到更多的知识。

4.作业设计

课后自主阅读《史记·绛侯周勃世家》《史记·项羽本纪》《史记·李将军列传》，提取更多刻画人物的方法，深化对将军精神的理解。

5.板书设计

《史记》流芳　　　　　　　　将军风采

①抓住典型特征塑造人物　　　周亚夫——治军严明
②选取典型事件表现人物　　　项羽——英勇善战
③运用侧面描写、对比刻画人物　李广——智勇双全

真将军：民族思想、传统文化

六、教学现场

师：上课！

生：老师好！

师：同学们好！请坐！我知道，我们班是特别有文化底蕴的班级，所以今天我特别选择了与你们气质相符的教学内容。我们先来看两首古诗。第一首是李清照的《夏日绝句》，我们先整体朗读一遍。

生：夏日绝句，李清照，宋，生当作人杰，死亦为鬼雄。至今思项羽，不肯过江东。

师：同学们朗读后能不能判断出这是李清照为谁而写的诗？

生：项羽。

师：同学们很细心，都从诗歌内容中发现了答案。那接下来这首，看同学们能不能判断是写哪个人物。我们也先将它齐读一遍。

生：出塞二首·其一，王昌龄，唐，秦时明月汉时关，万里长征人未还。但使龙城飞将在，不教胡马度阴山。

师：请问同学们，这首诗是王昌龄为谁而写的？

生：李广。

师：同学们一下子就判断出来了，大家的历史知识积累得很不错！李广、项羽和我们刚学过的课文《周亚夫军细柳》中的周亚夫有一个共同的身份，那就是——

生：将军。

师：对。今天我们截取《史记》中的几个小文段，一起来认识下我国历

史上赫赫有名的将军。（投影课题）请同学们齐读课题。

生：《史记》流芳，将军风采。

师：《史记》作为我国历史上第一部以人物为中心的史传文学巨著，不仅系统地记述了爆发于这三千年间的五百余起战争，而且塑造了一大批个性鲜明而又生动可感的将军形象。司马迁笔下的这些将军来自不同的历史时期，他们是战争的指挥者，也是时代的见证者，在他们身上既有相同身份所赋予的共性特征，又不可避免地被打上了时代的烙印，具有鲜明的个性特征，并在司马迁多种艺术手法的巧妙运用下，成为某一类将军的典型。由于《史记》在史学和文学上无可替代的价值，鲁迅先生给予其极高的评价，同学们一起读一下。

生：史家之绝唱，无韵之《离骚》。

师：《离骚》是我国伟大的爱国诗人屈原的代表作，是我国浪漫主义诗歌的起源。从这句话可以看出鲁迅给予《史记》相当高的评价。好，同学们，让我们先看第一个任务：阅读文段内容，感知将军风采。请用"你最喜欢文中的哪个将军？他身上怎样的风采吸引了你？"这个句式来回答。

生：我最喜欢李广，因为他是一个智勇双全的将军。

师：为什么李广是一个智勇双全的将军？

生：因为他在遇到匈奴时，并不是害怕逃跑，而是勇气过人，将计就计，扮作汉军派出的诱饵，最终吓退匈奴，保全了自己。

师：哦，你是怎么做出这样的判断的？

生：文段二第二行，广曰："吾去大军数十里，今如此以百骑走，匈奴追射我立尽。今我留，匈奴必以我为大军诱，必不敢击我。"从这一句可以看出李广将计就计。另外，广令诸骑曰："前！"前未到匈奴陈二里所，止，令曰："皆下马解鞍！"从这一句可以看出李广胆识过人。

师：这位同学阅读得很认真，判断得也非常准确！其他同学呢？你们喜欢的又是哪个将军呢？

生：我喜欢周亚夫，因为他是一个能一视同仁的将军。

师：你怎么判断出来的？

生：因为周亚夫无论是面对皇帝还是士兵，都是同样的要求，比如文段中的壁门士吏谓从属车骑曰："将军约，军中不得驱驰。"于是天子乃按辔徐行。还有周亚夫见皇帝时，只是行军礼。

师：非常棒！这位同学能从文段中找出相应的材料，支持自己的判断。很不错！不过，我有个疑问，一视同仁是不是一个将军非常有代表性的风采？

生：治军严明。

师：好，你来说说看。

生：我觉得用治军严明更准确。因为这个文段表现的都是周亚夫对军队的要求，就算是皇帝来劳军，也要遵守军纪要求，可见周亚夫最重要的风采是治军严明。

师：这位同学的思考更深入了一步。治军严明确实更适合用来形容将军。好，还有个将军，那就是项羽，有同学喜欢文段中的他吗？没有同学举手，是因为这个文段比较难理解吗？那我们先来梳理下这个文段的大意。同学们，这个文段讲的是我国历史上一场非常著名的以少胜多的战役。

生：巨鹿之战。

师：同学们都知道啊！

生：历史老师讲过，项羽率楚军打赢了强大的秦国。

师：看样子真是文史不分家，没错。我们了解这段历史，理解起来就更容易了。巨鹿之战，是指秦末大起义中，项羽率领数万楚军（后期各诸侯军也参战），同秦名将章邯、王离所率四十万秦军主力在巨鹿（现属邢台市平乡县地区）进行的一场重大决战性战役，也是中国历史上著名的以少胜多的战役之一。项羽破釜沉舟，以大无畏精神在各诸侯军畏缩不进时率先猛攻秦军，带动诸侯军一起最终全歼王离军，并于八个月后迫使另外二十万章邯秦军投降。从此，项羽确立了在各路诸侯军中的领导地位。现在我们看文段第一句话，"及楚击秦，诸将皆从壁上观。"这句中的"及"是什么意思？

生：等，等到。

师：对，整句话是什么意思？

生：等到楚军攻击秦军时，许多将军从壁垒上观看。

师：前半句翻译得很准确，后半句"诸将"中的"诸"应该翻译成什么？刚才我们说"巨鹿之战"中，除了楚国抗击秦国之外，还有——

生：诸侯军。

师：对，这个"诸"应该翻译成"诸侯"，那整句话应该如何理解？

生：其他诸侯军的将领都从营垒上观看。

师：对，坐山观虎斗，其他诸侯军都不敢参战。而楚军则怎么样？

生：无不一以当十，呼声动天，最终打败了秦国军队。

师：对，就是这样理解。再看这一句，"入辕门，无不膝行而前，莫敢仰视。"这是文言文中很常见的一种句式，是什么句？

生：省略句。

师：对，省略了主语。那这个句子的主语是什么？

生：秦军。

师：是秦军吗？

生：诸侯将。

师：给我一个准确的回答，到底哪一个才是主语？

生：诸侯将。

师：对，因为前一句交代"项羽召见诸侯将"，所以进入营门去拜见项羽的就应该是诸侯军的将领。现在同学们应该基本理解这个文段的意思了吧？应该可以判断出文段中的项羽有怎样的风采了吧？谁来试试看？

生：英勇善战。

师：你是怎么判断出来的？

生：因为楚兵面对秦军时以一当十，呼声动天，而且攻破秦军，所以可以看出项羽英勇善战。

师：那你刚才说的都是楚兵，不是项羽啊。

生：这是侧面描写，楚兵英勇善战，将领项羽更是英勇善战。

师：你真是太优秀了，竟然洞穿了司马迁的意图，连他用了侧面描写都知道。厉害！看样子同学们都发现了这几个将军各自不同的风采。第一个任务圆满完成。现在我们来看第二个任务：整合文段内容，赏析写作技法。虽然司马迁在这三个文段里给我们呈现的都是将军，但这些将军的风采却截然不同，令人过目不忘。司马迁是如何做到的呢？他究竟使用了哪些写作手法来塑造将军形象？同学们再阅读下这几个文段，然后以小组为单位讨论。

（学生分组展开热烈讨论，教师巡查，适时点拨。）

师：好，同学们讨论得很热烈，相信一定有很多想法要和大家分享，谁来和我们分享一下你们小组集体的智慧？

生：这三个文段都使用了对比。

师：你的意思是司马迁使用对比来塑造将军的形象吗？

生：是。

师：能把具体的句子找出来一起欣赏下吗？

生：文段一，将楚兵与诸侯军进行对比；文段二，将匈奴与李广进行对比；文段三，将细柳军与霸上军、棘门军进行对比。

师：你不说我还没发现，你一说，我发现还真是都有对比。那对比有什么作用？

生：突出了将军的风采。

师：对。司马迁在文段中使用对比这一表现手法，突出了将军们各自的风采。请同学们在对应的地方画线，做好批注。还有没有其他发现？

生：还有侧面描写。

师：请结合文段说说看。

生：文段三，"既出军门，群臣皆惊。"这里对群臣的描写就是侧面描写。

师：对，在这个文段中还有其他的侧面描写吗？

生：对军士吏的描写，还有对文帝的描写，都是为了表现周亚夫的治军严明。

师：对，在这个文段里有好多细节描写。那其他文段有没有？

生：广曰："吾去大军数十里，今如此以百骑走，匈奴追射我立尽。今我留，匈奴必以我为大军诱，必不敢击我。"

师：请问这句是侧面描写吗？侧面描写是指在文学创作中，作者通过对周围人物或环境的描绘来表现所要描写的对象，以使其鲜明突出，即间接地对描写对象进行刻画描绘。刚才同学这句是对周围人物的描写吗？

生：不是，就是描写李广。

师：那这句就应该是——

生：正面描写。

师：那这个文段有侧面描写吗？

生：有"广之百骑皆大恐，欲驰还走。"还有"其骑曰：'虏多且近，即有急，奈何？'"这两句描写李广的随从，但是侧面表现李广的智勇双全。

师：对，请同学们将这两个侧面描写的句子画下来。项羽那个文段有侧面描写吗？

生："楚战士无不一以当十，楚兵呼声动天。"这个句子是侧面描写。突出项羽的英勇善战。

师：对，同学们已经发现了，司马迁塑造人物的方法之一就是运用侧面描写、对比刻画人物。请同学们记下来。除了这个方法，同学们还有其他发现吗？看同学们的表情，好像有点困难，那老师提示一下，这些文段除了使用描写的表达方式之外，还用了哪些表达方式？

生：记叙。

师：对，有描写，就会有人物或景物，那有记叙就会有什么？

生：事情、事件。

师：对，同学们有想法了吗？

生：哦，都有事件。

师：请说具体一点好吗？

生：这些文段都有事件，都用事件塑造人物。

师：非常棒！方法之二就是选取典型事件表现人物。请同学们记下来。还发现什么写作方法了吗？

生：人物都很有个性。

师：答对了，能发现这一点实在是太不容易了。三个将军，因为截然不同的风采，所以都给我们留下非常深刻的印象。最后一个方法就是抓住典型特征塑造人物。好，我们一起回顾下司马迁塑造人物的方法。请同学们看黑板，齐读一遍。

生：①运用侧面描写、对比刻画人物；②选取典型事件表现人物；③抓住典型特征塑造人物。

师：《史记》之所以流芳百世，不仅因为它高超的文学技巧，更因为它体现了我国传统的思想文化。让我们一起看下任务三：假如历史可以穿越，这三位将军同台，你猜汉文帝会将"真将军"的称号给谁？为什么？

生：还是周亚夫吧。

师：为什么呢？

生：因为汉文帝需要治军严明的将军，这样才能打胜仗。

师：我明白了，你的意思是说汉文帝欣赏遵守规则的人。

生：是，没有规则不成方圆。

师：说得好！所以从这个文段可以看出，我们的传统文化强调对规则的尊重和坚守。还有不同意见吗？

生：也可能颁给李广将军，因为我们做事情，不仅要有勇气，还要有智谋，不能蛮干。

师：对，在我们民族的思维里，强调的是智取，而不是蛮干！还有其他发现吗？

生：我觉得也可能颁给项羽，因为项羽胆识过人。可能作者也赞赏他这种勇气。

师：对，我们从来就不是怕事的胆小鬼。我们民族是个英勇的民族，讲究"狭路相逢勇者胜"！时间关系，我们对真将军的探讨就先到这。其实对真将军的探讨，就是我们对《史记》所传递的民族思想、传统文化的认识。请同学们记下来并齐读一遍。

生：真将军内涵：民族思想、传统文化。

师：一节课很短，我们只有40分钟，一节课也很长，让我们探讨了流传几千年的写作技巧和传统思想。如何让这节课的影响再悠长些呢？我们来看看作业：自主阅读《史记·绛侯周勃世家》《史记·项羽本纪》《史记·李将军列传》，提取更多刻画人物的方法，深化对将军精神的理解。希望同学们能在这《史记》流芳中，汲取更多精神财富。下课！

生：谢谢老师！老师再见。

师：同学们再见。

七、教研视角

文言文阅读教学，向来是初中语文教学的难点。因为文言文距离学生生活的年代太久远，语义变化大，理解有较大困难，所以学生普遍对文言文阅读不感兴趣，课堂教学比较枯燥沉闷。我也非常困惑，到底文言文阅读教学应该怎么实施？机缘巧合，我有幸接触到群文阅读的理念，决定在文言文阅读教学中，引入这一教学模式。这节课就是我对这一模式的尝试，虽然还有许多需要改进的地方，但基本完成教学任务，也有一些收获。

收获一：议题的确定

虽然相关的理论书籍提出可以将作家、体裁、观点、表达方式、人文主题、阅读策略等作为议题，但我个人觉得这些议题并不能很好地体现文言文这一特殊阅读材料的特点。在《文言文教学教什么》一书中，提出文言文的"一体四面"，即"文言""文章""文学"和"文化"，这一体四面，相辅相成，形成文言文的独有特色。文言文教学的起点是文言，但文言文学习的最终落脚点肯定在于文化的传承与反思，所以我想是不是以文言文中传达的古人的思想作为"议题"？出于这点考虑，我最终将这节群文阅读课的议题定为"《史记》流芳，将军风采"。

收获二：文本的选择

文言文因其年代久远、晦涩难懂，本来就难于理解，现在还要增加文言文本，学生是否会无力承受？怎样让学生更容易地接纳文言文呢？我想来想去，还是觉得应该贴近学生实际，选择他们比较熟悉的内容。经过了解，最终我选择了《史记》中项羽和李广这两位将军的文段。

但《项羽本纪》和《李将军列传》这两部分的篇幅都比较长，还需要进一步筛选。如果我们要让学生在较短时间内，体验较高水平的探究性阅读，让他们自主发现一些规律，最好选择一些有明显异同点的文本。我又认真地研读了《周亚夫军细柳》，发现这篇文章塑造人物的技法很典型。在这一基础上，我反复阅读，最终选取了具有相同写人技法的两个文段，分别是记叙了项羽的"巨鹿之战"和李广的"智退匈奴"，并与《周亚夫军细柳》组合成群文。同时，为了降低阅读难度，给选文中的生僻字加了注解。

收获三：问题的设计

群文阅读教学中，所设计的问题应对多篇文章共同发问，这样才能发挥群文阅读的最大价值。如我这个课例设计的问题二——赏析这组群文中塑造人物的方法，就是针对三篇阅读材料的共同点发问。虽然这三篇文章中的将军来自不同年代，有不同的经历，呈现不同的风采，但细细揣摩，还是可以发现一些相同的人物写作技法：①抓住典型特征塑造人物；②选取典型事件表现人物；③运用侧面描写、对比刻画人物等。

同时，群文阅读提倡的是探究性阅读，我们设计的问题应该要有较宽的解答范围，答案不唯一，尽量能够引导学生有依据地说出自己的想法和观点。因此，我设计了问题三：假如历史可以穿越，三位将军同台，你猜文帝会把"真将军"的称号颁给谁？为什么？像这种开放性的问题，是没有标准答案的，旨在引导学生能依据原文内容说出自己的想法与观点，引导学生进行整合、判断等高阶思维的训练。

课堂上，我借助李清照的《夏日绝句》及王维的《出塞二首·其一》引出课题，分发完阅读材料后，逐步引导学生带着问题深入研读群文，鼓励他们从不同的角度去思考、去发现答案，渐渐地，学生越来越踊跃地参与到课堂的讨论中，主动举手回答问题的学生比平时多了三分之一；不仅学生参与面更广，而且思考也更为深入，有学生甚至能从这些将军的风采中判断作者司马迁的人生观！下课铃响了，学生们仍沉浸在将"真将军"的称号颁给哪位将军的讨论中，热烈而欢快！

虽然这一节课我没有落实重点字词的意思和用法，也没有字字翻译，可能教学上还有许多值得改进的地方，也许有些学生还不是很理解这三篇文言文的大意，但是在这节文言文群文阅读课上，我们从文言起步，借助对文章的分析，思考文学的表达，最后感悟文化的精髓，尝试着触摸到文言文的一体四面。最重要的是，在这节课上，学生不再视文言文为洪水猛兽，而是发现文言文也挺有意思的。

通过这次实践，我更坚定地相信群文阅读是文言文阅读教学的另一条路。虽然目前这条路十分幽寂，很少留下旅人的足迹，但我坚信这条路更诱人，更美丽！我愿意继续在这条路上跋涉、前行，与学生一起遇见更美的文言文！

贬谪文人的入世情怀

——统编版教材九年级（上）《岳阳楼记》群文阅读案例

东莞市横沥中学　肖胜美

一、群文选文

1. 文本选择

岳阳楼记

范仲淹

（具体内容请参考教材）

记承天寺夜游

苏　轼

（具体内容请参考教材）

石涧记

柳宗元

石渠之事既穷，上由桥西北下土山之阴，民又桥焉。其水之大，倍石渠三之一，亘石为底，达于两涯。若床若堂，若陈筵席，若限阃奥。水平布其上，流若织文，响若操琴。揭跣而往，折竹箭，扫陈叶，排腐木，可罗胡床十八九居之。交络之流，触激之音，皆在床下；翠羽之木，龙鳞之石，均荫其上。古之人其有乐乎此耶？后之来者有能追予之践履耶？得意之日，与石渠同。

由渴而来者，先石渠，后石涧；由百家濑上而来者，先石涧，后石渠。

洞之可穷者，皆出石城村东南，其间可乐者数焉。其上深山幽林逾峭险，道狭不可穷也。

醉翁亭记

欧阳修

（具体内容请参考教材）

2. 文本分析

《岳阳楼记》来自统编版教材九年级上册第三单元，是一篇借景抒情的散文，是范仲淹受挚友滕子京之托而作。当时滕子京被贬巴陵郡，范仲淹亦被贬邓州。滕子京不以物喜，不以己悲，虽被贬仍励精图治，使巴陵郡"政通人和，百废具兴"。范仲淹欲借《岳阳楼记》勉励滕子京，也欲借此勉励自己，并且寄托自己"先天下之忧而忧，后天下之乐而乐"的远大抱负。

《记承天寺夜游》是统编版教材八年级上册第三单元学过的一篇借景抒情的散文，是苏轼被贬黄州时所作。当时苏轼是闲官，职位低微，但他能在失落中寻找宽慰与快乐。"何夜无月？何处无竹柏？但少闲人如吾两人"一句，彰显了作者的旷达乐观。

《石涧记》出自《永州八记》，是柳宗元被贬永州时所作。当时柳宗元被贬为永州司马，政治失意，内心愁苦，但他能寄情山水，发现石涧的奇妙，感受大自然给他带来的短暂快乐。

《醉翁亭记》是统编版教材九年级上册第三单元学过的一篇借景抒情的散文，是欧阳修被贬滁州时所作。当时欧阳修被贬为滁州太守，但他却不受贬黜影响，实行宽简政治，发展生产，使百姓和乐。欧阳修也因此"与民同乐"。

四篇文章均是作者被贬时所作，均能体现作者苦中作乐的情趣，彰显了儒家的"穷则独善其身，达则兼济天下"的入世情怀。

二、群文议题

贬谪文人的入世情怀。

三、群文策略

比对阅读。

四、教学价值

《岳阳楼记》来自统编版教材九年级上册第三单元，本单元的学习要求是体会古人寄托于山水名胜中的思想感情，感受他们的忧乐情怀。该篇文章虽然篇幅比较长，但学生经过初中两年的文言文学习，在疏通词义、理解文意方面并不是很难。结合本单元的学习要求，我认为本文的核心价值在于它的人生价值，以及"不以物喜，不以己悲"的博大胸襟和"先天下之忧而忧，后天下之乐而乐"的责任担当。

初三古诗文篇目繁多，教师在教学《岳阳楼记》时往往侧重于文言文中的"言"，即疏通词义、理解文意等方面；学生在学习《岳阳楼记》时往往是碎片化知识学习，容易出现"背后即忘、片面理解、无趣学习"的现象。再加上进入初三的学生面临升学的压力，挫折和失意会成为常态，学习乐观面对是他们的必修课。

鉴于以上因素，我以《岳阳楼记》一文为支点，整合八年级上册的《记承天寺夜游》、九年级上册的《醉翁亭记》以及课外的《石涧记》，并串联相关诗歌，以"贬谪文人的入世情怀"为主题开展文言文群文阅读教学，将文言文教学由句、言向情，由情向人，由人向文化及生命纵深处发展，使学生由积累走向感悟，由感悟走向传承。

五、学程设计

（一）教学目标

1. 通过对比阅读《岳阳楼记》《记承天寺夜游》《石涧记》《醉翁亭记》来探究贬谪文人的入世情怀。

2. 传承经典，弘扬积极向上的精神。

（二）教学重难点

教学重点：通过朗读感知情感。

教学难点：通过对比阅读来探究贬谪文人的入世情怀。

（三）教学准备

1. 让学生搜集四篇文章的写作背景以及四位作者的生平事迹。

2. 课前熟读文本，找出四篇文章中体现"乐"的部分。

（四）课时安排

1课时（40分钟）。

（五）教学过程

1. 回顾导入，引入课题

（1）由近期学过的几篇古诗文的作者的共同经历导入课题"贬谪文人的入世情怀"。

（2）理解贬谪的定义。

贬谪：封建时代指官吏被降职，被派到远离京城的地方。

2. 游戏比赛，复习知识

重点知识，检测巩固。（互动教学平台游戏比赛）

（1）根据课文默写古诗文。

①朝晖夕阴，气象万千。

②心旷神怡，宠辱偕忘。

③浮光跃金，静影沉璧。

④不以物喜，不以己悲。

⑤醉翁之意不在酒，在乎山水之间也。

⑥野芳发而幽香，佳木秀而繁阴。

⑦庭下如积水空明，水中藻、荇交横。

⑧何夜无月？何处无竹柏？但少闲人如吾两人者耳。

（2）解释下列加点的字词。

宠辱偕忘（一起）	先天下之忧而忧（在……之前）
百废具兴（同"俱"，全）	春和景明（日光）
或异二者之为（或许）	属予作文以记之（同"嘱"，嘱咐）
月色入户（门）	念无与为乐者（考虑，想到）
遂至承天寺（于是，就）	名之者谁（命名）
野芳发而幽香（花）	太守谓谁（为，是）
民又桥焉（架桥）	流若织文（同"纹"，花纹）
揭跣而往（光着脚）	

（3）把下列句子翻译成现代汉语。

①居庙堂之高则忧其民，处江湖之远则忧其君。

在朝廷做官则为平民百姓忧愁，被贬在边远地区做地方官则替他的君主担忧。

②先天下之忧而忧，后天下之乐而乐。

在天下人忧之前先忧，在天下人乐之后才乐。

③何夜无月？何处无竹柏？但少闲人如吾两人者耳。

哪个夜晚没有月亮？哪个地方没有竹子和柏树？只是缺少像我们两个这样的闲人罢了。

④醉能同其乐，醒能述以文者，太守也。

醉了能和大家一起快乐，醒了能用文章记述这件事的人是太守。

⑤古之人其有乐乎此耶？

古时候的人有在这里找到快乐的吗？

3.品读文章，感知情感

品读《岳阳楼记》《记承天寺夜游》《石涧记》《醉翁亭记》这四篇文言文中"乐"的部分。（自由朗读、比拼诵读）

《岳阳楼记》：

至若春和景明，波澜不惊，上下天光，一碧万顷，沙鸥翔集，锦鳞游泳，岸芷汀兰，郁郁青青。而或长烟一空，皓月千里，浮光跃金，静影沉璧，渔歌互答，此乐何极！登斯楼也，则有心旷神怡，宠辱偕忘，把酒临风，其喜洋洋者矣。

先天下之忧而忧，后天下之乐而乐。

《记承天寺夜游》：

月色入户，欣然起行。

庭下如积水空明，水中藻、荇交横，盖竹柏影也。

《石涧记》：

倍石渠三之一，亘石为底，达于两涯。若床若堂，若陈筵席，若限阃奥。水平布其上，流若织文，响若操琴。揭跣而往，折竹箭，扫陈叶，排腐木，可罗胡床十八九居之。交络之流，触激之音，皆在床下；翠羽之木，龙鳞之石，均荫其上。古之人其有乐乎此耶？

《醉翁亭记》:

山水之乐，得之心而寓之酒也。

若夫日出而林霏开，云归而岩穴暝，晦明变化者，山间之朝暮也。野芳发而幽香，佳木秀而繁阴，风霜高洁，水落而石出者，山间之四时也。朝而往，暮而归，四时之景不同，而乐亦无穷也。

至于负者歌于途，行者休于树，前者呼，后者应，伛偻提携，往来而不绝者，滁人游也。临溪而渔，溪深而鱼肥，酿泉为酒，泉香而酒洌，山肴野蔌，杂然而前陈者，太守宴也。宴酣之乐，非丝非竹，射者中，弈者胜，觥筹交错，起坐而喧哗者，众宾欢也。苍颜白发，颓然乎其间者，太守醉也。

已而夕阳在山，人影散乱，太守归而宾客从也。树林阴翳，鸣声上下，游人去而禽鸟乐也。然而禽鸟知山林之乐，而不知人之乐；人知从太守游而乐，而不知太守之乐其乐也。醉能同其乐，醒能述以文者，太守也。

4. 了解背景，知人论世

学生查阅书本写作背景介绍，教师补充内容并用投影展示。

《岳阳楼记》作者范仲淹是庆历新政失败后，贬居邓州时所作。昔日好友滕子京从湖南来信，要他为重新修竣的岳阳楼作记，并附上《洞庭晚秋图》，范仲淹看图而作。

《记承天寺夜游》是作者苏轼贬官黄州期间所作。

《石涧记》作者柳宗元因参与王叔文领导的政治革新运动，失败后被贬至湖南永州时所作。

《醉翁亭记》是作者欧阳修被贬为滁州太守时所作。欧阳修在滁州实行宽简政治，发展生产，使当地人过上了一种和平安定的生活。

四篇文章皆于作者被贬期间所作。

5. 品析内涵，体悟情怀

联系主旨，探究《记承天寺夜游》《石涧记》《醉翁亭记》《岳阳楼记》四篇文言文"乐"的内涵之异同。

学生探究讨论、分享总结，教师点拨、展示内容。（投影展示）

表1

篇目	主旨	"乐"的内涵	"乐"之异	"乐"之同
记承天寺夜游	被贬之忧 闲适之乐	赏月之乐 闲适之乐	个人之乐	穷则独善其身， 达则兼济天下
石涧记	被贬之忧 游玩之乐	赏涧之乐 闲适之乐		
醉翁亭记	醉能同其乐 （与民同乐）	山水之乐 宴酣之乐 与民同乐	一方之乐	
岳阳楼记	先天下之忧而忧 后天下之乐而乐	迁客骚人之乐 古仁人之乐	天下之乐	穷则独善其身， 达则兼济天下

以孟子名言"穷则独善其身，达则兼济天下"引出儒家积极入世情怀。

链接四位作者贬谪经历和贬后政绩，强调贬谪文人的入世情怀。

（教师用投影展示链接内容）

表2

作者	贬谪经历	贬后政绩
苏轼	第一次：黄州 第二次：惠州 第三次：儋州	疏浚颍州西湖的蓄泄洪通道——中清河、白龙沟，也便利了颍州通往淮水的航运交通。此后西湖也有了一条苏堤
柳宗元	第一次：邵州 第二次：永州 第三次：柳州	兴利除弊，政绩卓著
欧阳修	第一次：夷陵 第二次：滁州 第三次：亳州	使滁州百姓安居乐业
范仲淹	第一次：睦州 第二次：邓州 第三次：颍州	采取"屯田久守"方针，巩固西北边防。提出十项改革措施

6. 拓展活动，牵连知识

通过设计"你学过的古诗文中还有哪些能体现儒家的积极入世情怀？"这一问题拓展到相关主题的古诗文。

学生用平板抢答发言，教师用投影呈现内容。

斯是陋室，惟吾德馨。——刘禹锡《陋室铭》

沉舟侧畔千帆过，病树前头万木春。——刘禹锡《酬乐天扬州初逢席上见赠》

长风破浪会有时，直挂云帆济沧海。——李白《行路难·其一》

会挽雕弓如满月，西北望，射天狼。——苏轼《江城子·密州出猎》

了却君王天下事，赢得生前身后名。——辛弃疾《破阵子·为陈同甫赋壮词以寄之》

天下英雄谁敌手？曹刘。生子当如孙仲谋。——辛弃疾《南乡子·登京口北固亭有怀》

7. 课外拓展，传承经典

问题设计：当考试不如意时，当被人误解时，当和同学闹矛盾时……来到校园一景的"流觞亭"的你会怎样排遣？请以积极向上的情怀并以文言文的形式写作《流觞亭记》。

8. 板书设计

篇名	"乐"之异	"乐"之同
记承天寺夜游	个人之乐	穷则独善其身 达则兼济天下
石涧记	个人之乐	穷则独善其身 达则兼济天下
醉翁亭记	一方之乐	穷则独善其身 达则兼济天下
岳阳楼记	天下之乐	穷则独善其身 达则兼济天下

六、教学现场

师：同学们，近期我们主要学习了哪些文人的作品？

生：范仲淹、刘禹锡、苏轼、欧阳修、李白、韩愈、柳宗元……

师：大家有没有发现这些文人大都有一个什么共同的经历？

生：被贬。

师：对，大家总结得很好。那什么叫被贬呢？下面我们来看看专业的解释。（投影展示）贬谪：封建时代指官吏被降职，被派到远离京城的地方。那这一节课我们一起来学习"贬谪文人的入世情怀——《岳阳楼记》文言文群文阅读"。本节课我们有两个目标：（投影展示）①通过对比阅读《岳阳楼记》《记承天寺夜游》《石涧记》《醉翁亭记》来探究贬谪文人的入世情怀。②传承经典，弘扬积极向上的精神。请同学们齐读一遍。

生：（齐读）

师：昨天晚上我们预习了导学案，下面我们先通过游戏的方式来巩固知识，有哪两位同学愿意上来对战？

生：（两位同学上台完成对战）（互动教学平台出示题目）

师：（教师点评：两个同学都很优秀，全对，可见基础知识很扎实。）下面我们来了解背景，走近作品。（投影展示：了解背景，走近作品）

大家还记得我们学过的《岳阳楼记》《记承天寺夜游》《醉翁亭记》这三篇文章的写作背景吗？

生：我记得《岳阳楼记》是滕子京被贬到岳州时托范仲淹所作，当时范仲淹被贬邓州。《记承天寺夜游》是苏轼被贬到黄州时所作。《醉翁亭记》是欧阳修被贬到滁州时所作。

师：记性真好。掌声鼓励！这三篇课内文章和《石涧记》均是作者在人生不如意时所作，按照常理作者的心情应该是怎样的？

生：沉重、苦闷。

师：是，但我们在读这些文章时感受更多的却是快乐、乐观。下面我们来品读文章，感知情感。请大家先找出文章关于"乐"的部分，然后自由朗读。等会儿我们请几位代表来读。（投影展示内容，8分钟时间）

生：（自由读，教师平板抽选学生朗读）

师：（对朗读进行评价并分析内容）好，刚才我们是通过朗读来感知情感，下面我们通过品析内涵来体悟情怀，探寻贬谪文人的入世情怀。什么叫"入世"？"入世"一般和什么相对应？

生：入世和出世相对应。

师：对，出世是远离尘世，指消极的处世态度，而入世指积极的处世态度。好，下面根据我们昨晚的预习，请大家找出这四篇文章的主旨句，找出后大家讨论一下看看是否一致。

生：《记承天寺夜游》的主旨句是"何夜无月？何处无竹柏？但少闲人如吾两人者耳。"《石涧记》的主旨句是"古之人其有乐乎此耶？后之来者有能追予之践履耶？"《醉翁亭记》的主旨句是"醉能同其乐。"《岳阳楼记》的主旨句是"先天下之忧而忧，后天下之乐而乐。"

师：结合主旨我们再讨论并分析一下，他们的"乐"有何异同。

生：（讨论）我们发现《记承天寺夜游》《石涧记》讲的是个人之乐，《醉翁亭记》讲的是和滁州百姓之乐，《岳阳楼记》讲的是天下之乐。

师：总结得很妙。老师把它们分别命名为"个人之乐、一方之乐、天下之乐。"由此我们可以看出，虽然他们都被贬，都很失意，但他们善于寻找快乐。无论是寄情于山水的个人之乐，还是与民同乐的一方之乐，还是关注天下的天下之乐，都是积极的。这充分体现了儒家思想的入世情怀，也就是孟子所说的"穷则独善其身，达则兼济天下"。（投影展示："穷则独善其身，达则兼济天下"——孟子）这句话大家懂吗？

生：不懂。

师：大家可以先根据对仗的手法推断"穷"的含义，然后推断整句的含义。

生：不得志的时候就独自完善自己，得志的时候就救济天下。

师：很聪明，不愧是我班的才女，就是这个意思。（投影展示：不得志时就洁身自好修养品德，显达时就使天下人都得到好处）

生：（齐读）

师：这就是儒家的入世情怀。好，下面我们来看一个链接以加深对作者的印象。我在找资料的时候才发现他们的经历很相似。（投影展示）

表3

作者	贬谪经历	贬后政绩
苏轼	第一次：黄州 第二次：惠州 第三次：儋州	疏浚颍州西湖的蓄泄洪通道——中清河、白龙沟，也便利了颍州通往淮水的航运交通。此后西湖也有了一条苏堤
柳宗元	第一次：邵州 第二次：永州 第三次：柳州	兴利除弊，政绩卓著
欧阳修	第一次：夷陵 第二次：滁州 第三次：亳州	使滁州百姓安居乐业
范仲淹	第一次：睦州 第二次：邓州 第三次：颍州	采取"屯田久守"方针，巩固西北边防。提出十项改革措施

这四位作者不止被贬，而且被贬的次数一样多；被贬一次就很不幸了，没想到他们竟然都被贬了三次。然而他们被贬后政绩卓越，无论经历了多大的挫折，还是积极地入世。其实，这样的人在文学史中还有很多。下面我们来拓展一下，你学过的文章中还有哪些表现了这样的积极入世情怀？请大家拿出你们昨晚做的作业，讨论一下看看我们都记住了哪些。

生：刘禹锡的《陋室铭》，其中"斯是陋室，惟吾德馨"体现了他高洁傲岸的入世情怀。还有他的《酬乐天扬州初逢席上见赠》，其中"今日听君歌一曲，暂凭杯酒长精神"体现了他的豪情斗志。……

师：对，说得很好。老师也归纳了一下，请一位同学来帮忙读一下。（投影展示）

斯是陋室，惟吾德馨。——刘禹锡《陋室铭》

沉舟侧畔千帆过，病树前头万木春。——刘禹锡《酬乐天扬州初逢席上见赠》

长风破浪会有时，直挂云帆济沧海。——李白《行路难》

会挽雕弓如满月，西北望，射天狼。——苏轼《江城子·密州出猎》

了却君王天下事，赢得生前身后名。——辛弃疾《破阵子·为陈同甫赋壮词以寄之》

天下英雄谁敌手？曹刘。生子当如孙仲谋。——辛弃疾《南乡子·登京口北固亭有怀》

生：（朗读）

师：好，下面我们进入下一个环节"传承经典，积极向上。"当考试不如意时，当被人误解时，当和同学闹矛盾时……来到校园一景的"流觞亭"的你会怎样排遣？请以积极向上的情怀并以文言文的形式写作《流觞亭记》。这就作为我们的课后作业吧。好，本节课的学习内容就讲到此。下面我们再一起来回顾一下本节课的重点。

生：贬谪文人的入世情怀，"穷则独善其身，达则兼济天下。"

师：好，希望大家以后在生活中都能铭记"穷则独善其身，达则兼济天下"。谢谢大家！

七、教研视角

一直以来，在初三古诗文复习尤其是文言文复习方面我们花了大量的时间，但是收效一般。由于中考古诗文内容主要考查默写、字词解释、翻译等，注重基础性的识记能力和概括能力，学生便为考而学，出现机械记忆和文言文碎片化知识学习的弊端，导致"背后即忘、片面理解、无趣学习"的现象。于是我开始探寻将古诗文复习引向纵深发展之路，使学生深入理解并爱上古诗文。

在完成九年级古诗文的教学后，我发现很多篇目都是作者在被贬时期所著，再加上发现一部分学生在经历几次考试成绩不理想后，不良情绪滋长，作为语文老师兼班主任的我特别希望学生在复习这些古诗文时能参悟古代文人的精神内涵，并产生积极的人生态度。于是我整合了初中三年的贬谪文人的古诗文和课外文言文，惊喜地发现《记承天寺夜游》《石涧记》《醉翁亭记》《岳阳楼记》这四篇文言文中都有大量涉及"乐"的内容，而查阅作者的经历竟也惊喜地发现他们都历经三次贬谪，且在贬谪期间政绩卓著，他们的积极乐观精神震撼了我。通过细心研究，我发现他们"乐"的内涵的区别，一种是历经挫折后的个人之乐，一种是历经挫折后的一方之乐（与当地百姓的快乐），一种是历经挫折后仍心念国家的天下之乐。这正是儒家学派的代表之一孟子的"穷则独善其身，达则兼济天下"的最好诠释。

有了这些惊喜的发现和细致的研究后不久，我突然接到要在我班上一堂"观摩课"的通知，因而我便以"乐"为切入口，以"贬谪文人的入世情怀"为主题上了这堂古诗文的专题复习课，以此将古诗文复习引向生命纵深处，使学生由积累走向感悟，走向传承。

这一节古诗文复习课，学生的热情比较高，从练习反馈来看，知识掌握和能力提升以及人生态度转变的效果较为显著。我想可能主要得益于以下四个方面。

1. 方式多样，寓教于乐

处在复习阶段的学生，容易出现疲惫状态。于是我利用互动教学平台进行了知识游戏比赛，利用平板的随机抽取和抢答方式，同时通过自由朗读和比拼诵读，极大地调动了学生的积极性，实现了"寓教于乐"。

157

2. 选准切入口，突出主题

"乐"是这四篇文言文对比阅读的一个好的切入口。四篇文章皆为作者被贬期间所作，但其中却大量出现"乐"，这种对比自然显露了作者的积极乐观精神。而"乐"的内涵的不同恰好完美地诠释了"穷则独善其身，达则兼济天下"的含义，从而高效地突出了主题。

3. 抓住重点，举一反三

我以四篇文言文对比阅读为重点，在突出主题后，举一反三，由文言文阅读延伸至古诗文阅读，环环相扣，触类旁通。

4. 联系实际，传承经典

我校的文化亭"流觞亭"是学生常去赏景、放松的佳地，而它又类似于"醉翁亭""岳阳楼"，于是我决定就地取材，进行课外拓展，让学生写作《流觞亭记》。这样既联系了实际，又传承了经典。

联结延读

走近先贤孔明，聆听谆谆教诲

——统编版教材七年级（上）《诫子书》群文阅读案例

东莞市东坑中学　谢秀媚

一、群文选文

1. 文本选择

诫子书

诸葛亮

（具体内容请参考教材）

又诫子书

诸葛亮

夫酒之设，合礼致情，适体归性，礼终而退，此和之至也。主意未殚，宾有余倦，可以至醉，无致迷乱。

（选自《诸葛亮集》卷一）

诫外甥书

诸葛亮

夫志当存高远，慕先贤，绝情欲，弃凝滞，使庶几之志，揭然有所存，恻然有所感。忍屈伸，去细碎，广咨问，除嫌吝，虽有淹留，何损于美趣，何患于不济。若志不强毅，意不慷慨，徒碌碌滞于俗，默默束于情，永窜伏于凡庸，不免于下流矣！

（选自《诸葛亮集》卷一）

2. 文本分析

《诫子书》一文来自统编版教材七年级上册第四单元，是诸葛亮于蜀汉建兴十二年（234年）写的一封家信。这一年二月，诸葛亮第五次率师北伐，八月病逝于北伐征程中的五丈原。北伐中他放心不下儿子，写下言辞谆谆的《诫子书》。文章一开篇，诸葛亮便开宗明义地提出了对儿子的要求："静以修身，俭以养德。"在信中他强调了清心寡欲在品德修养中的重要性，强调了学习对增长才干的重要性，强调了远大志向对成就学业的重要性，指出了"静"的重要性和"躁"的危害性。在教育儿子方面，他不但注重品德修养，还注重读书学习。

《又诫子书》选自《诸葛亮集》，是诸葛亮写给晚辈的信，从文中可以看出他对晚辈的教育是相当周全的，他不仅注意他们的品德修养、治学之方、立身之道等，甚至在待人接物、控制酒量等方面，也都不厌其烦地谆谆教导。

《诫外甥书》选自《诸葛亮集》，文中的"外甥"是诸葛亮的姐夫庞山民之子。诸葛亮在文中要求小辈们不但从小立志修身，而且要有远大的政治抱负。从文中可以看出诸葛亮重视意志情操的培养，不想小辈们成为凡庸之人。

三篇文章都是诸葛亮写给晚辈的书信，都表现了父辈对晚辈的关爱和殷殷教诲，也表达了诸葛亮以"高标准"要求晚辈修身立志的期望。

二、群文议题

走近先贤孔明，聆听谆谆教诲。

三、群文策略

联结延读。

四、教学价值

统编版教材七年级上册第四单元的学习目标是理解作者对生活的思考，

体味不同的人生，学会思考人生，珍惜生命。诸葛亮是中国历史上的杰出人物，在政治、军事上具有卓越见识和才能。他是传统文化中的一个重要人物，对后世有深远的影响。诸葛亮不仅严格要求自己，也严格要求晚辈，写了不少训诫文。其中，《诫子书》是诸葛亮写给儿子的一封家书，是对儿子的训示，殷殷教诲中蕴含着深切的期望。诸葛亮强调了品德修养的重要性，强调了学习对增长才干的重要性，强调了远大志向对成就学业的重要性。

七年级的学生刚刚踏入初中学习阶段，他们的学习目标不太明确，学习的积极性也不够高，不明白树立远大目标对促进学习的重要作用，不重视文言文的学习，等到中考临近，才猛然醒悟，拼命补救，但已错过了最佳的学习时间。我特地选择了诸葛亮写给晚辈的两封家书。《又诫子书》和《诫外甥书》。这两封家书内容都是与品德修养、立志成才有关的，目的是促进学生产生学习动力，明确学习方向。但是，七年级学生刚学文言文，普遍感觉有难度，也害怕文言文。学习文言文的基本要求是字词积累，为了能消除学生初学文言文的恐惧感，提高学习文言文的兴趣，同时培养他们从小立志修身的情操，我特设计了本节课。

五、学程设计

（一）教学目标

1. 积累文言词汇，理解文意。

2. 学习古代先贤诸葛亮修身养德的优秀品格，聆听诸葛亮对晚辈的谆谆教诲。

（二）教学重难点

教学重点：学习诸葛亮修身养德的优秀品格，理解文意。

教学难点：通过群文阅读来对比文中教诲的异同。

（三）教学准备

印发课前预习任务单，课前阅读《又诫子书》和《诫外甥书》两篇文章，了解文章大意，并做批注。

（四）课时安排

1课时（40分钟）。

（五）教学过程

1. 课内研读，初识教诲

（1）经典文章回顾：

诫子书

夫君子之行，静以修身，俭以养德。非淡泊无以明志，非宁静无以致远。夫学须静也，才须学也，非学无以广才，非志无以成学。淫慢则不能励精，险躁则不能治性。年与时驰，意与日去，遂成枯落，多不接世，悲守穷庐，将复何及！

（2）请用一句话概括诸葛亮对儿子的教诲。

教导儿子要修身养德，勤学立志，珍惜时间，并从淡泊宁静中下功夫，最忌怠惰险躁。

2. 课外展读，再识教诲

（1）积累文言词语，读懂文章。

粗读要求：结合注释，疏通文字，理解大意。

（2）选文一：

又诫子书

夫酒之设，合礼①致情，适体归性②，礼终而退，此和之至也③。主意未殚④，宾有余倦，可以至醉，无致迷乱。

注释：①合礼：合乎当时的社会规范和道德规范。②归性：使性情安宁。③和之至也：达到了和谐的境界。和：和顺，谐和。④殚：竭尽。

译文：宴席上的酒的设置，在于合乎礼节、表达情意，适应身体和性格的需要，礼节尽到了就该退席，这就达到和谐的境界了。主人的情意还未尽，客人也还有余量，可以饮到有醉意时为止，但也不能醉到丧失理智而胡行乱来。

诸葛亮对儿子有什么教诲？请用简洁的一句话来概括。

教导儿子在宴席上要控制酒量，不要因酒误事。

（3）选文二：

诫外甥书

夫志当存高远，慕先贤，绝情欲，弃凝滞①，使庶几②之志，揭然③有所存，恻然④有所感。忍屈伸，去细碎⑤，广咨问，除嫌吝⑥，虽有淹留⑦，何损于美趣，何患于不济⑧。若志不强毅，意不慷慨⑨，徒碌碌滞于俗，默默束于情，永窜伏⑩于凡庸，不免于下流⑪矣！

注释：①凝滞：疑惑，不顺畅。②庶几：差不多。③揭然：高举的样子。④恻然：恳切的样子。⑤细碎：琐碎的杂念。⑥嫌吝：怨恨、耻辱。⑦淹留：滞留，停留。⑧何患于不济：何必还顾虑成功与否的问题呢。⑨慷慨：意气昂扬。⑩窜伏：逃避，藏匿。⑪下流：比喻低下的地位。

译文：一个人应该树立远大的理想，追慕先贤，节制情欲，去掉郁结在胸中的俗念，使几乎接近圣贤的那种高尚志向，在你身上明白地体现出来，使你内心震动、心领神会。要能够适应顺利、曲折等不同境遇的考验，摆脱琐碎事务和感情的纠缠，广泛地向人请教，根除自己怨天尤人的情绪。做到这些以后，虽然也有可能在事业上暂时停步不前，但哪会损毁自己高尚的情趣，又何必担心事业会不成功呢。如果志向不坚毅，思想境界不开阔，沉溺于世俗私情，碌碌无为，永远混杂在平庸的人群之后，就会难免沦落到下流社会，成为没有教养、没有出息的人。

诸葛亮希望外甥成为一个怎样的人？用自己的话说说。

希望外甥要有远大的抱负，追慕先贤，做一个有出息的人。

3. 深入品读，领悟教诲

《诫子书》《又诫子书》和《诫外甥书》都是诸葛亮写给晚辈的文章，说说它们有什么相同点和不同点。（从教诲的内容、教诲的角度、教诲者的情感、写作特色四方面去思考）

表1 《诫子书》《又诫子书》和《诫外甥书》的异同点

篇目		《诫子书》	《又诫子书》	《诫外甥书》
不同点	教诲的内容	人生在世要修身养德，勤学立志，珍惜时间	宴席上不能醉到丧失理智，要控制酒量	有远大的抱负，追慕先贤，做有出息的人
	教诲的角度	道德规范（"君子之行"高标准）	待人接物	理想志向（人生目标）
相同点	教诲者的情感	关爱晚辈（儿子、外甥）		
	写作特色	文章短小精悍，言简意赅，清新雅致，不事雕琢，以理服人，以情动人		

4. 总结

这三篇文章既晓之以理，又动之以情，表现了长辈对晚辈的关爱和殷殷教诲，也体现了诸葛亮以"高标准"要求晚辈们修身立志的愿望。

5. 推荐阅读

"听君一席话，胜读十年书"，我们要善于吸收先贤长辈的智慧。请同学们课外阅读以下书籍：《诸葛亮集》《诸葛亮大传》《曾国藩家书》。

6. 作业

假如你是诸葛亮的晚辈，聆听了他的教诲，你有什么感想呢？

要求：写一篇200～300字的文章。

7.板书设计

篇目	教诲的内容
诫子书	修身养德
又诫子书	控制酒量
诫外甥书	有远大的抱负

关爱晚辈
望儿子、外甥成才
文章短小精悍

六、教学现场

师：上课！

生：老师好！

师：同学们好！请坐！

师：大家有听过"三个臭皮匠，顶个诸葛亮"这句话吗？

生：有。（笑）

师：其实这句话是对诸葛亮的赞扬。诸葛亮不仅是一位高智商的开国重臣，而且是一位重视家庭教育的家长。你们想知道一个这么有智慧的古人是如何教导晚辈的吗？

生：想。（笑）

师：现在我们一起走近先贤孔明，聆听谆谆教诲。

生：好！

师：首先，我们来看看本节课的学习目标（投影展示：①积累文言词汇，理解文意。②学习古代先贤诸葛亮修身养德的优秀品格，聆听诸葛亮对晚辈的谆谆教诲）。请同学们齐读一遍。

（生齐读）

师：为了实现这两个目标，本节课设计了三个学习环节（投影展示：①课内研读，初识教诲。②课外展读，再识教诲。③深入品读，领悟教诲）。

（生齐读）

师：下面我们进入第一个学习环节（投影展示：课内研读，初识教诲）。昨天晚上我们预习了导学案，现在我们一起来回顾《诫子书》。这是诸葛亮临终前写给儿子的一封言辞恳切、充满期望的信，信中饱含了父亲对儿子的谆谆教诲。诸葛亮对儿子有什么教诲呢？

生：诸葛亮希望儿子成为一个品德高尚、学有所成、珍惜时间的人。

师：对，说得真好！老师也归纳了一下，请同学们来读一下。（投影展示诸葛亮教导儿子要修身养德，勤学立志，珍惜时间，并从淡泊宁静中下功夫，最忌怠惰险躁）

（生齐读）

师：现在，我们进入第二个学习环节。"积累文言词语，读懂文章"是学习文言文的基本要求，不需要每个字词都会翻译，但要明白文章的大概意思，所以我的要求是"粗读"。请看要求（投影展示：结合注释，疏通文字，理解大意）。

师：好，明白老师的要求后我们来读文章《又诫子书》。在这个环节中，我们需要弄懂重点字词的含义，从而把握文意。重点词语有这几个（投影展示）。

①合礼：合乎当时的社会规范和道德规范。②归性：使性情安宁。③和之至也：达到了和谐的境界。和：和顺，谐和。④殚：竭尽。

师：请同学们结合注释，把文章翻译成现代汉语。

［生小组讨论（5分钟）后翻译（略）］

师：（教师点评）大家能读懂吗？这是译文，供大家参考。（投影展示）

宴席上的酒的设置，在于合乎礼节、表达情意，适应身体和性格的需要，礼节尽到了就该退席，这就达到和谐的境界了。主人的情意还未尽，客人也还有余量，可以饮到有醉意时为止，但也不能醉到丧失理智而胡行乱来。

师：《又诫子书》是诸葛亮另一篇教育儿子的书信。同学，你能用一句简洁的话概括诸葛亮对儿子的教诲吗？

生：做人要有规矩，饮酒要适度，不宜过度饮酒。

师：对，说得真好！掌声鼓励！诸葛亮教导儿子在宴席上要控制酒量，不要因酒误事。

（生齐读）

师：看来，诸葛亮对儿子的教育可以说是相当周全的，他不仅注重品德修养，还指点学习方法，事无巨细，如待人接物、控制酒量等，不厌其烦，

谆谆教导。我们再看第二篇选文《诫外甥书》。同样，我们需要弄懂重点字词的含义。（投影展示）

①凝滞：疑惑，不顺畅。②庶几：差不多。③揭然：高举的样子。④恻然：恳切的样子。⑤细碎：琐碎的杂念。⑥嫌吝：怨恨、耻辱。⑦淹留：滞留，停留。⑧何患于不济：何必还顾虑成功与否的问题呢。⑨慷慨：意气昂扬。⑩窜伏：逃避，藏匿。⑪下流：比喻低下的地位。

师：上面是文章重点字词的注释。请同学们留意"下流"的古今义，古义是指地位低下，今义是指品行低劣。请同学们记住！好的，大家能结合注释把文章翻译成现代汉语吗？

［生小组讨论（5分钟）后翻译（略）］

师：真好！（教师点评）看来同学们都能读懂文章了。这是译文，供大家参考。（略）

师：理解文章大意之后，我们来看看诸葛亮希望晚辈成为怎样的人。请同学们用自己的话说说。

生：诸葛亮希望晚辈成为有远大志向、有成就的人。

生：诸葛亮希望晚辈淡泊名利、努力向上，不要成为一个"下流"的人。

师：真棒！概括得真好！（投影展示）诸葛亮希望晚辈要有远大的抱负，追慕先贤，成为有出息的人。

（生齐读）

师：现在，我们进入第三个学习环节——深入品读，领悟教诲。这堂是群文阅读课，同学们要善于发现群文中的异同点。这三封书信都体现了诸葛亮对晚辈的谆谆教诲，你们能发现教诲的内容和角度有什么不一样吗？教诲者的情感、写作特色的共同点又是什么呢？（小组讨论5分钟）

生：《诫子书》教诲的内容是修身养德、珍惜时间；《又诫子书》教诲的内容是控制酒量；《诫外甥书》教诲的内容是做有出息的人。

生：《诫子书》教诲的角度是道德规范；《又诫子书》教诲的角度是待人接物；《诫外甥书》教诲的角度是人生目标。

师：真好！你很善于发现，概括得也好。现在我们来分析一下教诲者的情感、写作特色的共同点是什么。

生：教诲者的情感都是对晚辈的爱。

师：看来同学们都感受到了，[投影展示：关爱晚辈（儿子、外甥）]那么，写作特色的共同点是什么呢？老师提示一下，可从文章篇幅、语言、情感这几方面来思考。

生：文章比较短，而且诸葛亮直接说出自己的想法和要求，没有转弯抹角。

生：清新。

师：这个词用得好，真棒！好的，老师来概括一下：（投影展示）文章短小精悍，言简意赅，清新雅致，不事雕琢，以理服人，以情动人。

表2

	篇目	《诫子书》	《又诫子书》	《诫外甥书》
不同点	教诲的内容	人生在世要修身养德，勤学立志，珍惜时间。	宴席上不能醉到丧失理智，要控制酒量。	有远大的抱负，追慕先贤，做有出息的人。
	教诲的角度	道德规范（"君子之行"高标准）	待人接物	理想志向（人生目标）
相同点	教诲者的情感	关爱晚辈（儿子、外甥）		
	写作特色	文章短小精悍，言简意赅，清新雅致，不事雕琢，以理服人，以情动人		

师：诸葛亮是蜀国一位忠君爱国的大臣，从这三篇文章可以看出他又是一位严慈并重的长辈。总结起来，这三篇文章（投影展示）既晓之以理，又动之以情，表现了长辈对晚辈的关爱和殷殷教诲，也体现了诸葛亮以"高标准"要求晚辈们修身立志的愿望。

师："听君一席话，胜读十年书"，我们要善于吸收先贤长辈的智慧。请同学们课外阅读以下书籍：《诸葛亮集》《诸葛亮大传》《曾国藩家书》。

师：这节课就先到这里，希望你们有所收获，谢谢你们的聆听。下课！

生：谢谢老师！老师再见！

师：同学们再见！

七、教研视角

常言道："初中生有三怕：一怕文言文，二怕写作文，三怕周树人。"对文言文的畏惧排在三怕之首，足见初中文言文教学是一个大难题。学生怕学习文言文的原因之一是看不懂文章，那么如何改变学生恐惧学习文言文的现状呢？

刘巍老师《初中语文的别样世界》一书认为，学习文言文的目的不仅仅在于读懂课内的文言文，还要通过积累去读懂课外的文言文。为了更好地培养学生理解文言文的能力，让他们消除学习文言文的恐惧感，学完《诫子书》后，我趁热打铁，让学生多读文言文。我在备课时发现教参里有一篇文章《诫外甥书》是诸葛亮写给晚辈的，我再翻查资料，惊喜地发现诸葛亮喜欢用书信的形式跟晚辈交流，对后世有深远的影响。看来，诸葛亮对晚辈教育是有成效的，也是相当周全的。他不但注意他们的品德修养、治学之道、立身之道等，甚至连待人接物、控制酒量等方面，也都不厌其烦地谆谆教诲。因此，我决定从《诸葛亮集》里再选一篇文章《又诫子书》，开展一节群文阅读课，一方面增加学生的阅读量，另一方面培养学生的人文素养。

这一节群文阅读课，学生的热情比较高，学习文言文的恐惧感转变的效果较为显著。我想可能主要得益于以下三个方面：

1. 发挥学生的主动性，让学生主动参与。在开展此次教学前，我发放了导学案，让学生在有充足时间预习的前提下积极参与文本的解读，使课堂显得活泼有趣，不沉闷，也使学生的理解得以表达，也增加了他们学习文言文的兴趣。

2. 指导方法，授之以渔。七年级学生学习文言文的基本要求是字词积累。他们刚学文言文，普遍感觉有难度，所以本节课我要求学生结合注释，联系上下文，理解课文大意。另外，我教会学生用组词法和换词法来概括文章的意思；如果课堂上学生能大胆展示自己的想法，我就大力地表扬。这样学生自然而然就感觉不难学了。

3. 比较阅读，求同存异。我要求学生对比三篇文章，让他们从教诲的内容、教诲的角度、教诲者的情感、写作特色四方面去探究文章的异同。课堂上学生积极讨论，努力探索。

最后，我推荐学生阅读课外书籍，拓展学生的视野。本节课问题层层推进，有讲有练，活动环环相扣，让学生学习古代先贤的优秀品格，既注重基础的夯实，又注意提升学生的学习能力和人文素养。

第五章

统整重构

解开寓言的"魔袋"

——统编版教材七年级（上）《杞人忧天》群文阅读案例

东莞市寮步中学　陈丽坤

一、群文选文

1.文本选择

杞人忧天

《列子·天瑞》

（具体内容请参考教材）

狂　泉

昔有一国，国中一水，号曰"狂泉"。国人饮此水，无不狂，惟国君穿井而汲，独得无恙。国人既并狂，反谓国主之不狂为狂。于是聚谋，共执国主，疗其狂疾。火艾针药，莫不毕具。国主不任其苦，遂至泉所酌水饮之，饮毕便狂。君臣大小，其狂若一，众乃欢然。

枭将东徙

《说苑·谈丛》

枭逢鸠，鸠曰："子将安之？"枭曰："我将东徙。"鸠曰："何故？"枭曰："乡人皆恶我鸣，以故东徙。"鸠曰："子能更鸣，可矣；不能更鸣，东徙犹恶子之声。"

黔驴技穷

《柳河东集》

黔无驴，有好事者船载以入。至则无可用，放之山下。虎见之，庞然大物也，以为神，蔽林间窥之。稍出近之，慭慭然，莫相知。他日，驴一鸣，虎大骇，远遁；以为且噬己也，甚恐。然往来视之，觉无异能者；益习其声，又近出前后，终不敢搏。稍近，益狎，荡倚冲冒。驴不胜怒，蹄之。虎因喜，计之曰："技止此耳！"因跳踉大㘎，断其喉，尽其肉，乃去。

郑人买履

《韩非子·外储说左上》

郑人有欲买履者，先自度其足，而置之其坐。至之市，而忘操之。已得履，乃曰："吾忘持度！"反归取之。及反，市罢，遂不得履。人曰："何不试之以足？"曰："宁信度，无自信也。"

齐人攫金

《列子·说符》

昔齐人有欲金者，清旦衣冠而之市，适鬻金者之所，因攫其金而去。吏捕得之，问曰："人皆在焉，子攫人之金何？"对曰："取金之时，不见人，徒见金。"

2. 文本分析

《杞人忧天》选自《列子·天瑞》，是统编版教材七年级上册第六单元的一篇文言寓言故事，主要讲述的是杞国有一个人担心天地崩塌而寝食难安，另一个人知道后就去开导他，最后他终于放下心来的故事。这则寓言主要是通过夸张的手法告诫人们不要为一些不切实际的事情而忧愁的道理。

《狂泉》主要讲述的是从前有个国家，国内有一汪"狂泉"，喝了"狂泉"水的人都发疯了，只有国君没事，国人反认为国君疯了，用尽办法去治疗国君的疯病，国君无法忍受，就也去喝了狂泉的水，一起变疯的故事。这则寓言主要是通过夸张的手法告诉人们，多数人的荒谬有时竟会成为"真理"，在举国上下只流行一种荒诞的意识，只贯彻一种虚伪做法的情况下，一个有健康头脑和正常行为的人要在众人颠倒黑白的环境里始终坚持原则。

《枭将东徙》选自西汉刘向的《说苑·谈丛》，主要讲述的是猫头鹰因为别人厌恶自己，以为搬到东边就不会被厌恶，斑鸠告诉它要改变自己才能改变别人观点的故事。这则寓言主要是通过拟人的手法告诉人们，对待自己的缺点和某些重大问题，要从根本上加以解决，不能像猫头鹰搬家那样，就事论事，回避矛盾。

《黔驴技穷》选自唐柳宗元的《柳河东集》，主要讲述的是黔地没有驴，有好事者用船载驴到黔地，黔地的老虎没见过驴，以为驴是庞然大物，很害怕，但试探后发现驴没有什么真本领，于是把驴吃了的故事。貌似庞大的驴，实际上外强中干，一点厉害的本领也没有，以致被老虎摸清了底细，最后葬身在虎口之下。这则寓言主要是通过拟人的手法告诉人们，做人要练就真本事，仅靠花哨的外表唬人，是不会长久的。

《郑人买履》选自《韩非子·外储说左上》，主要讲述的是有个郑国人因过于相信"尺度"而买不到鞋子的故事，揭示了郑人拘泥于教条的心理和依赖尺度的习惯。这则寓言主要是通过人物结尾对话揭示寓意的方法讽刺那些墨守成规的教条主义者，说明因循守旧，不思变通，终将一事无成。

《齐人攫金》选自《列子·说符》，主要讲述的是有个齐国人整天想要金子，于是走到金店抓起金子就走，眼中只见金子不见人的故事。这则寓言主要是通过人物结尾对话揭示寓意的方法讽刺那些利欲熏心、见钱眼开的人，说明不要因一时的贪欲而做出胆大妄为、自欺欺人的事情。

二、群文议题

解开寓言的"魔袋"。

三、群文策略

统整重构。

四、教学价值

《杞人忧天》选自统编版教材七年级上册第六单元。本课教学对象是刚刚进入初中的七年级学生。七年级学生虽然在小学接触过浅显文言文，但对文言文的学习还处在起步阶段，尚存在一定的困难。因此，在设计群文阅读时，选择的文本要相对浅显，不能过于晦涩。本课主要选择的是学生比较感兴趣又简短的寓言故事，试图"教一文学一类"，借助课内外寓言故事的联结，来消除学生对文言文的陌生感，激发学生课外阅读简短文言文的兴趣。

寓言故事学生小学时就学过很多，所以本课在教学生理解寓意的基础上，让学生在比较阅读中发现寓言不合常理的地方，从而分析寓言写作的手法；从训练学生的逻辑思维出发，从不同的角度去培养学生的分析能力，激发学生对文言文"类文"的探究兴趣，提升学生的写作能力。

五、学程设计

（一）教学目标

1. 复述故事，理解文章寓意。

2. 探究寓言写作手法。

（二）教学重难点

教学重点：复述故事，理解文章寓意。

教学难点：探究寓言写作手法。

（三）教学准备

1. 打印导学案，课前借助注释疏通文意，扫清理解障碍。

2. 思考每则寓言的寓意并尝试探究寓意从何而来。

（四）课时安排

1课时（40分钟）。

（五）教学过程

1. 导入

（1）回顾学过的寓言故事，从主人公的"可笑"中，从人物的不合情理之处总结寓意。

《亡羊补牢》《南辕北辙》《揠苗助长》《守株待兔》……

（2）明确寓言的定义。

寓言：用假托的故事说明某个道理或教训，给人以启示的文学体裁。

2.复述故事

（1）检查预习情况，互动教学平台游戏检查重点字词句的掌握情况。

舍然：释然，消除疑虑的样子。

若：你。

毕：全部，都。

奈地坏何：那地坏了（又）怎么办呢?

其狂若一，众乃欢然：国君臣民的疯病都变得一样了，大家都很高兴。

宁信度，无自信：我宁可相信量好的尺码，也不相信自己的脚。

不见人，徒见金：没看到人，只看到金子。

不能更鸣，东徙犹恶子之声：不能改变你的鸣叫声，搬家到东边去，东边的人也一样讨厌你的叫声。

慭慭然，莫相知：小心谨慎地，不知道它是个什么东西。

益狎，荡倚冲冒：更加不庄重，对驴一次又一次地轻侮戏弄，冲撞冒犯。

（2）小组内每位同学按顺序复述导学案里的一个故事，讲得不对的地方可以互相补充。

（3）班级共读，每个小组派一位中心发言人复述导学案故事，看哪个小组复述得最好。

3.思考寓意，探究手法

（1）同桌交换导学案，给对方讲解自己理解的寓意是什么，从何而来。

（2）班级共读，交流讨论寓意。

（3）比较阅读，探究寓言故事的写作手法。

表1　寓言故事的写作手法

寓言	不合情理之处	寓意	写作手法
杞人忧天	杞人担忧天地崩塌，寝食难安	告诫人们不要为一些不切实际的事情而忧愁	夸张
狂泉	没喝"狂泉"水的国王反而被认为是疯了，需要治疗	讽刺多数人的荒谬有时竟会成为"真理"，告诫人们要在颠倒黑白的环境里始终坚持原则	夸张

寓言	不合情理之处	寓意	写作手法
枭将东徙	猫头鹰以为只要搬个家别人就不讨厌自己了	告诫人们要从根本上解决问题，不能就事论事，回避矛盾	拟人
黔驴技穷	老虎害怕没有见过的驴，以为是神，后来才发现驴只会踢人	告诫人们做人要练就真本事，仅靠花哨的外表唬人，是不会长久的	拟人
郑人买履	郑人买鞋不相信自己的脚，只相信量好的尺码	讽刺那些因循守旧、不思变通的人	人物结尾对话
齐人攫金	齐人到金店只看到金子，看不到旁边的人	告诫人们不要因一时的贪欲而做出胆大妄为、自欺欺人的事情	人物结尾对话

4. 课堂小结

本节课我们探究了怎么从人物的不合情理之处去概括寓言故事的寓意，又学习了寓言故事的写作手法：夸张、拟人、人物结尾对话。寓言就是这样假托一个故事来讽刺或告诫人们一个生活道理。

5. 作业

用本节课所学的其中一种写作手法创作一篇文言短篇小寓言，自拟题目，200字左右。

6. 板书设计

解开寓言的"魔袋"

夸张

不合情理 —→ 拟人 —→ 揭示寓意

结尾对话

六、教学现场

师：同学们，先来回忆一下我们小学学过哪些寓言。

生：《亡羊补牢》《南辕北辙》《揠苗助长》《守株待兔》《狐假虎威》……

师：同学们发言很踊跃，看来记忆力都很好。大家还记得这些故事中的主人公都做了什么可笑的事吗？

第五章　统整重构

生：羊丢失了才补牢。

生：要去南边却驾车去北边，离目的地越来越远。

生：想着不劳而获，待在树下不去做事。

生：想让禾苗长快点，结果把禾苗拔死了。

师：是啊，我们了解寓言故事中人物的所作所为之后，就会觉得他们很可笑。为什么会觉得他们可笑呢？因为他们做的事情不符合我们日常生活中的常理。而处事不合常理的地方往往就是揭示寓意的地方，寓言故事就是这样假托一个故事来说明某个道理或教训的。（幻灯出示寓言故事的含义）

师：今天，我们继续来学习寓言故事。不过我们今天学习的寓言故事要比小学时高一个层次，因为我们要学习的是文言文寓言小故事，体会一下古人是怎么把道理寄寓在故事中的。昨天，同学们已经做了预习，我们先来玩一个游戏，检测一下预习中重点字词的掌握情况。我需要一位男同学和一位女同学上台来进行一个知识竞赛，看看男生组厉害还是女生组厉害。（男生、女生上台进行互动教学平台游戏）

师：看来还是女生记忆力更强啊，（笑）男生组别灰心，后面的课程你们还有机会尽情展现。同学们，我们一起来看看正确答案应该是怎样的。舍然：释然，消除疑虑的样子。若：你。毕：全部，都。奈地坏何：那地坏了（又）怎么办呢？其狂若一，众乃欢然：国君臣民的疯病变得一样了，大家都很高兴。宁信度，无自信：我宁可相信量好的尺码，也不相信自己的脚。不见人，徒见金：没看到人，只看到金子。不能更鸣，东徙犹恶子之声：不能改变你的鸣叫声，搬家到东边去，东边的人也一样讨厌你的叫声。慭慭然，莫相知：小心谨慎地，不知道它是个什么东西。益狎，荡倚冲冒：更加不庄重，对驴一次又一次地轻侮戏弄，冲撞冒犯。记得不是很清楚的同学，适当做一下笔记。

师：我们一起来读一读这些解释。

（生齐读）

师：看来导学案中的文章同学们都已经阅读了，下面我来考考同学们的翻译能力。请同学们在小组内按顺序一人复述一个故事，六篇文章，刚好六位同学一人复述一篇。在同学复述的过程中，其他同学要仔细聆听，如果他讲的和你的理解有不一样的地方，就提出来，小组内探讨一下。时间是10分钟。

师：时间到，看来同学们讨论得差不多了。下面我们进入班级共读环节。请每个小组派一位中心发言人，代表自己小组复述一个故事。其他同学注意聆听，看哪个小组复述得最好。

师：先请第一组的中心发言人来复述一下《杞人忧天》的故事。

生：《杞人忧天》讲述的是杞国有个人担心天会塌、地会陷，自己无处存身，就吃不下饭，睡不着觉。另外一个人为这个杞国人的忧愁而忧愁，就去开导他，说："天不过是积聚的气体罢了，没有哪个地方是没有空气的。你一举一动，一呼一吸，整天都在天空里活动，怎么还担心天会塌下来呢？"杞国人说："天如果是气体，那日、月、星、辰不就会掉下来吗？"开导他的人说："日、月、星、辰也是空气中发光的东西，即使掉下来，也不会伤害什么。"那人又说："如果地陷下去怎么办？"开导他的人说："地不过是堆积的土块罢了，填满了四处，没有什么地方是没有土块的。你行走跳跃，整天都在地上活动，怎么还担心地会陷下去呢？"听了这个人的开导，杞国人放下心来，很高兴；开导他的人也放了心，很高兴。

师：同学们，他的翻译怎么样？有同学要补充吗？

（生摇头）

师：在预习中，有哪个词或句子意思不理解？

（生摇头）

师：看来第一组准备充足，对课内文章的理解很到位啊。那么，请第二组的中心发言人来复述一下《狂泉》的故事。

生：《狂泉》讲的是从前有一个国家，国内有一眼泉水，名叫"狂泉"。全国的人都喝了这水，没有不疯的，只有国家的君主打井取水，没有疯。全国的人都疯了，于是反过来说国王的不疯是疯。于是他们聚集在一起想办法，一起抓住国王，治疗国王的疯病，烧艾叶、扎针、吃药，没有不用的。国王受不了这些苦，于是来到狂泉所在的地方，舀水喝了，喝完就疯了。于是所有人的疯病变得一样了，大家都很高兴。

师：同学们，他的翻译怎么样？有同学要补充吗？（生摇头）看来第二组同学的理解得很充分哦！请第三组的中心发言人来复述一下《枭将东徙》的故事。

生：《枭将东徙》讲的是有一只猫头鹰遇见斑鸠，斑鸠说："你将要到哪去？"猫头鹰说："我将要迁徙到东边去。"斑鸠说："为什么？"猫头鹰说："乡人都讨厌我的叫声，所以我要迁徙到东边去。"斑鸠说："你能更换叫声，就可以迁徙；不能更换叫声，迁徙到东边去，东边的人仍然会讨厌你的叫声。"

师：同学们，他的翻译对吗？

生："更"是"改变"，不是"更换"吧？

师：在这里确实解释为"改变"更好。"你能改变你的叫声，就可以迁徙"。这位同学听得很仔细，值得表扬。还有其他理解不到位的地方吗？

（生摇头）

师：第三组的同学回答得真好。请第四组的中心发言人来复述一下《黔驴技穷》的故事。

生：黔这个地方没有驴，有个喜欢多事的人用船运进了一头驴。运到之后却没有什么用处，就把它放在山下。老虎看到它是个庞然大物，以为是神仙，就隐藏在树林中偷看。老虎渐渐靠近它，小心谨慎地，不知道它是个什么东西。有一天，驴大叫，老虎非常害怕，逃得远远的；认为驴将要咬自己了，非常害怕。然而前去一看，觉得它并没有什么特别的才能。老虎慢慢地习惯了驴发出的声音，又前前后后地靠近它，但始终不敢和它搏斗。后来老虎又靠近一些，更加不庄重，对驴轻侮戏弄，冒犯它。驴忍不住发起怒来，用蹄子踢了老虎。老虎因此很高兴，盘算这件事说："它的本领只是这样罢了！"于是跳跃大吼，咬断了驴的喉咙，吃光了它的肉，才离开。

师：同学们，他的翻译对吗？

生：对。

师：有需要补充的地方吗？

生：没有。

师：同学们真厉害，老师也挑不出错。那么，请第五组的中心发言人来复述《郑人买履》的故事。

生：从前有一个郑国人，想去买一双新鞋子，于是事先量了自己脚的尺码，然后把量好的尺码放在自己的座位上。他到了集市，却忘了带上尺码。他挑好了鞋子，说："我忘了带尺码。"就返回家中拿尺码。等到他返回集市的时候，集市已经散了，最终没有买到鞋子。有人问他："你为什么不用自己的脚去试试鞋子？"他回答说："我宁可相信量好的尺码，也不相信自己的脚。"

师：同学们，他的翻译怎么样？有同学要补充吗？（生摇头）

师：第五组的同学理解得很透彻，那么我们请第六组的中心发言人来复述《齐人攫金》的故事。

生：从前齐国有个想得到金子的人，他清晨穿衣服到市场去，走到卖金子的地方，抢了金子就走。巡官抓住了他，问他："这么多人都在场，你为什么抢人家的金子呢？"那人回答说："我拿金子的时候，根本没看到人，只看到金子。"

师：同学们，他的翻译怎么样？有同学要补充吗？

生："衣冠"的翻译好像不对。

师：怎么不对？

生："冠"是帽子的意思，没有译到。

师：对啊，这个字被"吃"掉了。"冠"就翻译为帽子吗？

生：应该是"戴帽子"的意思。

师：对，这里应该译为"穿着衣服戴着帽子到市场去"，请同学们做好笔记。

师：哇，同学们都好厉害啊，老师觉得每个组都复述得非常好，每个组都能获得加分。下面我们进入这节课的第二个环节：理解寓意，把握手法。请同桌之间交换导学案，互相讲解一下自己理解的寓意是什么，是从人物哪个不合情理的地方得出来的。然后两人合作，填写下面的表格。

表2　寓言故事的写作手法（学生总结）

寓言	不合情理之处	寓意	写作手法
杞人忧天			
狂泉			
枭将东徙			
黔驴技穷			
郑人买履			
齐人攫金			

师：同学们都讨论好了吧？我们一起来交流一下。刚才没发言的第七组先来。

生：《杞人忧天》里不合情理之处是一个普通人整天担心一些不需要担心的东西，寓意是我们不用担心一些不需要担心的东西。写作手法是……是……

师：你觉得这篇寓言的作者是通过什么方法让你知道不要随便担心的。

生：夸张。

师：对，这就是作者写作寓言的方法——夸张。（板书：夸张）我们来读一读老师做的总结。（投影展示）

生（齐读）：不合情理之处是杞人担忧天地崩塌，寝食难安；寓意是告诫人们不要为一些不切实际的事情而忧愁；写作手法是夸张。

师：是的，一般寓言故事都是运用夸张的手法通过一个故事告诫人们一个道理或对某种社会现象进行讽刺。这篇寓言就是通过一个反应过激的人告诫人们不要担心那些不用担心的事，什么都担心的话就不用活啦。（生笑）

师：哪位同学来梳理一下《狂泉》？

生：我是第四组的。《狂泉》里不合情理之处是不喝"狂泉"水的国王反而被认为是疯了，要喝了才被认为是不疯；寓意是讽刺那些把错误当成真理的人；写作手法是夸张。

师：对，没喝"狂泉"水的正常的国王反而被疯了的国民打败了，颠倒黑白的结果是真理被打败了。难道大部分人说对的就一定是对的吗？这则寓言其实就是想提醒人们去思考在这样的情况下到底怎么做才是对的。同学们，你们觉得怎么做才是对的呢？

生：（小声）坚持真理。

生：可是那样就要被打死了。

师：是啊，因为害怕被打死，所以国王就去喝"狂泉"水，让自己变成自己痛恨的人了。我们来看看，历史上的人是怎么做的。哥白尼坚持日心说，与当时的主流文化不一样，被处终身监禁；布鲁诺因为支持哥白尼的日心说，被烧死在罗马鲜花广场；司马迁在朝廷上力排众议，力陈李陵的情有可原，被处以宫刑。他们坚持真理，给人们做出了很好的榜样，历史不会忘记他们。所以，怎么做才是对的呢？

生：坚持真理。

师：是的。坚持真理，坚持原则，是这则寓言想要告诉人们的道理。那么，为了表达这个寓意，作者使用了什么手法？

生：夸张。

师：对的，原来寓言的写作离不开夸张。（投影展示）

师：我们来看第三篇《枭将东徙》，谁来说一说？

生：我是第八组的代表。我们认为，这则寓言不合情理之处是猫头鹰觉得别人厌恶自己，搬家就可以了，没有从自身找原因；寓意是劝诫人们多从自身去找原因，不要埋怨环境。这是用了拟人的修辞手法吧？

师：对，就是拟人，作者为了给人们讲清楚一个道理，常常用拟人的手法来假托一个故事。我们知道，内因才是事物发展的根本原因，所以我们可以把这则寓言的寓意归结为要从根本上找原因，解决问题不要就事论事。（投影展示，板书：拟人）

师：下面哪位同学来讲解一下《黔驴技穷》？

生：我是第一组的代表。我觉得《黔驴技穷》不合情理的地方是强大的老虎竟然会害怕驴；寓意是告诫人们要多尝试，不要害怕不熟悉的事物；写作手法是拟人。

师：请坐。同学们思考一下，这篇寓言是整篇聚焦在老虎的害怕上吗？

生：不是，后来老虎把驴吃了。

师：是啊，后来老虎就不怕驴了。所以，从老虎的层面来说，寓意是面对陌生的东西，不要害怕，可以多去试探一下；从驴子的层面来说呢？

生：要有真本事。

师：对，这个寓言还告诉我们寓意可以从不同的角色层面去概括，如从老虎层面，从驴子层面。（投影展示）老师这里只有一个层面的寓意，不如同学们概括得全面，请同学们把两个寓意都写到你们的笔记里。

师：哪位同学来讲解一下《郑人买履》？

生：我是第五组的代表。我觉得《郑人买履》里不合情理之处是郑人买鞋明明有脚可以试穿，却一定要拿到尺度才敢买鞋；寓意是讽刺那些不相信自己的人；写作手法是夸张。

师：这位同学回答得干脆利落。郑人不相信自己的脚，只相信已经量好的尺度，尺度就是过去做事的方法，因此这个故事是讽刺那些只相信老一套的方法，不懂变通的人。（投影展示：讽刺那些因循守旧、不思变通的人。）但是写作方法老师持有不同的意见。同学们，这个故事确实有对人物行为的夸张，但是这种夸张是从整篇文章体现出来的还是从最后一句"宁信度，无自信也"体现出来的呢？例如《狂泉》，整篇文章用了很大的篇幅描绘喝了"狂泉"水的国人的行为，但是《郑人买履》如果没有最后一句，人家问"怎么不用脚试一下呢？"郑人说"哦，我忘了"，你能感觉到讽刺的意思吗？

生：不能。

师：所以，这一篇的寓意不是从对人物的夸张得来的，而是通过结尾的对话让读者突然感受到的。这也是写作寓言的一种方法——人物结尾对话揭示寓意法。（投影展示，板书：结尾对话）

师：最后一则寓言，哪位同学来讲解一下？

生：我是第六组的代表。我觉得《齐人攫金》不合情理的地方是齐人只看得到金子，却看不到旁边的人；寓意是人不能贪心，尤其不能贪心到什么都不顾的地步；写作方法和上面一样，即人物结尾对话揭示寓意法。

师：你很聪明，知道老师找方法的规律了。

（生笑）

师：你的理解很对，寓意是告诫人们不能贪心，更不能因为贪心而做出胆大妄为的事情。寓意确实是通过人物结尾的对话揭示出来的，如果没有这个对话，我们最多只能说这个"傻贼"怎么这么"傻"啊！（生笑）（投影展示）

师：可见，作者通过夸张、拟人、人物结尾对话这三种方法展示了故事中的不合情理之处，让人恍然大悟，从而揭示寓言的寓意。（板书：不合情理，揭示寓意）

师：这节课我们学到了什么？

生：夸张、拟人、人物结尾对话揭示寓意。（齐声）

师：对，本节课我们探究了怎么从不合情理之处去概括寓言故事的寓意，又学习了寓言故事的写作手法：夸张、拟人、人物结尾对话。寓言就是这样假托故事来讽刺或告诫人们一个生活道理的。在以后的阅读中，如果需要概括寓言故事的寓意，你们知道从哪方面去总结了吗？

生：不合情理之处。（齐声）

师：同学们，读写结合能让我们更好地理解寓言故事。课后请大家完成导学案上的拓展阅读，试试在空格里填上句子来揭示故事的寓意。然后运用本节课所学的其中一种写作手法创作一篇短篇小寓言，自拟题目，200字左右。有兴趣的同学用文言文写作，也可以创作一篇现代的寓言故事。下节课我们来比一比谁写得最好。这节课就上到这里，同学们再见。

七、教研视角

"解开寓言的'魔袋'"这节课，试图通过对课内统编版教材七年级上册第六单元《杞人忧天》的解读，带领学生走进文言文寓言故事世界，走近寓言故事的写法，从群文阅读出发，通过与课外的《狂泉》《枭将东徙》《黔驴技穷》《郑人买履》《齐人攫金》这些寓言故事的联动，探究寓言故事的寓意是从哪里体现出来的，作者是用什么手法写出来的。这节课既让学生学到如何总结概括寓言故事的寓意，又让学生了解到通过夸张、拟人、人物结尾的对话的手法可以进行寓言的写作，读写结合，让学生体会到创作寓言原来也不是那么难，消除学生对写作的恐惧感。

在教学过程中，既有互动教学平台游戏检查学生的字词翻译的掌握情况，又有复述故事情节让学生梳理每一篇故事的大意；既有对重点词句的讲解，也有让学生猜读的环节；既有基础的巩固，也有对学生思维的引导；既有学生独立思考的空间，也有对读、组读和班级共读，基本兼顾每一位学生，让每一位学生都能在学习中有所收获。本节课在方法上注意到了群文阅读中的比较阅读，让学生在对寓言故事的比较中不仅关注作者写了什么，还关注作者是怎么写的，提升了学生的思维能力。

在教学中，教师的目标是明确的，但是因为想要教的内容多，课堂容量大，没有很好地控制学生的讨论时间，导致课堂结尾有点仓促，导学案上的拓展阅读没能在课堂中呈现。

托物以言志，物我两相融

——统编版教材七年级（下）《爱莲说》《陋室铭》群文阅读案例

东莞市寮步中学　金华杰

一、群文选文

1. 文本选择

陋室铭

刘禹锡

（具体内容请参考教材）

爱莲说

周敦颐

（具体内容请参考教材）

养竹记（节选）

白居易

竹似贤，何哉？竹本固，固以树德，君子见其本，则思善建不拔者。竹性直，直以立身；君子见其性，则思中立不倚者。竹心空，空以体道；君子见其心，则思应用虚受者。竹节贞，贞以立志；君子见其节，则思砥砺名行，夷险一致者。夫如是，故君子人多树之，为庭实焉。

……

嗟乎！竹植物也，于人何有哉？以其有似于贤而人爱惜之，封植之，况其真贤者乎？然则竹之于草木，犹贤之于众庶。呜呼！竹不能自异，唯人异之。贤不能自异，唯用贤者异之。故作《养竹记》，书于亭之壁，以贻其后之居斯者，亦欲以闻于今之用贤者云。

精卫·万事有不平
顾炎武

万事有不平，尔何空自苦。

长将一寸身，衔木到终古？

我愿平东海，身沉心不改。

大海无平期，我心无绝时。

呜呼！君不见，

西山衔木众鸟多，

鹊来燕去自成窠。

花　影
苏　轼

重重叠叠上瑶台，

几度呼童扫不开。

刚被太阳收拾去，

却教明月送将来。

2. 文本分析

《陋室铭》是唐代诗人刘禹锡所创作的一篇托物言志骈体铭文。作者借赞美陋室抒写自己志行高洁，安贫乐道，不与世俗同流合污的意趣。

文章层次明晰，先以山水起兴，点明"斯是陋室，惟吾德馨"的主旨，接着从室外景、室内人、室中事方面着笔，渲染陋室不陋的高雅境界，并引古代俊彦之居，古代圣人之言强化文意，以反问作结，余韵悠长；"所托之物"与"所言之志"之间有内在的相似性：刘禹锡革新失败，被贬至安徽和州当一名小小的通判。和州知县故意刁难，刘禹锡半年时间搬了三次家，仅居斗室，遂愤然提笔写下这篇超凡脱俗、情趣高雅的《陋室铭》，表达他不畏强权、高洁傲岸的节操和安贫乐道的志趣。

《爱莲说》是北宋理学家周敦颐创作的一篇散文。这篇文章通过对莲花的形象和品质的描写，歌颂了莲花坚贞美好的品格，也表现了作者洁身自爱的高洁人格和洒脱的胸襟。

文章从"出淤泥而不染"写起，以浓墨重彩之笔，描绘了莲花的气度、风节，寄予了作者对理想人格的肯定和追求，也反映出作者鄙弃贪图富贵、追名逐利的世态的心理和追求洁身自好的美好情操。在文章结尾，作者一叹真正隐逸的高士极少，二叹品格高尚的君子罕见，三叹贪慕富贵的俗人很多，这使文章更具思想特色。文章托物言志，"所托之物"与"所言之志"之间有内在的相似性：周敦颐酷爱雅丽端庄、清幽玉洁的莲花，任知南康军时，在府署东侧挖池种莲，名为爱莲池，池宽十余丈，中间有一石台，台上有六角亭，两侧有"之"字桥。盛夏他常漫步池畔，欣赏着缕缕清香、随风飘逸的莲花，口诵《爱莲说》，赞美莲花"出淤泥而不染，濯清涟而不妖，中通外直，不蔓不枝……"。自此，爱莲池名震遐迩，其莲，其人也。

《养竹记》是唐代诗人白居易的一篇散文。这篇散文是白居易的早期作品，写于唐德宗贞元十九年（803年），作者时年31岁。选文第一段谈竹子的四种美德：善建不拔；中立不倚；应用虚受；砥砺名行，夷险一致。正因为有这些美德，君子们多将竹子作为"庭实"。第二段借竹子前后的不同际遇，谈人才的遭遇。竹子"似于贤"而得到人之爱惜和培植，对"真贤"的人又怎么能不爱惜和培植？竹子与草木，就像贤才与一般人，竹子不能自我张扬优点，而要靠人赏识；贤才不能自我张扬才干，而是要靠各级领导使用，才能发现其才干，并重用之。因此，贤才被各级领导掌握着命运。文章写作源于作者在吏部以拔萃及第，被任命为校书郎，最初在长安求借住处，得到常乐里已故关相国私宅的东亭居住，第二日到亭子的东南角见关相国亲手种植之竹，被人砍削、废弃，其秉性却仍然不变，努力生长，于是他给竹子施加肥料，疏通、培修土层，后来竹子日出有清阴，风来有清声，生机盎然，好像在感激知遇之情。

文章以竹喻贤人，表达了作者仰慕贤者的高贵品质，决心坚定不移、正直无私、虚心体道、砥砺名行的志向，同时渴望当权者善于发现人才、爱惜人才，使人才得以施展才华。

《精卫·万事有不平》是作者根据《山海经》中有关精卫鸟的故事写成的。当时，反清复明的力量只剩下东南海隅和西南边陲微弱地维持着、作者的很多好友也已在斗争中牺牲了。面对这一不利形势，诗人以"精卫填海"

自喻，表明决心，而作此诗。

作者托物言志，把自己比喻为精卫鸟，决心以精卫填海的精神，实现抗清复明大业，也表达了他坚持气节，不向清王朝屈服的决心。

《花影》是苏轼的一首咏物诗。全诗借物抒怀，比喻新巧，意新语工，具有言近旨远、意在言外的含蓄美。诗人借吟咏"花影"，比喻与讽刺依仗靠山当权的小人层出不穷，像花影一样扫也扫不去；抒发了自己想要有所作为，却又无可奈何的心情。所以从这一点看，也可以把它当作一首讽喻诗来理解。

二、群文议题

托物以言志，物我两相融。

三、群文策略

统整重构。

四、教学价值

《爱莲说》《陋室铭》来自统编版教材七年级下册第四单元，本节课的授课对象是七年级学生。经过上学期的学习，学生在文言文学习中积累了一定经验，在单篇教学中疏通词义、理解文意上有了一定基础，但对写作艺术手法的阅读理解掌握不够。单篇教学后，把这两篇文章的艺术手法统整归为一类，进行群文阅读，在疏通群文文意的基础上去探究深层的写作手法，引导学生使用已有的阅读方法，完成对这一类文章的阅读，是符合由浅入深、循序渐进的学习规律的。

七年级学生在研习作品写作立意、探索作品写作艺术手法方面，能力还是有所欠缺的。以往教师在引导学生理解《爱莲说》《陋室铭》的艺术手法时，大多从内容上归纳立意，继而得出"托物言志"的概念，没有关注人物命运与写作历史背景，使得学生对作品的理解限于单层次，限制了对作品多角度的理解，没有思考写作的综合因素，也限制了思维发散。因此，本课教会学生几个重要的阅读方法，引导学生多角度地理解作品内容与写作技巧，培养了学生的发散性思维和对比思维，使学生最终能找到每篇诗文托物言志的细微差别，实现阅读的提升。

　　本课教学以《爱莲说》《陋室铭》的写作艺术手法整合为支点，搜集三篇课外诗文，即《养竹记》（白居易）、《精卫·万事有不平》（顾炎武）、《花影》（苏轼），通过群文阅读的方式，引导学生从所托不同类型之"物"，对比探究所言不同之"志"。三篇群文是一个有机的组合，内容互补且循序渐进。教师指导学生依据写作背景来阅读，进一步比对、分析三篇诗文在托物言志上的细微差别，培养和训练同中求异的思维方法和多角度思维的能力；课外多篇诗文的引入，也可以让学生进行思维的碰撞，不仅有利于巩固七年级的文言学习成果，还能让学生悟到与文本、生活有关的多种启示，发挥文言教学传承文化传统的功能，也能激发学生对文言文学习的兴趣。

五、学程设计

（一）教学目标

1. 了解写作背景，知人论世，疏通词义，读懂诗文情感。

2. 对比阅读，分析"志"与"物"在比喻"关联点"上的差别。

（二）教学重难点

教学重点：学习知人论世、托物言志的阅读手法，读懂内容与情感。

教学难点：比较三篇诗文在托物言志的"关联点"上的差别。

（三）教学准备

1. 课前单篇学习中，完成"托物言志"理论解读。

2. 打印与三位作家相关的写作背景资料与文章词义释义，师生每人一份。

3. 课前预习，初读文本，解读内容注释，充分扫清理解障碍。

（四）课时安排

1课时（40分钟）。

（五）教学过程

1. 导入

（1）大声朗读、背诵《爱莲说》《陋室铭》。

（2）托物言志写作手法的理论。托物言志：指运用联想，关联所托事物与所言之物的相似点，极尽描写，从而寄托、传达作者的某种感情、抱负和志趣的一种写作手法。

2. 通文意，悟阅读方法

（1）检查写作背景的课前预习情况，从写作背景与作品的关系中理解文章内容。

① 问题引导——刘禹锡与周敦颐的写作背景有何不同？

② 列表分析——引导学生从写作背景上理解作品及"所言之志"。

表1 写作背景

知人论世	陋室铭	爱莲说
写作背景 （写作缘由）	刘禹锡因在任监察御史后革新失败，被贬至安徽和州任通判。和州知县故意刁难，让他半年时间搬了三次家，仅居斗室。刘禹锡遂愤然提笔写下这篇超凡脱俗、情趣高雅的《陋室铭》，并请人刻上石碑，立在门前	周敦颐酷爱雅丽端庄、清幽玉洁的莲花，任知南康军时，在府署挖池种莲，名为爱莲池。盛夏他常漫步池畔，欣赏着缕缕清香、随风飘逸的莲花，口诵《爱莲说》，自此爱莲池名震遐迩
方法归纳	诗人结合自身生活际遇排解愤懑，表达高洁傲岸的节操和安贫乐道的志趣	诗人结合自身爱好与生活，表达不慕名利、洁身自好的品质

（2）从关联"物象"与"情志"的关系中探究"托物言志"。

① 问题引导——请你关联"物象"与"情志"的关系，说说怎样托物言志。

② 列表分析——引导学生从"所托之物"的特点上去理解"所言之志"。

表2 从"所托之物"的特点理解"所言之志"

托物言志	陋室铭	爱莲说
所托之物	陋室： 居住环境清幽美 交往人物儒雅美 生活情趣优雅美	莲花： 生长环境污浊而不受沾染 体态香气高雅 气质风度纯洁
所言之志	表达作者高洁傲岸的节操，安贫乐道的志趣	表达作者不慕名利、洁身自好的品质
方法总结	托物言志：指运用联想，关联所托事物与所言之物的相似点，极尽描写，从而寄托、传达作者的某种感情、抱负和志趣的一种写作手法	

（3）从对比阅读中探究"托物言志"关联点的差异。

① 问题引导——对比两篇文章，托物言志在关联点上有何不同？

② 列表分析——从托物言志的比喻关联内容上去理解所言之志。

表3　从托物言志的比喻关联内容上去理解所言之志

对比阅读	《陋室铭》	《爱莲说》
所言之志	表达作家高洁傲岸的节操，安贫乐道的志趣	表达作家不慕名利、洁身自好的品质
方法归纳	"物"与"志"之间有相似性：内在气质、品质的相似性	

3. 读群文，方法运用

引导学生阅读所选的三篇诗文，运用上面所学的方法，探究、学会阅读托物言志类的古诗文。

群文一：《养竹记》（节选）

（1）结合注释解释以下字词：

竹本固：_____　　固以树德：_____　　则思中立不倚者：_____

空以体道：_____　　则思应用虚受者：_____　　则思砥砺名行：_____

夫如是：_____　　故君子人多树之：_____　　为庭实焉：_____

（2）请翻译下列句子。

君子见其本，则思善建不拔者

_____

君子见其心，则思应用虚受者

_____

则思砥砺名行，夷险一致者

_____

以贻其后之居斯者，亦欲以闻于今之用贤者云

_____

（3）结合课前学习，探究诗人所言之物寄托的含义。

问题引导1——运用"知人论世"阅读方法，说说作者为什么要写"竹子"的品质，竹子和诗人有什么关系。

问题引导2——运用"托物言志"阅读方法，分析"所言之志"是什么。

问题引导3——分析"所托之物"与"所言之志"在比喻上的关联点。

表4 《养竹记》总结

	知人论世	托物言志	比喻的关联点
养竹记	白居易31岁时在吏部以拔萃及第，被任命为校书郎。借居已故关相国园中，见关相国亲手种植之竹，被人砍削、废弃，其秉性却仍然不变；诗人施肥培土，后来竹子生机盎然	托物言志 "竹本固" ——"善建不拔者" "竹性直" ——"中立不倚者" "竹心空" ——"应用虚受者" "竹节贞" ——"砥砺名行者" "托物" ——竹子的四个特点 "言志" ——赞"贤人"的品质：坚定不移、正直无私、虚心接受、磨炼品行	内在品质

群文二：《精卫·万事有不平》

精卫·万事有不平

顾炎武

万事有不平，尔何空自苦。

长将一寸身，衔木到终古？

我愿平东海，身沉心不改。

大海无平期，我心无绝时。

呜呼！君不见，

西山衔木众鸟多，

鹊来燕去自成窠。

（1）检查预习，翻译重点词句。

① 翻译字词。

精卫：_____；尔：_____；终古：_____

② 翻译下列诗句。

大海无平期，我心无绝时：_____

鹊来燕去自成窠：_____

（2）结合课前学习，探究诗人所托之物寄托的含义。

问题引导1——运用"知人论世"阅读方法，说说作者为什么写"精卫填海"。

问题引导2——运用"托物言志"阅读方法，从内容上分析"所言之志"是什么。

问题引导3——分析"所托之物"与"所言之志"在比喻上的关联点。

表5　《精卫·万事有不平》总结

	知人论世	托物言志	比喻的关联点
精卫·万事有不平	写作当时，反清复明力量只剩下东南海隅和西南边陲微弱地维持着，作者很多好友也牺牲了。但他坚定决不投降，战斗到底	"身沉心不改"——反清复明 "我心无绝时"——绝不投降 "托物"——精卫鸟填海 "言志"——表明自己实现抗清复明大业的决心，坚持气节，不向清王朝屈服	内在事理

群文三：《花影》

花　影

苏　轼

重重叠叠上瑶台，

几度呼童扫不开。

刚被太阳收拾去，

却教明月送将来。

（1）检查预习。

① 翻译重点字词，通晓诗意。

重重叠叠：＿＿＿＿＿；瑶台＿＿＿＿＿；几度：＿＿＿＿＿；

收拾去：＿＿＿＿＿；教：＿＿＿＿＿

② 翻译下列诗句含义。

"几度呼童扫不开"：＿＿＿＿＿＿＿＿＿＿＿＿＿＿＿

"却教明月送将来"：＿＿＿＿＿＿＿＿＿＿＿＿＿＿＿

（2）结合课前学习，探究诗人所托之物寄托的含义。

问题引导1——运用"知人论世"阅读方法，说说作者为什么写"花影"。

问题引导2——结合"托物言志"阅读方法，从内容上分析"所言之志"是什么。

问题引导3——分析"所托之物"与"所言之志"在比喻上的关联点。

表6 《花影》总结

	知人论世	托物言志	比喻的关联点
花影	诗人一生宦海沉浮，四次被贬，而依仗靠山当权的小人层出不穷，像花影一样扫也扫不去。诗人自己想要有所作为，却又被坏人迫害排挤，无可奈何	花影上瑶台——小人盘踞高位 花影扫不开——扫除部分小人 明月送将来——小人难清除 "托物"——花影难除 "言志"——小人占据高位，自己想有所作为，却被坏人迫害，无可奈何	外在行为指向

4. 总结思考，同中求异

（1）"托物言志"类古诗文阅读方法有知人论世、托物言志、对比阅读。

（2）通过对比阅读发现"托物言志"的细微差别，使思维进阶，走向更深的层次。

5. 板书设计

托物言志（对比阅读）{ 咏物——内在品质相似性（《养竹记》）
咏事——内在事理相似性（《精卫·万事有不平》）
讽喻——行为指向相似性（《花影》）

6. 作业布置——课外诗文创作

（1）情境学习：听两首诗歌学唱，体会诗中"托物言志"的写法。

苔

袁 枚

白日不到处，青春恰自来。

苔花如米小，也学牡丹开。

石灰吟

于 谦

千锤万凿出深山，烈火焚烧若等闲。

粉骨碎身浑不怕，要留清白在人间。

（2）选择一种你感觉有内在气质美的植物（如梅花、昙花、菊花、向日葵、竹子、枫叶、仙人掌等），运用"托物言志"手法写一段话或一首诗，表达积极向上的情志。（文章不超过200字，诗歌不超过12行。）

六、教学现场

师：上课！

生：老师好！

师：同学们，请大家朗读《爱莲说》《陋室铭》。

（生齐读）

师：朗读得真好听！从这两篇文章中，我们读到了两位作者怎样的美德或精神？

生：《爱莲说》对莲花出淤泥而不染的描写，歌颂了莲花坚贞的品格，也表现了作者洁身自爱的高洁人格和洒脱的胸襟。

生：《陋室铭》赞美陋室，抒写作者志行高洁，安贫乐道，不与世俗同流合污的意趣。

师：整篇文章用了一种什么写作手法呢？

生：（齐）托物言志。

师：托物言志，是指运用联想，关联所托事物与所言之物的相似点，极尽描写，从而寄托、传达作者的某种感情、抱负和志趣的一种写作手法。

（生朗读识记）

师：今天我们用"托物言志"类古诗文的阅读方法，再学三篇新诗文，好吗？

生：好！

师：我来检查大家的预习情况。请问：刘禹锡与周敦颐的写作背景相同吗？先说刘禹锡。

生：不同，刘禹锡因在任监察御史后革新失败，被贬至安徽和州任通判。和州知县故意刁难，让他半年时间搬了三次家，仅居斗室。刘禹锡遂愤然提笔写下这篇超凡脱俗、情趣高雅的《陋室铭》，并请人刻上石碑，立在门前。

师：好，预习得很到位，我们要学习古人这种气节。那么周敦颐呢？

生：周敦颐，酷爱雅丽端庄、清幽玉洁的莲花，任知南康军时，在府署挖池种莲，名为爱莲池。盛夏他常漫步池畔，欣赏着缕缕清香、随风飘逸的莲花，口诵《爱莲说》，自此爱莲池名震遐迩。

师：依据写作缘由和背景去理解作品的含义，这种阅读方法就叫作"知人论世"，记住了吗？等下我们用这种方法学习新作品。

生：好。（做笔记"知人论世"）

师：接下来，我们学习第二种阅读方法——"托物言志"。

师：请同学说说，这两篇文章中的"所托之物"与"所言之志"。

生：《陋室铭》——居住环境清幽美、交往人物儒雅美、生活情趣优雅美，表达作者高洁傲岸的节操、安贫乐道的志趣。

生：《爱莲说》——莲花出淤泥而不染、体态香气高雅、气质风度纯洁，表达作者不慕名利、洁身自好的品质。

师：对了。那么"所托之物"与"所言之志"是通过哪种修辞来关联的？

生：比喻，陋室比作自己，莲花也比作自己。

师：我们将这种使用比喻来关联其他事物，表达自己情感与志向的手法叫作"托物言志"。

师：接下来，我们再对比一下这两篇文章，这两种"物"都与诗人的什么相似？

生：品质、精神。

师：这种比喻的关联使我们阅读者产生自然的联想，使我们明白了"所言之志"。

生：作者是故意这样写的？

师：对，作者故意这样写的。这里我们学到了如何进一步了解比喻的关联点，也就是所言之物与诗人的品质、精神有内在的相似性，使人产生自然联想，形成"托物言志"。做个笔记好吗？

生：好的。（做笔记）

师：综上所述，我们学到了古诗文鉴赏的三种方法，把两篇相似的文章放在一起，整合起来归纳。还有呢？

生：还有通过了解写作缘由、背景来理解作品。

生：还有在"托物言志"中找比喻的关联点，"所言之物"与诗人的品质、精神有内在的相似性，使人产生自然联想，形成"托物言志"。

师：对了，这就叫作对比阅读法。下面我们立刻用这三种方法解读下边第一篇散文。

师：我先检查一下大家的预习情况，谁来翻译加点词？

生：我来，我来。（2个人）

师：谁来翻译四个句子？

（生完成正确）

师：很好，预习到位了。谁来说说，诗人写竹子、赞竹子和诗人的生活有关系吗？

生：有关系。昨天学习资料中讲过，竹子是关相国种的，被人破坏，后来被诗人种好了。

生：竹子是贤人，要保护贤人。

生：竹子的特点和贤人一样。

师：棒极了，同学们都理解了要点。那么竹子比喻什么？为什么赞美竹子？

生："竹本固"——"善建不拔者""竹性直"——"中立不倚者"。

生："竹心空"——"应用虚受者""竹节贞"——"砥砺名行者"。

师：小组讨论一下，文章托了什么"物"，言了什么"志"？

小组："托物"——竹子的四个特点，"言志"——赞"贤人"的品质：坚定不移、正直无私、虚心接受、磨炼品行。

师：那么比喻的关联点是什么？

生：竹子和贤人一样。

生：我觉得它是一种精神的相似。

生：竹子和贤人在内在品质上相似。

师：好的，恭喜大家，第一篇我们就分析到这里，下面我们来看下一篇。

师：我们齐读《精卫·万事有不平》。

师：作者写"精卫填海"的用意是什么？

生：诗人把自己比喻为精卫鸟，以精卫鸟填海的决心比喻自己抗清复明的决心。

师：为什么这样说呢？

生：因为联系作者当时反清复明的思想，这是写作的背景。

师：对了，这种方法叫作——

生：知人论世！

师：再请一位同学展示一下你的课前自学。

生：我来！我来！

生：当时，反清复明的力量只剩下东南海隅和西南边陲微弱地坚持着，作者的很多好友也已在斗争中牺牲了。但他坚决不投降，不向清王朝屈服，战斗到底。

师：看来同学们课前预习得很好，为了进一步读懂文章内容，我们找一找"所托之物"与"所言之志"的相似点。

师：好，谁来总结？

生："托物"——精卫，"言志"——实现抗清复明大业，不向清王朝屈服。

师：和前一个内在品质的相似性一样吗？

生：有点差别。

师：什么差别？

生：前一个是精神和品质的相似性，这个是所做的事的相似性。

师：你能这么想很难得，为你点赞！

师：接下来，我们来学习第二首诗，加油！我们来一起朗读。

（生朗读诗歌）

师：谁来说说作者写"花影"的用意是什么？

生：表达小人像花影一样扫也扫不去。

师：花影比喻什么？

生：小人，迫害他的人。

师：为什么这样说呢？

生：因为联系作者当时的生存状态，他多次受迫害。

师：对了！再请一位同学展示一下你的课前自学。

生：我来，我来！作者因与王安石政见不合被外放杭州；被李定等人诬陷后被贬颍州（"乌台诗案"）；新党再度执政，被贬为黄州团练副使；为新旧党所不容，被外调杭州太守；与王安石政见不合，再被贬到颍州……

师：这个生活经历，用一句话总结就是——

生：一直被贬！

师：然后呢？

生：后来不放弃，才变成文学家。

师：我们现在先不管后来，只看作者当时的情况。

生：找找"所托之物"与作者当时处境的相似点，完成这个连线题。

生：我来。

师：那么，和前一个相比，比喻关联的东西一样吗？

生：有点差别。

师：什么差别？

生：第一个是内在品质相似，第二个是同一事理的相似，这个是讽刺坏人！

师：你能这么想，很实事求是。这个是借花影的行为来讽刺的。我们来填好黑板的这个表格，把思考的结论记录下来。

师：好，我们学习了三篇诗文，同学们能不能比较出它们在"托物言志"上有什么相似点和不同点？

生：能。

师：请大家开展讨论，填写下边空白处。

$$
\text{托物言志（对比阅读）}\left\{
\begin{array}{l}
\text{咏物——内在品质相似性（《养竹记》）}\\
\text{咏事——_____（《精卫·万事有不平》）}\\
\text{讽喻——_____（《花影》）}
\end{array}
\right.
$$

师：为了奖励同学们刚才的专注思考，给你们听两首歌——《苔》《石灰吟》。

生：老师真好！《苔》我们听过。

师：同学们可以一起唱。也许你不是如米小的苔花，但愿你有苔花不服输的向阳志气！

师：今天的课后作业是选一种植物，运用"托物言志"的手法写作，表达自己的情志。下课！

生：老师再见！

师：同学们再见！

七、教学评价

1. 教学效果

本节课试图统整统编版教材七年级下册《爱莲说》《陋室铭》两篇古文，把"托物言志"这一写作手法作为阅读突破点，将课外古诗文《养竹记》《精卫·万事有不平》《花影》进行重组，开展古诗文群文阅读，引导学生学习文言古诗词的一般知识，由浅入深，一步步实现教学目标，最终把握"托物言志"类古诗文阅读的方法，教会学生读这一类文章，提升文言阅读的能力。古诗文教学的核心价值是传承民族文化的精髓，奠定传统文化的基石，提高学生的人文素养，促进学生的持续发展。本节课也从文化传承上较好地完成了这个教学任务。

本节课是在《爱莲说》《陋室铭》单篇教学基础上展开的。由于学生对文章翻译和写作手法探究有了一定基础，所以在群文学习中，想要突破学习难点还是可以实现的。同时，教师补充了必要的背景材料，对阅读的推进起到很好的作用。

本节课所讲的统整重构、知人论世、托物言志、对比阅读是古诗文阅读的重要策略，教师注重讲练结合、小组探究、读写结合，教学中抓重点、攻难点，较好地提升了学生的阅读能力；精心创造学习的情境，重朗读；使用了多种引导方法，如视频、歌曲等；以学生为本，问题设置有启发性，课堂积极展开讨论，学生兴趣盎然。

2. 教学建议

本节课在时间的处理上有欠缺。在三种阅读方法的引导中，由于对学情分析不足，占用了过多时间，导致归纳时间变少；在布置作业的读写结合环节中，没有时间对作业进行具体化指导，出现个别学生写作"依葫芦画瓢"的现象。这些都有待改进。

3. 评价人

林金莲，寮步中学语文科组长，东莞市初中语文第三批教学能手。

多面分析素材，立体把握人物

——统编版教材七年级（下）《卖油翁》群文阅读案例

东莞市松山湖实验中学　黎晓骏

一、群文选文

1. 文本选择

卖油翁

欧阳修

陈康肃公善射，当世无双，公亦以此自矜。尝射于家圃，有卖油翁释担而立，睨之久而不去。见其发矢十中八九，但微颔之。

康肃问曰："汝亦知射乎？吾射不亦精乎？"翁曰："无他，但手熟尔。"康肃忿然曰："尔安敢轻吾射！"翁曰："以我酌油知之。"乃取一葫芦置于地，以钱覆其口，徐以杓酌油沥之，自钱孔入，而钱不湿。因曰："我亦无他，惟手熟尔。"康肃笑而遣之。

陈尧咨传（节选）

《宋史》

用刑惨急，数有仗死者。尝以气凌转运使乐黄目，黄目不能堪，求解去，遂徙尧咨知河南府……

尧咨性刚戾，数被挫，忽忽不自乐……

然须索烦扰，多暴怒，列军士持大梃侍前，吏民语不中意，立至困仆……

碎金鱼

《宋史》

太尉善射，百发百中，世以为神，常自号曰"小由基"。及守荆南回，其母冯夫人问："汝典郡有何异政？"对曰："荆南当要冲，日有宴集，吾每以弓矢为乐，坐客罔不叹服。"母曰："汝父教汝以忠孝辅国家，今汝不务行仁化而专一夫之伎，岂汝先人志邪？"杖之，碎其金鱼。

陈谏议教子

《宋名臣言行录》

宋陈谏议家有劣马，性暴，不可驭，蹄啮伤人多矣。一日，谏议入厩，不见是马，因诘仆："彼马何以不见？"仆言为内翰售之贾人矣。内翰者，陈谏议之子也。谏议遽召子，曰："汝为贵臣，家中左右尚不能制，贾人安能畜之？是移祸于人也！"急命人追贾人取马，而偿其直，戒仆养之终老。时人称陈谏议有古仁人之风。

陈尧咨传（节选）

《宋史》

旧格，选人用举者数迁官，而寒士无以进，太尉进其可擢者……

长安地斥卤，无甘泉，其疏龙首渠注城中，民利之……

工隶书。善射，尝以钱为的，一发贯其中……

2. 文本分析

《卖油翁》是宋代文学家欧阳修创作的一则写事明理的寓言故事，记述了陈尧咨射箭和卖油翁酌油的故事。通过对卖油翁自钱孔滴油技能的描写及对其技能获得途径的议论，说明了熟能生巧的道理，充分地展现了卖油翁纯朴厚直、怀技而谦谨的形象，以及表现出陈尧咨骄纵自大但最终心悦诚服的形象。

《碎金鱼》出自《宋史》，讲述了陈尧咨驻守荆南时常与人宴饮，并在宴饮时展示射箭技术，获得称赞后沾沾自喜，其母冯夫人在了解事情后批评其不务正业，不遵父亲遗愿，并敲碎其金鱼配饰的故事，展现了冯夫人对陈尧咨严格的家庭教育。

《陈谏议教子》选自《宋名臣言行录》，讲述了陈谏议家中养有一匹烈马，常伤人，谏议之子尧咨把马卖给商人后，谏议批评儿子转祸他人，并命人及时把马赎回的故事，展现了陈谏议为人淳朴宽厚，有古仁人之风，也体现出谏议对儿子尧咨良好的家庭教育。

《陈尧咨传（节选）》的几个片段，记述了陈尧咨因性格刚戾屡次被挫，杖死他人，欺凌同事，以及兴修水利，造福百姓，提拔寒士，射箭技艺高超的故事，展现了人物复杂的性格。

二、群文议题

多面分析素材，立体把握人物。

三、群文策略

统整重构。

四、教学价值

统编版语文教材强调以学生为本，突出"语文素养"，注重课外阅读。七年级下册强调精读，并提出要形成"教读""自读""课外阅读"三位一体。《卖油翁》选自第三单元，本单元关注的是"小人物"，通过平凡细小的事表现人物的形象和品质。结合学生的现状来看，目前七年级的学生文言文阅读量少，对文言文缺乏兴趣，对文学作品中的人物认识片面粗浅，同时他们喜欢新鲜事物，对游戏化学习充满兴趣。

所以，这节课我从《卖油翁》中陈尧咨的人物形象出发，整合宋史中《碎金鱼》《陈尧咨传》（节选）和《陈谏议教子》等文本，通过群文阅读的方式，引导学生从课本中片面化、脸谱化的人物形象出发，在提出问题、分析问题、解决问题的过程中多角度把握人物形象，让学生从低阶思维走向高阶思维。同时，我引入多个文本，让学生增加文言知识积累，巩固七年级的文言文学习成果；利用智慧课堂、游戏化学习的方式，激发学生对文言文学习的兴趣。

五、学程设计

表1　学程设计概述

表1　学程设计概述

学校	东莞市松山湖实验中学		教师姓名	黎晓骏
学科	语文		授课年级	七年级
课题	《卖油翁》群文阅读		课时	1课时
教学目标	1.积累"数""堪""尝""遂"等重点文言字词。 2.拓展课外文言文阅读，学习如何立体把握人物形象			
教学重难点	拓展课外文言文阅读，学习如何立体把握人物形象			
教学过程				

教学环节	所用时间 （分钟）	教师活动 （教学内容的呈现）	学生活动 （学习活动 的设计）	设计意图
活动一： 走近人物	5	1.回顾课文内容。 2.提出问题：如果让你用一个关键词形容陈尧咨的性格，你会用什么词？ （UMU问卷）	回忆所学课文内容，快速进入学习状态	回忆概括，引导学生从已知知识向未知知识过渡
活动二：走进人物　拓展材料，充实形象	8	1.引入材料一，注意点拨指引。 材料一文本： 用刑惨急，数有仗死者。尝以气凌转运使乐黄目，黄目不能堪，求解去，遂徙尧咨知河南府……尧咨性刚戾，数被挫，忽忽不自乐……然须索烦扰，多暴怒，列军士持大梃侍前，吏民语不中意，立至困仆…… 2.字词分组竞争游戏，看谁理解的字词多。 3.主问题：从事件可以看出人物怎样的性格？ （智慧课堂、互动教学平台游戏制作）	1.结合注释速译文本。识记重点字词。 2.学生上台游戏。 3.回答主问题	由课内初步引申到课外，充实人物形象特征
补充材料，猜读形象	10	1.共读材料二，提醒学生注意重点句子翻译。 材料二文本： 太尉善射，百发百中，世以为神，常自号曰"小由基"。及守	1.小组分工，结合注释快速翻译。 2.上台游戏	

研途拾慧
——初中文言文群文阅读策略与实施

教学过程				
教学环节	所用时间（分钟）	教师活动（教学内容的呈现）	学生活动（学习活动的设计）	设计意图
活动二：走进人物	补充材料，猜读形象	10	荆南回，其母冯夫人问："汝典郡有何异政？"对曰："荆南当要冲，日有宴集，吾每以弓矢为乐，坐客罔不叹服。"母曰："汝父教汝以忠孝辅国家，今汝不务行仁化而专一夫之伎，岂先人志邪？"杖之，碎其金鱼。 2.判断对错游戏，印证翻译。 3.播放辅助材料：表情包微课。 材料三文本： 宋陈谏议家有劣马，性暴，不可驭，蹄啮伤人多矣。一日，谏议入厩，不见是马，因诘仆："彼马何以不见？"仆言为内翰售之贾人矣。内翰者，陈谏议之子也。谏议遽召子，曰："汝为贵臣，家中左右尚不能制，贾人安能畜之？是移祸于人也！"急命人追贾人取马，而偿其直，戒仆养之终老。时人称陈谏议有古仁人之风。 4.主问题：文中人物的父母如此严格教育，他可能会成为什么样的人？ （微课制作、互动教学平台游戏制作、智慧课堂）	3.观看微课，概述人物形象。 4.思考后回答主问题	引导学生分析文言文文本，从良好的家庭教育方面出发猜测人物形象，在积累文言字词的同时，进一步体会人物形象的多面性。 通过材料二和材料三的学习，形成人物的对比和反差，设置悬念。 利用抢答、游戏等形式进一步激发学生的学习兴趣
	对比材料，把握形象	8	1.共读材料四。 材料四文本： 旧格，选人用举者数迁官，而寒士无以进，太尉进其可擢者……长安地斥卤，无甘泉，其疏龙首渠注城中，民利之……工隶书。善射，尝以钱为的，一发贯其中…… 2.主问题：从材料中可以看出怎样的人物形象？	1.小组合作，通过材料印证猜想。 2.回答主问题	把握重点，通过前后材料对比分析引导学生从多个角度把握人物形象

教学环节	所用时间（分钟）	教师活动（教学内容的呈现）	学生活动（学习活动的设计）	设计意图
教学过程				
活动三：对比分析	7	1.对比人物形象，提问：现在你会怎样评价陈尧咨？ 2.主问题：我们在分析人物形象时应该怎么做呢？	认真思考后回答问题	解开悬念，引导学生综合材料立体分析，培养学生从更多材料、具体事件、时代背景等方面更立体、全面地把握人物形象的意识
总结拓展	学习小结	1	1.内容：文言知识积累。 2.方法：培养学生"质疑"的精神和全面把握人物形象的意识	理解，识记
	课后拓展	1	陈尧咨家在当时是名门望族，他的父亲和兄弟都是当时北宋极负盛名的人物。课后搜集资料，制作一个陈尧咨的"朋友圈"（微信朋友圈制作）	有条件的可以用手机、电脑制作一个朋友圈，也可以手绘一个	巩固所学，再由课内群文延伸到课外知识

六、教学现场

师：上课！

生：老师好！

师：同学们好！请坐！

师：今天我们来上一节《卖油翁》的群文阅读课，这节课的主题是"多面分析素材，立体把握人物"。

师：《卖油翁》这篇文章我们已经学过了，课文讲了一个什么故事？谁愿意来说说？（点一名举手的男生）

生：一个卖油翁看见陈康肃公在园子里射箭，看了很久只是微微点头。陈康肃公很生气，然后卖油翁用他倒油的方式来告诉陈康肃公熟能生巧的道理。

师：概括得很具体，我们来给第六组加1分。如果讲得再简洁一些，可以怎么概括？（点一名举手的女生）

生：讲的是陈尧咨以自己射箭的本领自夸而被卖油翁教做人的故事。（生笑）

师：这个"教做人"用得很好，而且简练了好多，我们给第三组也加上1分。

师：还能不能再简单一点？（点一名举手的男生）

生：讲的是卖油翁通过倒油告诉陈尧咨熟能生巧的道理的故事。

师：哇，又简练了一些，看来我们班同学概括归纳的能力非常强。如果用一个词来概括陈尧咨的形象，大家会用什么词？（发布UMU问卷）

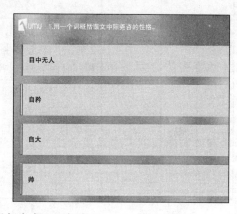

图1　学生利用平板完成UMU问卷

师：（展示UMU问卷结果）看来大家都比较认可陈尧咨是自矜、自大的人。

师：大家有没有注意到陈尧咨还有一个称呼？

生：（齐声）陈康肃公。

师：对！康肃公是他的——

生：（齐声）谥号。

师：对了，在古代谥号可不是那么容易获得的，必须是在生前有突出的贡献，死后皇帝才会赐一个谥号，看来陈尧咨是一个大人物。那我们就一起来看看陈尧咨还有哪些事迹吧!

（课件展示材料一：用刑惨急，数有仗死者。尝以气凌转运使乐黄目，黄目不能堪，求解去，遂徙尧咨知河南府……尧咨性刚戾，数被挫，忽忽不自乐……然须索烦扰，多暴怒，列军士持大梃侍前，吏民语不中意，立至困仆……）

师：请大家齐声朗读材料一。

（生齐声朗读）

师：大家读得很整齐，看得出学案预习得不错。有几个词需要注意一下："凌"是欺凌的意思，"转运使乐黄目"是指一个人，"徙"是调动官职的意思，"须索"是勒索的意思。现在我们用2分钟的时间，结合注释快速疏通文意，请大家特别注意标红的词。现在开始!（打开互动教学平台计时器，倒计时2分钟）

（生独学疏通文意，师巡视解疑答惑）

师：好，时间到!哪一组派代表来说说材料一讲了什么内容。（点第二小组举手代表）

生：讲了陈尧咨曾经盛气凌人，欺负别人，然后被人打倒在地。

师：概括得很简洁，但是不够具体，而且有一个问题：是陈尧咨被人打倒在地吗?

生：（齐声）不是。

师：好，有没有哪个小组派代表来补充一下?（示意刚才回答的女生坐下）

（生纷纷举手）

生：就是说陈尧咨性格很刚烈，经常遭受一些不顺心的事，让他很不开心。然后，陈尧咨在对待犯人的时候都用很重的刑，经常有被他打死的人。有一次他欺凌转运使乐黄目，乐黄目不能忍受，请求离开。就是因为这件事，陈尧咨被调到了河南。最后面就是说陈尧咨还会勒索百姓，经常去打扰百姓；经常生气暴怒，还让一些士兵拿着棒子站在身边；只要是他手下的官吏或者一些平民说的话令他不开心了，他就立刻把人打倒在地。

师：很好。来，让我们给这位同学掌声鼓励。

（生鼓掌）

211

师：这位同学已经按照翻译的要求，把整个文段都翻译出来了，非常棒！文段的意思我们大概了解了，那么这些标红的词大家都掌握了吗？

生：（齐声）没问题！

师：好，我们找两个同学上来玩一个游戏检验一下，哪一组派代表来？（生纷纷举手，师示意后排一个女生上台）

师：还有吗？那个男生，你上来。（示意一个男生上台）

师：好的，狭路相逢勇者胜，对战正式开始！

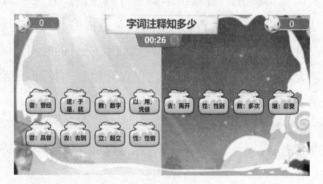

图2　学生玩互动教学平台分组竞争小游戏

师：两位同学"杀"得难解难分，打成平手，真是一时瑜亮！（生鼓掌）我们给这两个小组分别加上2分。

师：这些词大家都理解了吗？有没有问题？

生：（齐声）没有。

师：我们来看一下答案，快速地过一下。首先"性"是性情，不是性别，"性刚戾"是指他的性情很暴躁；"数"在这里是多次而不是数字；"尝"是曾经，不是品尝；"堪"在这里是忍受；"去"是离开。看来这些字词难不倒大家。

师：我们再来思考，如果让我们从这一则材料中再来概括陈尧咨的性格，大家会用什么词？

生：暴躁、喜怒无常、仗势欺人。

师：很好，大家已经概括出了三个词。原来陈尧咨不仅仅是一个自大的人，他还有这么多的坏脾气。老师在想，是不是以前那些做官的人都像陈尧咨这么自大、脾气坏呢？

生：不是。

师：老师又查了资料，这一次老师查到了另外一位官员，是一名太尉，下面我们就来看看这位太尉的故事。请大家看材料二。

（课件展示材料二：太尉善射，百发百中，世以为神，常自号曰"小由基"。及守荆南回，其母冯夫人问："汝典郡有何异政？"对曰："荆南当要冲，日有宴集，吾每以弓矢为乐，坐客罔不叹服。"母曰："汝父教汝以忠孝辅国家，今汝不务行仁化而专一夫之伎，岂汝先人志邪？"杖之，碎其金鱼。）

老师想请一个小组来朗读一下，这个小组可以有加1分的机会。（生纷纷举手）好，那边那个小组举手最快，让我们掌声有请这个小组。

（第四小组成员起立朗读材料二）

师：这个小组读得非常通顺、整齐，为他们加上1分。

（生鼓掌）

师：我们一起来看这则材料，首先注意以下几个注释："典郡"是掌管郡务，"罔不"是无不，"仁化"在这里是仁德教化的政策。最后这个"金鱼"，大家猜一下可能是什么呢？

生：是他的弓的名字，是他的腰带……

师：很好，大家大胆猜测，因为大家知道他肯定不是——

生：（齐声）活的金鱼！

师：这里的"金鱼"是指金鱼状的配饰。

师：现在请大家结合这些注释，用2分钟的时间快速梳理文意。请大家注意标红的句子，试着翻译出来。（打开互动教学平台计时器，倒计时2分钟）

（生结合注释讨论，快速疏通文意，师巡视答疑解难）

师：好，时间到！对于这些标红的句子，我们同样通过一个游戏来检测一下。哪两组同学愿意上台对战？

（生纷纷举手）

师：大家都很积极，我们请这两组分别派代表上来。

（生鼓掌，两组分别派两名男生上台玩互动教学平台分组运动会小游戏。其中一名男生全部选对，另一名男生答对六题）

图3　学生玩互动教学平台分组运动会小游戏

师：好的，看来胜负已分！这位同学太厉害了，全部答对。这次翻译的难度比刚才字词翻译的难度更大，所以我们给获胜组加3分，给另一组加2分。

（生鼓掌）

师：我们来回顾一下这些句子的翻译。"世以为神"的意思是世人认为他是神箭手，"及守荆南回"是等到他驻守荆南回到家中，"岂汝先人志邪"是指这难道是你死去父亲的意志吗？

师：好的，当我们把这些句子的意思搞清楚之后，这则材料的内容我们应该也清楚了吧？

生：对！

师：哪位同学来概括这则材料的内容？

（生举手）

师：这位同学举手最快，你来说。（点一名举手的女生）

生：太尉擅长射箭，百发百中，世人都认为他是神射手。他常自夸为"小由基"。等到他驻守荆南回到家中时，他的母亲冯夫人问："你治理郡县有什么新的政策吗？"他回答说："荆南是个军事要地，每天都有宴会，我每次都以射箭为乐趣，来客没有一个不佩服的。"他的母亲说："你的父亲要你用忠孝来辅佐国家，但你现在不致力于施行仁政，而专一练一人之技，这难道是你死去父亲的意志吗？"说完就用杖打他，还打碎了他心爱的金鱼配饰。

师：这位同学的回答非常完整细致！给这个小组加4分！

（生鼓掌）

师：老师有一个地方要补充一下，"今汝不务行仁化而专一夫之伎"这一句中，"务"是从事，"专"是专注，"一夫之伎"是指个人才能，在文中特指——

生：（齐声）射箭！

师：对！我们了解了这则材料的意思后，思考一个问题：这则材料的主人公是谁？

生：（一部分）太尉，（一部分）冯夫人。

师：仔细想想，文章重点是想表现谁的品质？

生：冯夫人！

师：对，冯夫人。冯夫人对太尉的要求怎么样？

生：很严格。

师：是的，严格到即使他做了太尉，做错了事也会打他。母亲如此严格，父亲又会是怎样的人呢？我们一起来看一看。

（师播放表情包微课，生观看。微课文本即材料三译文。材料三：宋陈谏议家有劣马，性暴，不可驭，蹄啮伤人多矣。一日，谏议入厩，不见是马，因诘仆："彼马何以不见？"仆言为内翰售之贾人矣。内翰者，陈谏议之子也。谏议遽召子，曰："汝为贵臣，家中左右尚不能制，贾人安能畜之？是移祸于人也！"急命人追贾人取马，而偿其直，戒仆养之终老。时人称陈谏议有古仁人之风。）

师：视频中的谏议是谁？

生：内翰的父亲！

师：他是一个怎样的人？

生：是一个正直、会为人着想的人。

师：用视频中的原话就是——

生：有长厚之道的人。

师：对，是一个厚道、忠厚的人。

师：那么请大家猜一猜，有一位严格、教子有方的母亲和一位厚道、忠厚的父亲，内翰会成长为怎样的人？

生：优秀、厚道、爱国的人。

师：接下来就让我们验证一下猜想，我们一起看材料四。

（课件展示材料四：旧格，选人用举者数迁官，而寒士无以进，太尉进其可擢者……

长安地斥卤，无甘泉，其疏龙首渠注城中，民利之……

工隶书。善射，尝以钱为的，一发贯其中……）

师：我们通过材料四来看看太尉是一个怎样的人。首先我们先注意一下关键词的注释"斥卤"是盐碱地，"疏"是疏通，"旧格"是指旧条文规定，"的"是靶子。现在给大家2分钟时间，我们小组合作，看看材料讲了什么内容。（打开互动教学平台计时器，倒计时2分钟）

（生开始小组讨论，师巡视答疑解惑）

师：时间到！大家讨论好了吗？

生：好了！（纷纷举手）

师：好的，我们给最边上这个小组一个机会吧！哪位小组成员愿意来说？（示意一位举手的学生起立）

生：这段材料说的是长安地下的盐很多，没有甘泉，太尉疏通龙首渠……然后村民就获利……

师：好，第二句呢？

生：选人……选人按旧时的条文规定，很多……很多移迁的官员……（停住）

师："寒士"该如何解释？

（其余）生：贫寒的读书人。

（回答问题的学生仍然语塞）

师：好，没关系，我们先看最后一句。

生："工隶书"我也不会……

师：没事，先往下说。

生：善射是擅长射箭，曾经用钱当靶子，一发就射中了。

师：好，请坐！虽然中间经历了一些曲折，但这位同学最终还是把大致内容说出来了。我们给这个小组加2分。那有没有其他小组想补充的？

（生纷纷举手）

师：来，我们给这位第一次举手的男生一个机会！（示意一位举手的男生起立）

生：我补充一下第二句。按照旧时的条文规定，做官的人要有人举荐才能升官，而那些贫困的学士就不会被选上，太尉提拔了他们。

师：好，根据材料的内容，如果要我们用几个词来概括太尉的品格，大家会用什么词？首先第一句可以用——

生：仁爱、为民着想、为民除害、惠利于民。

师：惠利于民这个词用得好，概括准确！第二句呢？

生：重视人才。

师：非常好！第三句呢？

生：多才多艺、书法好、射箭好。

师：书法好、射箭好，可以用一个什么词替换？

生：文武双全。

师：很好！非常准确！所以我们再回过头来看，太尉父母的家庭教育是成功的，把太尉培养成了一个这么优秀的人。他和陈尧咨比起来怎么样？

生：天差地别，一个天上一个地下。

师：是啊，大家认识的陈尧咨是一个自大、残暴、盛气凌人的人。但是，老师想告诉大家，其实太尉就是陈尧咨，陈尧咨就是太尉！

（学生感到惊讶、诧异，纷纷小声议论，甚至有学生发出"啊？"的质疑声）

师：我看到大家用诧异的眼光看着我。我们思考一下，为什么同一个人的差距会如此之大呢？给大家2分钟时间思考讨论。（打开互动教学平台计时器，倒计时2分钟）

（生思考讨论，师巡视答疑解惑）

师：好，时间到！哪组同学愿意来说说你们的意见？

（生纷纷举手，师示意一位女生起立）

生：我们小组认为，陈尧咨在年轻的时候比较自大，常常对射箭沾沾自喜，还欺负别人，后来因为有家里良好的家庭教育，不断引导，又有卖油翁教他做人，他最终改掉了一些坏习惯和毛病，变成了一个优秀的人。

师：这位同学说得很有道理，逻辑性也强，人随着环境和教育慢慢发生改变，也合情合理。但是上面的材料并没有明显的时间先后关系，比如材料四的第二句，讲到他提拔人才，其实是在遇到卖油翁之前，所以这个回答有些牵强。

（一名男生又举手，师示意该名男生起立）

生：我觉得老师给的材料都是一个一个的小片段，可能在一个片段中他是这样的，在另一个片段中是那样的，就是比较复杂。我觉得人本来就是挺复杂的，就像我觉得自己内心善良，但有时候自己也会产生一些不好的想法（笑），所以我觉得陈尧咨这样也很正常。

师：很好！让我们为这位同学鼓掌！（生鼓掌）其实我们了解陈尧咨只是通过一两句话或一两个方面，但是同学们要知道，这个世界不是非黑即白的，人也一样，并不是像脸谱一样非善即恶，非好即坏。每个人都是复杂的个体，现实生活如是，文学作品如是，陈尧咨也如是，他就是这样一个复杂的存在。所以，我们应当怎样去分析文学作品中的人物形象呢？

生：要多看一些材料，不要只是片面地了解。

师：很好，多面分析素材。

生：抓住关键的字词，很多字词有提示！

师：确实，有一些词能高度概括人物形象。还有一点非常重要，那就是要结合时代背景去了解人物，脱离了时代背景，就很难全面认识和把握人物。其实，陈尧咨的兄弟和父亲都是做官的，他的家族是北宋盛极一时的大家族。课后，请大家去查找资料，了解陈尧咨的家族，并制作一个"朋友圈"来展现一下他的家族情况。

图4 制作朋友圈展现陈尧咨的家族

生：好！

师：那么这节课就上到这里，下课！

生：老师再见！

师：同学们再见！

七、教研视角

文言文教学如何教出文言文的味道？这曾经是语文老师研讨的一大话题。而文言文群文阅读，如何做到"弱水三千，只取一瓢饮"，确定精当的议题？这又成了现在研讨的热门话题。

本节课的授课老师在文言文群文阅读的教学设计上做出了有效且有推广价值的探索，实属难得。

授课老师精准地把握《卖油翁》群文阅读的议题——多面分析素材，立体把握人物；精妙地设计三个活动——走近人物，走进人物，对比分析；用三个主问题引导学生，让学生在分析问题的过程中提出质疑和新的问题，立体把握陈尧咨这一人物形象。议题，可谓精当；教学设计，可谓精妙；问题设计，可谓精彩。

王荣生教授在《文言文教学教什么》中明确提出："文言文，是中国传统文化的载体。在文言文中，文言、文章、文学和文化，一体四面，相辅相成。"无独有偶，黄厚江老师也曾提出文字、文章、文学、文化"四文统一"的观点，强调了文言文所蕴含的价值是多维一体的，而非只有文言字词或文学欣赏的单一维度。授课老师引导学生多面分析素材，多方位多角度地分析人物，既拓宽了学生文言文阅读的广度，又增加了学生把握人物形象的深度。

最值得一提的是，授课老师草蛇灰线，伏脉千里，在活动三才揭晓谜底，学生阅读多篇短文后分析出的不同人物的特点，最后竟然汇集于陈尧咨这一人身上！整体设计给人一种曲径通幽之感，可谓匠心独运。

此"愚"非愚

——统编版教材八年级（上）《愚公移山》群文阅读案例

东莞市南城阳光实验中学　邱露华

一、群文选文

1.文本选择

愚公移山（节选）

寒暑易节，始一反焉。

河曲智叟笑而止之曰："甚矣，汝之不惠！以残年余力，曾不能毁山之一毛，其如土石何？"北山愚公长息曰："汝心之固，固不可彻，曾不若孀妻弱子。虽我之死，有子存焉。子又生孙，孙又生子；子又有子，子又有孙；子子孙孙无穷匮也，而山不加增，何苦而不平？"河曲智叟亡以应。

精卫填海

又北二百里，曰发鸠之山，其上多柘木，有鸟焉，其状如乌，文首，白喙，赤足，名曰"精卫"，其鸣自詨。是炎帝之少女，名曰女娃。女娃游于东海，溺而不返，故为精卫，常衔西山之木石，以堙于东海。

夸父追日

夸父与日逐走，入日；渴，欲得饮，饮于河、渭；河、渭不足，北饮大泽。未至，道渴而死。弃其杖，化为邓林。

2. 文本分析

《列子》的思想与道家十分接近，体现了道家对精神自由的心驰神往，也体现了朴素的唯物主义和辩证法思想。

《愚公移山》是《列子·汤问》中一则带有神话色彩的寓言故事，讲述了愚公不畏困难，挖山不止，终于感动天帝，"移山"成功的故事。我们能从中感受到愚公的聪明智慧和辩证思维，以及坚忍执着的精神。

《山海经》是中国志怪古籍，大体是战国中后期到汉代初中期的楚国或巴蜀人所作，记载了民间传说中的地理知识，包括山川、民族、祭祀、巫医等，也是中国记载神话最多的一部奇书，反映了中华民族的英雄气概。

《精卫填海》选自《山海经·北山经》，是中国上古神话传说，讲述了炎帝之女——女娃溺死于东海，死后化为精卫鸟，日夜衔石填海的故事。它刻画了英勇顽强的精卫形象，表达了古代劳动人民探索自然、征服自然、治理水患的强烈愿望和不畏艰苦的奋斗精神。

《夸父追日》选自《山海经·海外北经》，也是中国上古神话传说，讲述了黄帝时期，夸父想要把太阳固定在天上，让大地永远充满光明，于是逐日的故事，体现出夸父征服自然、改造自然的决心和坚强不息、顽强拼搏的精神。

"愚公移山"现在已经成为一个成语和一种精神广为流传，而这种精神不只属于过去的时代，在今天仍有其价值和意义。与《愚公移山》进行文言文群文阅读的文本《精卫填海》《夸父追日》也有与其相近的思想内核，整合阅读可加深学生对群文阅读议题"此'愚'非愚"的理解。

二、群文议题

此"愚"非愚。

三、群文策略

统整重构。

四、教学价值

《愚公移山》是统编版教材八年级上册第六单元的一篇文言文。这个单元的文言文有很多值得传承的中华优秀传统文化。八年级的学生经过七年级的文言文学习，基本能自主阅读浅易文言文。根据群文议题统整组合的《愚公移山》选段、《精卫填海》《夸父追日》这三个群文文本，文意并不晦涩难懂，学生通过课下注释和工具书扫除阅读障碍把握文章内容，没有太大的问题。但是学生对《列子》《山海经》的作品的整体了解是不足的，对它们的思想内核知之甚少，而这三个文本的群文议题能更好地解读这两部作品，也是本次群文阅读的文化落脚点。此外，这三个文本是脍炙人口的文学作品，学生们都不陌生，容易激发学生的学习兴趣，从而更易于拓展、加深理解。这样既能让学生扫除心理障碍，主动地走进文言文，又能提高学生文言文学习的思维品质，进而提升语文核心素养，传承"此'愚'非愚"的民族精神，并在生活、学习中践行。

五、学程设计

（一）教学目标

1.分析愚公、精卫、夸父的形象特点和精神品质。

2.理解"此'愚'非愚"的精神内核。

（二）教学重难点

教学重点：对愚公、精卫、夸父的形象特点和精神品质的分析。

教学难点：深刻理解"此'愚'非愚"的精神内核。

（三）教学准备

1.学生提前搜集《列子》《山海经》的资料，了解作者和成书背景。

2.通过导学案初步梳理文本文意，理解愚公、精卫、夸父的形象特点。

（四）课时安排

1课时（40分钟）。

（五）教学过程

1.导入

设置"猜一猜"环节，通过有趣而又熟悉的动画图片，让学生猜故事，以此激发学习兴趣，同时展示学习目标，明确学习目的。

2.朗读

（1）指定学生朗读，指正读音。

（2）学生齐读，指导节奏和语气。

（3）教师范读并带领全班读，读出情感。

3. 通文意

小组合作探究，梳理三组文本的文意，小组代表发言，小组间互相补充。

方法点拨：讨论交流，教师点拨。

文本一：《愚公移山》选段

（1）快速梳理《愚公移山》选段中重点词语的含义。

明确——易：交换。反：通"返"，往返。焉：语气助词。甚矣，汝之不惠：你也太不聪明了！曾：用在否定词"不"前，加强否定语气，可译为"连……都……"。一毛：一草一木，地面所生的草木，这里指山的一小部分。汝心之固，固不可彻：你思想顽固，顽固到了不可改变的地步；彻，透彻，明白。匮：竭尽。亡：通"无"。

（2）复述故事，疏通文意。

文本二：《精卫填海》

（1）快速梳理《精卫填海》重点词语的含义。

明确——文首：头上有花纹；文，同"纹"，花纹；首，头。其鸣自詨：它的叫声是在呼唤自己的名字；詨，呼叫。堙：填塞。

（2）复述故事，疏通文意。

文本三：《夸父追日》

（1）快速梳理《夸父追日》重点词语的含义。

明确——逐走：竞跑，赛跑。入日：追赶到太阳落下的地方。河、渭：黄河、渭河。北：方位名词用作状语，向北方。大泽：大湖。邓林：桃林。

（2）复述故事，疏通文意。

4. 解读群文文本，深刻理解"此'愚'非愚"的精神内核

（1）探究文本一《愚公移山》选段，分析愚公、智叟的形象和愚公精神。

方法点拨：观看短视频，阅读文本，讨论交流，教师点拨。

① 观看《愚公移山》"愚公智叟论辩"短视频。

② 投影展示：

智叟笑而止之曰："甚矣，汝之不惠！以残年余力，曾不能毁山之一毛，其如土石何？"北山愚公长息曰："汝心之固，固不可彻，曾不若孀妻

223

弱子。虽我之死，有子存焉。子又生孙，孙又生子；子又有子，子又有孙；子子孙孙无穷匮也，而山不加增，何苦而不平？"

探究结果：愚公智叟论辩 — 智叟不智，目光短浅 / 愚公不愚，眼光长远 → 领悟"多少之变，大小之变"，感动神灵

→ 此"愚"非愚：坚定执着

（2）探究文本二《精卫填海》，分析精卫的形象和精卫精神。

方法点拨：观看短视频，阅读文本，讨论交流，教师点拨。

① 观看《精卫填海》短视频。

② 投影展示：

又北二百里，曰发鸠之山，其上多柘木，有鸟焉，其状如乌，文首，白喙，赤足，名曰"精卫"，其鸣自詨。是炎帝之少女，名曰女娃。女娃游于东海，溺而不返，故为精卫。

探究结果：精卫——坚韧不拔，敢于挑战。

此"愚"非愚：坚韧不拔。

（3）探究文本三《夸父追日》，分析夸父的形象和夸父精神。

方法点拨：阅读文本，讨论交流，教师点拨。

① 观看《夸父追日》短视频。

② 投影展示：

夸父与日逐走，入日；渴，欲得饮，饮于河、渭；河、渭不足，北饮大泽。未至，道渴而死。弃其杖，化为邓林。

探究结果：夸父——坚持不懈，勇敢无畏。

此"愚"非愚：坚持不懈。

5.理解选文著作的思想

介绍《列子》《山海经》的主要内容和艺术特色，并理解《愚公移山》《精卫填海》《夸父追日》与它们的联结之处。

方法点拨：讨论交流，教师点拨。

投影展示：

《列子》——《列子》全书共载寓言故事、神话故事等134章，如《两小儿辩日》《愚公移山》《纪昌学射》等，基本以寓言形式来表达精微的哲

理。其思想与道家十分接近，体现了道家对精神自由的心驰神往，也体现了朴素的唯物主义和辩证法思想。

《山海经》——《山海经》是中国志怪古籍，大体是战国中后期到汉代初中期的楚国或巴蜀人所作，记载了民间传说中的地理知识，包括山川、民族、祭祀、巫医等，也是中国记载神话最多的一部奇书，如《夸父追日》《精卫填海》《女娲补天》《大禹治水》等，反映了中华民族的英雄气概。

探究结果：民族精神——此"愚"非愚，大智慧

6. "此'愚'非愚"精神

观看当代体现"此'愚'非愚"精神的视频，说说你身边有此精神的人和事。

观看在崇山峻岭间修建铁路的视频，讨论交流感受。

7. 牛刀小试

阅读下面的文言文，回答问题。

泰山之溜①穿石，单极之绠②断干。水非石之钻，索非木之锯，渐靡③使之然也。

——东汉·班固《汉书·枚乘传》

注释：①溜：滴下的水。②单极之绠：单股的井绳。③靡：分散，指损耗。

这段话告诉我们什么道理？

明确：以持之以恒的态度去做一件事，终会成功。

8. 课堂小结

传承中华精神——此"愚"非愚。

9. 作业布置

写一篇有关"此'愚'非愚"精神的随笔，不少于300字。

10. 板书设计

六、教学现场

师：同学们，我们来玩一个"猜猜看"的游戏！（学生顿时很兴奋，课堂氛围热烈起来）请大家看老师展示的图片，来猜猜这是什么故事。

（教师点击投影展示第一张）

生：愚公移山！

（教师点击投影展示第二张）

生：精卫填海！

（教师点击投影展示第三张）

生：夸父追日！夸父逐日！

（学生们对图片内容非常熟悉，都很热烈地抢着回答，有的甚至站了起来）

师：这几个故事是中华传统文化里的经典，看来同学们对这几个故事都很熟悉。今天我们把与故事有关的三篇文言文进行群文阅读，阅读的议题是"此'愚'非愚"。请看本节课的学习目标。

（教师点击投影展示学习目标）

师：我们先请一位同学朗读文本一《愚公移山》选段。

（生朗读文本一《愚公移山》选段）

师：声音很响亮，但是要注意"汝"的读音是第三声。

师：再请一个同学来朗读文本二《精卫填海》。

（生朗读文本二《精卫填海》）

师：你很棒！"喙""洨""堙"这几个难读的字都读对了，预习得不错！把掌声送给他！

（学生们给予热烈的掌声）

师：哪位同学来朗读文本三《夸父追日》？

（生朗读文本三《夸父追日》）

师：嗯，读得也很流利。接下来请同学们一起把这个文本都读一遍。

（生齐读）

师：同学们把文章读顺是没有问题了，可是有些句子的语气和节奏没有把握好。比如"甚矣，汝之不惠！"要读出什么语气呢？

生：不屑，耻笑。

师：对呀，智叟是看不起愚公这样做的，要读出轻蔑的语气来。那"何苦而不平？"要读出怎样的语气呢？

生：肯定，有信心，愚公不赞同智叟的看法。

师：说得好！下面我和同学们一起读《愚公移山》选段，然后再读其他两个文本。

（教师一边范读一边指导节奏和语气）

师：请同学们根据标红的词语梳理重点词义。

（学生接龙完成词义梳理）

师：同学们，让老师来考考你们。先考文本一《愚公移山》选段。

生：没问题。（笑）

师："甚矣，汝之不惠！"这一句用现在的话该怎么讲？

生：你简直太不聪明了！

生：你简直太愚蠢了！

（讲解倒装句知识，板书：汝之不惠，甚矣）

师：智叟凭什么要"笑"愚公呢？

生：觉得愚公残年余力。

师：残年余力是一种什么样的状态？

生：就是年纪很大了，又没有什么力气。

师：对！愚公觉得他说对了没有？停止挖山了吗？

生：没有，愚公说他有很多子孙，会继续挖，而且山不会增高，他不担心挖不完。

师：不错，看来同学们理解得比较透彻。接下来我们请小组代表说说文本二《精卫填海》的大意吧。

（第二组代表讲解《精卫填海》的大意）

师：我想点拨一下这个"焉"字的用法，它是兼词，译为"在那里"。那这个"以"怎么理解呢？

生：这只鸟从西山叼来树枝石块，想填满东海，应该是表示做事情的目的。

师：讲得对！这只鸟做事的目的一直很明确呀！

227

师：《夸父追日》的大意又有哪一组的同学来说说看？

（第五组代表讲解《夸父追日》的大意）

师：《夸父追日》理解起来比较容易，同学们还有什么不理解的吗？

生：我觉得太不可思议了，喝那么多水！他都不知道人是不可能到太阳那里吗？

生：愚公也不可能挖完山，地理课学过地壳运动，山的高度是会变化的。他是有点蠢。（笑）

生：精卫鸟也不可能填得了东海呀！

师：是啊，这三个故事都让人觉得太不可思议，也觉得其中人物的做法很愚蠢。可流传了几千年的听起来"愚蠢"的故事仍然脍炙人口，我们是不是该思考一下"愚蠢"背后的价值？

（教师播放《愚公移山》"愚公智叟论辩"短视频，学生看得津津有味。看完视频投影展示文本）

师：请同学们说说对愚公的看法，他真的愚蠢吗？

生：他不知道山的高度会变化，我觉得他是愚蠢的，可我又觉得他很有勇气。

师：怎么看出他有勇气？

生：课文里说到山"方七百里，高万仞"，那么高的山，就一点点地挖，没有勇气就不会去干。

师：说得对，愚公确实很勇敢。同学们，我们分析一个人物得将其放在所处的年代里分析。当时生产力水平低下，科技还不发达，咱们要愚公懂得地壳运动，除非他穿越到今天。（生齐笑）

所以你们觉得他懂得什么才让他如此勇敢地去挖山？

生：后代繁衍。

生：生好多好多人！（笑）

师：愚公作为一个年且九十的老人，他一定见证了家族的繁衍生息呀，这是最朴素的思想，如今是可以上升为哲学思想来看待的，愚公可不简单哦！

（生笑）

师：同学们背一背原文中愚公是怎么说繁衍生息的。

（生齐背"虽我之死，有子存焉。子又生孙，孙又生子……"）

师：在那样的年代里，你们还觉得愚公愚蠢吗？

生：确实不能说他愚蠢了。

师：愚公认为子孙会代代繁衍，人口会不停地增加，多么睿智的眼光啊！多少之变，大小之变，都被他领悟到了。这是一种大格局对不对？

生：对。

师：那智叟呢？

生：那就是智叟蠢啦？

生：他的格局太小，目光短浅。

生：鼠目寸光。

师：同学们再看看这两个老人的称呼，一个叫智叟，一个叫愚公，可谁才真正是智者呢？

生：愚公是聪明的，智叟才是愚蠢的。

师：说得好！愚公不愚，智叟不智！那被智叟嘲笑的愚蠢行为又该怎么解读呢？

生：不怕困难！

生：很坚定，很执着。

（板书：愚公移山——坚定执着，不怕困难。投影展示：此"愚"非愚——坚定执着）

师：我们再把文本有感情地读一遍。

（生齐读）

师：我们来看看《精卫填海》的短视频。

师：大家觉得精卫"衔西山之木石，以堙于东海"是一时兴起吗？

生：她是炎帝的女儿，在东海被淹死了，她回不了家，可能很生气，有可能是。

生：对，她想报复东海。

师：东海那么浩瀚，她只是一只小小鸟，怎么填得了东海？就像你们刚才说的，简直不可能嘛！

生：老师，文中用了一个"常"字。

师：这能说明什么呢？

229

生：她决定填东海以后，不是一时兴起去西山叼树枝和石头，是天天都去。

师：啊，讲得真好！你关注了文本里最有价值的一个字——"常"！

（生给予掌声）

师：同学们从"常"字读出了什么呢？还觉得这只鸟在做傻事吗？

生：精卫和愚公一样都很勇敢！

生：精卫还很执着。

生：她很有毅力！

生：明知不可为而为之！

师：说得好！原来这不是一只傻小鸟，而是一只极具伟大精神的鸟。我们来小结一下。

（板书：精卫填海——坚韧不拔，敢于挑战。投影展示：此"愚"非愚——坚韧不拔）

师：请用坚定的语气读"常衔西山之木石，以堙于东海"，重音在"常"字。

（生齐读）

师：再看《夸父追日》的短视频，感受夸父的形象。

师：和太阳赛跑，在你们看来是不是傻子才做的事情？

生：（齐说）是啊！

师：可夸父就是这样做了。他有没有跑一会儿就停下来歇歇？

生：没有。

师：你从哪里读出来的？

生：未至。

师：你读出了什么？

生：他一直在跑，不到达就不停下来。

师：他停下来就不会渴死了呀？

生：可他要为了他的部落能更好地生存呀！

师：哦！那夸父真伟大！他有什么精神值得我们学习呢？

生：坚持。

生：也是勇敢。

生：他不怕路途遥远，一直朝着目标前进！

师：对，他为了族人而跑，他并不傻呀！夸父就是这么一个坚持不懈，勇敢无畏的形象。

（板书：夸父追日——坚持不懈，勇敢无畏。投影展示：此"愚"非愚——坚持不懈）

师：同学们，我们分析了愚公、精卫、夸父的形象特点和精神，再看看塑造他们的原著是怎样的。

（师展示投影：①《列子》——《列子》全书共载寓言故事、神话故事等134章，如《两小儿辩日》《愚公移山》《纪昌学射》等，基本以寓言形式来表达精微的哲理。其思想与道家十分接近，体现了道家对精神自由的心驰神往，也体现了朴素的唯物主义和辩证法思想。②《山海经》——《山海经》是中国志怪古籍，大体是战国中后期到汉代初中期的楚国或巴蜀人所作，记载了民间传说中的地理知识，包括山川、民族、祭祀、巫医等，也是中国记载神话最多的一部奇书，如《夸父追日》《精卫填海》《女娲补天》《大禹治水》等，反映了中华民族的英雄气概。）

师：同学们能从愚公精神、精卫精神、夸父精神中找到关联点吗？

生：他们都是很能坚持的。

生：他们也很勇敢。

师：能否再把他们放到中华民族的历史长河中来思考一下？

生：我们中华民族很有毅力。

生：也不怕困难。

生：中华民族是代代繁衍的。（生齐笑）

师：同学们说的都对！他们之间的关联点就是坚持、勇敢。这不也是我们的民族精神吗？"此'愚'非愚"又何尝不是一种大智慧呢？

生：（鼓掌，齐声）是！

（板书：民族精神——此"愚"非愚，大智慧）

师：好！我们现在观看在崇山峻岭间修建铁路的视频。

（师播放视频）

师：大家说说感受吧！

生：工作环境很艰苦。

第五章 统整重构

231

师：他们有没有放弃？

生：没有，就是"此'愚'非愚"。

师：啊，讲得好。看来同学们经过交流讨论，都深刻理解了"此'愚'非愚"的精神内核。接下来请同学们说说导学案中"牛刀小试"的文言文告诉我们什么道理。

生：水滴石穿。

生：告诉我们要坚持。

师：是的，以持之以恒的态度去做一件事，终会成功。这个文本和三篇群文文本有关联吗？

生：有，都是说坚持。

生：也是每个人都要有的精神。

师：对，我们每一个人都需要有这份"此'愚'非愚"的民族精神。希望这份精神能给予你们面对困难的勇气，不忘初心，坚持不懈！

师：下课！很高兴和大家一起度过了一段美妙的时光。

生：谢谢老师！

七、教研视角

文言文教学教什么？文言文的群文教学怎么教？这是我在设计本课例时考虑的问题。经过这次教学实践，我有了比较清晰的认识，也有了一些思考。

中国的文章历来有一个使命，就是"文以载道"，文言文自然也承载了这样的重任。但是文言文离学生生活的年代久远，要疏通文意就免不了梳理字句，导致教学时很容易落入重"文言"而轻"文"的窠臼。著名语文教育家王荣生教授认为，文言文是"文言、文章、文学、文化四位一体的载体"。所以，文言文的学习不能满足于文意的疏通，应该追求"四位一体"。因此，我在三个群文文本的文意疏通上不是逐字逐句翻译，而是抓住炼字炼句处进行言、文的融合理解，把握传统文化的精华。如学习《愚公移山》的文本，我设计有关"智叟"和"愚公"这两个名字的问题，即"智叟"和"愚公"是什么意思，如何理解"智"和"愚"。这两个问题很巧妙地带动了学生对这两个人物形象的分析，明白了作者在设置人名时的用意，"智叟"不智，"愚公"不愚，从而让学生进一步理解了本次群文学习的主题——"此'愚'非愚"：愚公带领着族人日复一日地挖山，做法看似很愚笨，但实则体现了中华民族的一种精神——坚定执着，并非真的"愚"，是大智若愚。同样，其他两篇群文《精卫填海》《夸父逐日》也注意了"言"和"文"的设计。这三篇群文的教学实现了王荣生教授所说的"学习文言文，实质是体认它们所言志，所载道"，"学习文言文，最终的落点是文化的传承与反思"，让我清晰地明确了文言文教学教什么的问题，提高了依文体教学的意识。

群文阅读教学是语文阅读教学中的一个新鲜事物，在实践中有很多需要注意的实操点，"选文"便是其中重要的一点。高质量的群文阅读课是很考验教师的教学功底的，这首先体现在选文上。组好群文阅读文本是教的第一步。《群文阅读的理论与实践》一书中指出，单篇文本的选择要注重"文质兼美""儿童情趣""文化拓展""议题贯通""内在关联"。基于这些认知，我在本次文言文群文阅读教学时选择了《愚公移山》《精卫填海》《夸父追日》，运用统整重构的群文策略，对它们进行重组。它们都是中华文化的精华篇章，又都是学生们耳熟能详、饶有兴趣的故事，而且文脉相通，通过教学引导，可以从了解文言大意的低阶思维上升到理解群文议题"此'愚'非愚"的高阶思维，深入文化的广阔世界中。我深刻地意识到，文言文群文阅读教学如何选文，是需要在实践中探索和总结的，要考虑多种因素，而不是简单地组合。

初中语文新课标中强调学习活动中学生的"主体性"和"能动性"。为此我校实行小组合作模式的"阳光ABC快乐学习法"，发挥学生的主观能动性，提升学生的自主探究能力。在这一理念的引领下，我在每一个教学环节都重视学生的合作与探究，讨论交流贯穿始终。尤其在引导学生理解"此'愚'非愚"的精神内核时，让他们去讨论发现群文间的联系，而不是急着抛出答案。我在以往的课中也注重发挥学生的主体性，可惜在本次文言文群文阅读课中，有的学生文言感知力比较弱，讨论交流的程度不深。

回顾本次文言文群文阅读教学的教学设计，我觉得在学习前可以让学生阅读外国故事《明锣移山》。同样是大山挡道，西方人采取的方式是走开，而中国的"愚公"采取的方式是面对。虽然《明锣移山》不是文言文，但是作为教学前的"小菜"让学生尝一尝，进行东西方文化的比较，东西方思维的碰撞，也是未尝不可的。或许，学生就更能理解"此'愚'非愚"这一中华民族精神的伟大之处。

　　倪文锦教授说，群文教学"促使学生在多文本阅读过程中关注其语言特点、意义建构"，"从而使阅读由原有的读懂'一篇'走向读懂'一类'"。《愚公移山》《精卫填海》《夸父追日》群文阅读教学，运用统整重构的群文策略丰富了一节课内文言文教学的内容，提高了阅读效率，提升了阅读品质，整体效果是不错的。

多角度探究文言寓言寓意

——统编版教材七年级（下）《卖油翁》群文阅读案例

东莞市望牛墩中学　杨日照

一、群文选文

1.文本选择

卖油翁

欧阳修

（具体内容请参考教材）

穿井得一人

《吕氏春秋》

宋之丁氏，家无井而出溉汲，常一人居外。及其家穿井，告人曰："吾穿井得一人。"有闻而传之者："丁氏穿井得一人。"国人道之，闻之于宋君。宋君令人问之于丁氏，丁氏对曰："得一人之使，非得一人于井中也。"求闻之若此，不若无闻也。

杞人忧天

《列子》

（具体内容请参考教材）

农夫耕田

农夫耕于田，数息而后一锄。行者见而哂之，曰："甚矣，农之惰也！

235

数息而后一锄，此田竟月不成！"农夫曰："予莫知所以耕，子可示我以耕之术乎？"

行者解衣下田，一息而数锄，一锄尽一身之力。未及移时，气竭汗雨，喘喘焉不能作声，且仆于田。谓农夫曰："今而后知耕之难也。"

农夫曰："非耕难，乃子之术误矣！人之处事亦然，欲速则不达也。"行者服而退。

郑人买履

郑人有欲买履者，先自度其足，而置之其坐。至之市，而忘操之。已得履，乃曰："吾忘持度！"反归取之。及反，市罢，遂不得履。人曰："何不试之以足？"曰："宁信度，无自信也。"

北人食菱

北人生而不识菱者，仕于南方，席上食菱，并壳入口。或曰："食菱须去壳。"其人自护其短，曰："我非不知，并壳者，欲以清热也。"问者曰："北土亦有此物否？"答曰："前山后山，何地不有？"夫菱生于水而非土产，此坐强不知以为知也。

2. 文本分析

《卖油翁》是北宋文学家欧阳修的一则写事明理的文言寓言故事，出自《欧阳文忠公文集·归田录》。本文篇幅短小、通俗易懂，记述了康肃公陈尧咨射箭和卖油翁酌油沥油的故事，道理意味深长，具有教育意义。

《穿井得一人》是统编版教材七年级上册第六单元的一篇文言寓言小故事，讲述宋人丁氏挖了水井，从而得到一个劳动力可以使唤，但却因为自己的表达不准确，在没有经过调查的国人的口中传成了"丁氏挖井挖出一个人来"的谣言，最后宋国君主核实后制止了谣言的传播。

《杞人忧天》也是统编版教材七年级上册第六单元的一篇文言寓言故事，主要讲述杞国有一个人担心天地崩塌而寝食难安，另一个人了解此事后就去开导他，最后通过开导，这个杞国人终于放下心来的故事。

《农夫耕田》出自《浑然子》，讲述了农夫辛苦耕作却被路过的行者讥笑，后来行者亲自下田耕种才体会到耕田辛苦的故事，告诉我们做事不能急于求成，要讲究方法，否则达不到预期的效果；只有在生活的实践中，才能找到正确的答案；没有实践，就没有发言权；实践胜于说教；不能不假思索地否定别人的想法或做法等道理。因此，非常适合从不同角度对这则寓言的寓意进行探究。

《郑人买履》讲的是有个郑国人因过于相信"尺度"，不听别人的建议，结果没有买到鞋子的故事，突出了郑国人宁可拘泥于教条，依赖数据，也不愿听取别人好的建议。这则寓言讽刺了那些墨守成规的教条主义者，以及因循守旧、不思变通，又不善于接纳别人意见的人。

《北人食菱》讲的是有个出生在北方不认识菱角的人，在南方做官，在酒席上吃菱角时连壳也一起吃，但又为了掩饰自己的无知，借口连壳一起吃是可以清热解毒的。更离谱的是，他连菱角生长在水中都不知道，硬说成是山里的产物，从而闹出一个大笑话来。这则寓言告诫我们"知之为知之，不知为不知，是知也"；如果强不知以为知，就会闹出笑话，被人耻笑；世界上的知识是无穷无尽的，而每个人的学识、能力是有限的，只有虚心潜学，才能得到真知。

二、群文议题

多角度探究文言寓言寓意。

三、群文策略

统整重构。

四、教学价值

《卖油翁》来自统编版教材七年级下册第三单元。本课的教学对象是七年级学生。经过一个学期的文言文学习，学生在文言文学习方面积累了一定的基础，加上《卖油翁》本身是一篇文言寓言故事，篇幅短小、浅显易懂，因此学习起来不存在很大的困难。因为本课选材定位在文言寓言故事，所以要兼顾文言文"文"与"言"的学习，即在疏通词义、文意的基础上去探究文中深层的寓意，使学生的学习呈现由浅入深、循序渐进的特点，符合学生学习的规律。

七年级学生存在的问题是，在研习文章的立意、探索文章的主旨方面能力还有所欠缺。以往教师在引导学生理解《卖油翁》的寓意时，大多将主旨单一化为"熟能生巧"，因而限制了学生发散思维的发展。因此，本课更注重培养学生的发散性思维能力，引导学生掌握多角度思考问题的方法。

由于《卖油翁》内容比较浅显，加上文言寓言故事的学习在初中阶段并不多，因此本课以《卖油翁》一文为支点，整合七年级上册《穿井得一人》和《杞人忧天》两篇寓言故事，搜集多篇课外文言寓言故事，通过群文阅读的方式，引导学生多角度探究寓言的寓意，训练和培养学生多角度思考问题的思维能力。此外，课内外多篇寓言的引入也可以让学生进行思维的碰撞，不仅有利于巩固七年级文言寓言学习的成果，得到与文本、生活有关的多种启示，还能激发学习文言文的兴趣。

五、学程设计

（一）教学目标

在疏通文言大意的基础上，学习多角度探究寓言寓意的方法。

（二）教学重难点

教学重点：学习多角度探究寓言寓意的方法。

教学难点：训练多角度思考的高阶思维能力。

（三）教学准备

1. 打印选文的相关背景资料，师生每人一份。

2. 课前完成导学案，充分扫清理解障碍。

（四）课时安排

1课时（40分钟）。

（五）教学过程

1. 导入

（1）以寓言《狐狸与葡萄》导入，重新熟悉寓言故事。

狐狸和葡萄

饥饿的狐狸看见葡萄架上挂着一串串晶莹剔透的葡萄，口水直流，想要摘下来吃，但又摘不到，看了一会儿，无可奈何地走了。他边走边安慰自己说："这葡萄没有熟，肯定是酸的。"

（2）寓言的定义理解。

寓言是用假托的故事来寄寓意味深长的道理，给人以启示的文学体裁。故事的主人公可以是人，也可以是人格化的动植物或其他事物。

2. 疏词义，通文意

（检查课前预习）

（1）快速梳理《卖油翁》中重点词语的含义。

明确——善：擅长；自矜：自夸；释：放下；睨：斜着眼看；但：只，只是；颔：点头；忿然：气愤的样子；安：怎么；杓：同"勺"；徐：慢慢地；因：紧接着；遣：打发。

（2）复述故事，疏通文意。

通过引导学生复述《卖油翁》的故事，进一步疏通文意，同时明确复述的要求：交代时间、地点、人物、事件、结果。

（3）复述范例：

陈尧咨箭术高超，当世无双，他也因此而自负。一次，他正在自家园子里射箭，每十支箭射中八九支。一个卖油的老头看见了，但他只是微微点了点头。陈尧咨质问老头，老头认为这没有什么了不起，只是手法熟练罢了，并说："我从倒油中明白了这个道理。"他当即拿出一个葫芦，用一枚铜钱盖住葫芦口，把油慢慢地从铜钱孔倒进去，且铜钱一点儿都没有湿。陈尧咨只好笑着把卖油老头打发走了。

3. 探寓意，学方法

（1）从人物与事件的关系出发探究寓意。

① 问题导学——思考：你认为《卖油翁》的寓意是什么？你是如何得出的？

② 列表分析——引导学生通过填写"人物"和"事件"，体会人物形象及寓意。

表1　人物形象及寓意

人物	事件	寓意
陈尧咨	发矢十中八九	熟能生巧
卖油翁	酌油沥油，"自钱孔入，而钱不湿"	

③ 方法总结——从人物与事件的关系出发探究寓意。

（补充提示：《卖油翁》中的两个人物与事件都体现这篇文章"熟能生巧"的寓意。）

（2）从人物与人物的关系出发探究寓意。

① 问题导学——思考：《卖油翁》除了"熟能生巧"这个寓意外，你还可以探究出其他寓意吗？

② 列表分析——引导学生通过"人物"与"人物"之间的关系来探究寓言的寓意。

表2　探究寓言的寓意

人物	对自己的态度	寓意	对对方的态度	寓意
陈尧咨	公亦以此自矜 吾射不亦精乎	做人不能骄傲自大，要谦虚	忿然 安敢轻吾射	不可以貌取人，要以礼待人
卖油翁	无他 我亦无他	遇事自信坦然，沉稳应对	睨之久而不去 但微颔之	恃才放旷不可取，为人要低调

③ 方法总结——从人物与人物的关系出发探究寓意。

（补充提醒：人物与人物的关系包含人物与自己、人物与他人的关系。）

（3）小结。

①《卖油翁》寓意小结——寓言寓意因思考角度不同而存在着多样性。提醒学生在学习寓言故事的时候，可以从多种角度去分析寓言的寓意。

② 多角度探究寓言寓意方法总结——从人物与事件的关系、人物与人物的关系出发。

4. 读群文，悟生活

引导学生阅读所选的五篇文言寓言材料，运用上面所学的方法，探究寓言蕴含的多方面寓意，进一步掌握探索寓意的方法。

（1）要求从人物与事件的关系出发，多角度探究《穿井得一人》的寓意，进行小组合作交流与分享。

群文一：《穿井得一人》

表3　探究《穿井得一人》的寓意

人物	事件	寓意
丁氏	表述不准，带来误会	说话表达要准确
国人	缺少调查，以讹传讹	深入调查，勿人云亦云、以讹传讹
宋君	问查原因，消除谣言	主动调查，切断谣言传播

（2）按照一、二组《农夫耕田》，三、四组《郑人买履》，五、六组《北人食菱》，七、八组《杞人忧天》分配任务，由学生以小组合作的形式任选方法和角度对任务文本的寓意进行探究。

（3）以小组为单位，派代表进行探究成果的交流与分享，教师从旁引导。

群文二：《农夫耕田》

表4　《农夫耕田》探究成果的交流与分享

词义梳理	息：_____　晒：_____　竟月：_____　术：_____ 竭：_____　仆：_____　谬：_____　服：_____
寓意探究	寓意1：
	寓意2：

群文三：《郑人买履》

表5　《郑人买履》探究成果的交流与分享

词义梳理	度：_____　坐：_____　操：_____　反：_____
寓意探究	寓意1：
	寓意2：

群文四：《北人食菱》

表6　《北人食菱》探究成果的交流与分享

词义梳理	仕：_____　并：_____　或：_____　短：_____ 欲：_____　何：_____　坐：_____　强：_____
寓意探究	寓意1：
	寓意2：

群文五:《杞人忧天》

表7　《杞人忧天》探究成果的交流与分享

寓意探究	寓意1:
	寓意2:
	寓意3:

5.总结

采用苏轼的《题西林壁》中的诗句"横看成岭侧成峰,远近高低各不同"做总结。

明确:从不同角度去探究寓言,就会有不同的收获和感悟。因此,在阅读中,我们要培养发散思维能力和养成多角度思考的习惯。

生活也是如此,换个角度看,也许就是另外一种心境了。想做生活的有心人,就不妨换个角度看看吧。

(备注:如果时间允许,也可以引至写作的"多角度立意"上,拓展延伸本课的意义。)

6.作业布置——课外寓言创作

以"马路上的石头"为写作对象,自拟题目,自定立意,写一篇简单的寓言,并蕴含一个寓意。要求:200字以内。

六、教学现场

师:上课!

生:老师好!

师:同学们好!请坐!

师:我们昨天学习了《卖油翁》,这个故事对你们来说有什么启发吗?

生:熟能生巧!

师:熟能生巧。非常好!除了"熟能生巧"外还有哪些启发呢?今天我们学习的主题是"多角度探究文言寓言寓意"。首先,什么是寓言?我们看一个小小的示例。(投影展示寓言示例《狐狸和葡萄》)

师:大家听过上面的故事没有?

生:听过。吃不到葡萄说葡萄酸。

师：对！大家觉得，狐狸有没有能力摘下这个葡萄？

生：没有！

师：狐狸吃不到葡萄，也就意味着它的能力不够，做不成这件事情，但是它又找了一个借口。所以，这个故事用于讽刺那些能力不足，办不成某件事情，但又给自己找借口的人。这样的故事就称为寓言故事。

师：寓言故事是什么？（投影展示寓言的含义）寓言是用比喻性的故事来寄寓意味深长的道理，给人以启示的文学体裁。

师：寓言故事我们了解了，《卖油翁》其实也可以算是一篇寓言故事。

师：（投影展示环节一：疏词义，通文意）昨天我们学习了《卖油翁》，学习的效果怎么样？那接下来我们就来测试一下。

师：首先，我们来快速地过一遍词语的意思。（投影展示词语：善、自矜、释、睨、但、颔、忿然、安、杓、徐、因、遣）（学生在教师的引导下，一起把字词的注释过一遍。）

师：可以看出大家对这篇文章的词语理解掌握得还是不错的。字词我们过关了，那么这篇文章讲的是什么故事呢？接下来我想找一个同学帮我复述一下。

（投影展示复述的要求）

师：这么快就有同学举手了。好，有请这位同学。

生：这个故事讲的就是陈康肃公很喜欢射箭，他的箭技很强，一个卖油翁有点轻视他的箭技，然后陈康肃公就生气地问卖油翁："你也懂射箭吗？"他说："我不懂射箭，但我知道一个道理是熟能生巧。"说完他就拿葫芦和铜钱去倒油，结果油倒在葫芦里，而那个硬币没有沾上一点油。康肃公认为这个卖油翁很厉害，但卖油翁只是跟他说："这没有什么，只是熟能生巧罢了。"最后陈康肃公就打发他走了。

师：有同学说需要纠正一下，不是硬币，是——

生：铜钱。

师：大家觉得这位同学复述得如何？

生：还可以！

师：他复述得基本符合要求。老师在上面的投影中提示了大家复述要交代好时间、地点、人物、事件以及结果，那我们一起来把这个复述范例读一下吧。

（投影展示复述范例）

生：（齐声朗读）陈尧咨箭术高超，当世无双，他也因此而自负。一次，他正在自家园子里射箭，每十支箭射中八九支。一个卖油的老头看见了，但他只是微微点了点头。陈尧咨质问老头，老头认为这没有什么了不起，只是手法熟练罢了，并说："我从倒油中明白了这个道理。"他当即拿出一个葫芦，用一枚铜钱盖住葫芦口，把油慢慢地从铜钱孔倒进去，而铜钱一点儿都没有湿。陈尧咨只好笑着把卖油老头打发走了。

师：看来大家对《卖油翁》这篇文章中两个人物的了解还是不错的。我希望大家以后不管学习文言文还是学习其他文章，第一步都先把词语过关，然后再把故事的内容过关，因为理解故事对接下来的深入理解文章的内涵有很大的帮助。接下来我们进入下一个环节。

师：刚才我们只是回忆了文章的内容。如果把这篇文章定义为寓言的话，那它就蕴含一个比较深刻的道理。接下来这个环节我们就来探究它的寓意，学习从多角度探究寓言寓意的方法。

（投影展示环节二：探寓意，学方法）

师：注意，老师上面标注了是要从什么角度探究？

生：多角度。

师：意思就是说我们刚刚说的"熟能生巧"只是其中的一个寓意而已。我们还可以从其他角度出发，探究出不同的寓意。接下来让我们学习一下这种方法。

（投影展示——思考：你认为《卖油翁》的寓意是什么？你是如何得出的？）

师：寓意是什么？

生：熟能生巧！

师：通常有这样一句话——通过这一件事，你获得了一个怎样的道理？也就是说，道理可以从什么地方来？

生：事件……事件……

师：是不是事件？（学生点头）对，就是事件。那接下来我们把文章中的事件梳理出来。

（投影展示表格，学生在教师的引导下填写表格，梳理事件）

人物	事件	寓意
陈尧咨		
卖油翁		

师：陈尧咨，他做了什么事情？

生：射箭。

师：仅仅是射箭吗？他的个人技术怎么样？

生：高超。

师：怎么个高超法？请用文章中的一句话来形容。

生：善射！

师：从哪个地方看出他善射？

生：当世无双。

师：我要看到的是最直接的结果。

生：十中八九。

师：对，十中八九是最直接的。你说他当世无双，那是人家看不到的，我要看到的是他正在射箭，射中的结果就是十中八九。百分之八九十的命中率，非常高了。

师：那么卖油翁在这里做了什么事呢？

生：倒油。

师：倒油？（做出倒油的动作）

生：徐以杓酌油沥之。

师：结果怎么样？

生：而钱不湿。

师：自钱孔入，而钱不湿。通过这两个事件，我们可以看出这两个人物有一个共同的特点，是什么？

生：本领高强。

师：对。就是我们说的身怀绝技，技术高超。那么他们高超的技术是怎么来的呢？

生：练出来的。

师：你怎么知道是练出来的？从文中找一个词语出来，说明他们是练出来的。

生：惟手熟尔。

师：还有吗？

生：但手熟尔！

师：对。主要是哪个字？

生：熟。

师：陈尧咨和卖油翁经过很多次的训练，结果就练就了一身——

生：绝技！

师：那么我们从这个事件中可以得出一个什么样的道理呢？

生：（小声说）本领不是天生的。

师：本领不是天生的。还有吗？

生：熟能生巧！

师：对，熟能生巧！通过一件事，我们就可以了解寓言的寓意。那么，这种方法叫什么呢？再看上表，是通过什么和什么的关系找出来的？

生：事件和人物。

师：对。这就是方法一，我们可以从人物与事件的关系出发来探究寓言的寓意。请大家把这个方法写在笔记本上。

（学生做笔记）

师：写好了吗？

生：写好了！

师：这篇文章仅仅有一个寓意吗？

生：还有。

师：好，那大家来把其他寓意找出来。

（投影展示：《卖油翁》除了"熟能生巧"这个寓意外，你还可以探究出其他寓意吗？）

（一生举手）

师：你来说说，《卖油翁》这篇文章还有什么寓意？

生："公亦以此自矜"说明陈尧咨很自大，很骄傲。告诉我们做人要谦虚点，不要那么骄傲。

师：不错，那么大家觉得这是做人的什么？

生：态度……

师：对，这是人对事件的一种态度。刚才这位同学找的是陈尧咨对他自己的一种态度，那么有没有对他人的呢？我们来完成以下表格。

（投影展示表格，学生自主梳理填写并交流）

人物	对自己的态度	寓意	对对方的态度	寓意
陈尧咨				
卖油翁				

师：找到了吗？

生：找到了。

师：刚才我们说了陈尧咨对自己的态度怎么样？

生：自矜。

师：还有吗？还有哪个地方体现出他非常骄傲？

生：吾射不亦精乎！

师：对！吾射不亦精乎。你看，他对卖油翁说："我的技术是不是很高超呢？"说明他太怎么了？

生：太骄傲了！

师：那通过这句话我们可以得出什么道理呢？

生：做人不应该过于骄傲。

师：我们可以通过陈尧咨对自己的态度，得出做人要谦虚、不能太骄傲自大的道理。那么卖油翁对自己的态度又是如何的呢？

生：很谦虚。

师：谦虚？

生：胸有成竹。

师：无他，我亦无他，表现了他的什么？

生：胸有成竹……自信……

师：对，自信。这个词语用得好。这就是说，遇到事情要自信面对，要坦然面对。那卖油翁有没有这个资本自信呢？为什么呢？

生：有！

师：卖油翁确实有本事。就是因为他有本事，身怀绝技，他才能做到自信、坦然面对。以上我们说的都是这两个人物对自己的态度，那接下来我们看一下他们对对方的态度如何，你从中又可以得到什么寓意呢？

师：首先，陈尧咨对卖油翁是什么态度？

生：忿然！尔安敢轻吾射！

师：不错。从这里我们可以体会到什么道理呢？

生：希望得到别人的认同。

师：希望得到别人的认同？还有其他的吗？他为什么要"忿然"？

生：因为陈尧咨感觉到自己被轻视了，他觉得很没面子。

师：是不是说很没面子就要生气啊？你觉得陈尧咨对卖油翁动不动就生气的态度，对还是不对？

生：不对！

师：陈尧咨觉得卖油翁的箭术比他要差，有种看不起卖油翁的感觉。所以当卖油翁轻视他的箭术的时候，他就很生气。陈尧咨觉得卖油翁没有什么本事，没有资格轻视他，他就有了愤怒的资本。

生：是的。

师：卖油翁其实也身怀绝技，陈尧咨在这里就表现得有点以貌取人了。所以，我们在平时生活中不应该——

生：以貌取人。

师：对。而且，待人应该要有什么呢？

生：礼貌！

师：《论语》中有一句话说："人不知而不愠，不亦君子乎？"别人不了解我，我也不生气，这也是君子的表现。但是陈尧咨却没有做到这一点。

师：卖油翁对陈尧咨的态度是怎样的呢？

生：但微颔之，睨之久而不去。

师：对了。主要是这个"睨"字，睨有种什么意思在里面？

生：不在意。

师：对了。那么我们从卖油翁的角度去思考一下，斜着眼去看别人，给人一种什么感觉？

生：好像自己很了不起的样子。

师：对。好像觉得自己很了不起，觉得人家一般般，而且还要加上一点（教师呈现微微点头的动作，学生笑）。当你看到这样的情形你会怎么样？

生：你凭什么评价我？

师：对了！你凭什么评价我？换一个角度来看，卖油翁跟陈尧咨之间的矛盾冲突，你觉得是由谁引起的？

生：卖油翁……卖油翁……

师：试想一下，陈尧咨在射箭，假如卖油翁在那里鼓掌说："射得太好了！"你觉得陈尧咨会质问卖油翁吗？

生：不会！

师：我想陈尧咨一定会觉得这个卖油翁真的不错，很有眼光！但现在卖油翁这样斜着眼睛去看陈尧咨，还只是微微地点头，那陈尧咨肯定会生气了，是吧？

生：是的。

师：其实我们知道，卖油翁确实有本事，但是他挑起了这次的矛盾冲突。那我们能从中得到一个什么道理呢？

生：我们要尊重别人，不要去惹事。

师：不错，总结得很好。我们不要主动挑起是非，挑起矛盾冲突。卖油翁他其实很有本事，但如果因为自己有本事就表现得看不起别人，这样的做法就非常不应该了。本来两人之间并无直接联系，但就是卖油翁这种态度，挑起了这次的矛盾冲突。

师：那么我们来简单总结一下，通过人物对人物的态度，也就是人物与人物之间的关系，可以探究出寓言的寓意。所以，第二种方法：从人物与人物的关系出发探究寓意。好，我们简单把第二种方法记录下来。

（学生做笔记）

师：老师提示一下，人物跟人物的关系可以体现为人物跟自己的关系，也可以体现为人物与他人的关系。那从人物与人物的关系中，我们可以找出多少个角度呢？

生：（看着屏幕答）四种。

师：没错，上面两个人物就有四个角度了，如果有更多的人物，关系更加复杂的话，可能探究寓意的角度就更多了。这就提醒我们，只要思维发散开来，我们就可以找到更多的角度去探究寓意和道理。这两种方法大家学会了吗？

生：嗯。

师：那么接下来我们做一个简单的总结。《卖油翁》的寓意老师归纳了以上四种，其实还有很多，那就期待我们每个同学发散你的思维去进行多角度的探究了。而探究的方法就是我们刚刚学的两个，来，我们一起读一遍，把它掌握住。

生：方法一，从人物与事件的关系出发探究寓意。方法二，从人物与人物的关系出发探究寓意。

师：光说不练假把式，那么接下来我们就练一练。（投影展示环节三：读群文，悟生活）在本节课选择的寓言故事中，《穿井得一人》和《杞人忧天》是我们上学期学过的内容，《农夫耕田》《北人食菱》和《郑人买履》是课外的。希望通过以上文言寓言群文选篇的阅读，同学们能进一步掌握我们今天学习的方法。

师：首先，请同学们从人物与事件的关系出发多角度探究《穿井得一人》的寓意，填好屏幕中的表格。时间为3分钟，完成后我们来分享。

（投影展示表格）

人物	事件	寓意
丁氏		
国人		
宋君		

（学生以小组为单位，站起来围在一起进行交流，教师走到学生中与他们一起交流，一直到讨论时间结束，学生回到自己的位置坐好）

师：时间到！下面我们一起来从多角度探究一下《穿井得一人》的寓意。好，我已经看到一位同学举手了，请那位举手的同学来说说。

（一个女生站起来）

师：你找的是哪一位人物？

生：丁氏。

师：好的，丁氏做了什么事情？

生：他告人曰："吾穿井得一人。"

师：那从这个事件中你探究到了一个什么样的寓意呢？

生：说话时语言要表达清楚，不然容易让人误会。

师：你认为哪个地方会让人误会呢？

生："穿井得一人"。本来丁氏的意思是打了一口井后，得到一个多余的劳动力，并不是从井里挖出一个人来。但是他却没有说清楚，只是说挖井得到一个人，所以给人带来误会了。

师：总结得非常好，谢谢你。请坐！丁氏表达不准，给人带来误会了。那么国人呢？我看到很多同学都举手了，谁来回答比较好呢？好，后面的那位男生。

生：国人就是……信谣。

师：除了信谣还有什么？

（其他学生补充：传谣！）

师：是的，国人除了听信了谣言，还把谣言传开了。但是你们有没有思考过一个问题？为什么你们认为国人听和传的就是谣言呢？

生：因为国人没有证实就说出去。

师：对了，国人没有证实就说了出去，其实国人在这种情况下缺乏一种——

生：真实性……判断能力……

师：其实国人缺乏的是调查研究。如果国人亲自到丁氏家里去看一下，问一下，就知道丁氏是不是真的挖出一个人来了。但是对于这件事情，国人有没有去看过、了解过呢？

生：没有！

师：没有经过调查就说出去了，所以就成一个谣言了。也就是说，国人缺乏一种调查的精神，从而以讹传讹了。

师：最后一个人是宋君，我们也请一位同学来分析一下吧。好，你来！

生：宋君是一个明是非的人，他没有信谣。在"闻之于宋君"后，他首先派人去询问。

师：先去问。

生：对，他并没有直接下令，而是先询问。他和国人有一个鲜明的对比：国人是耳听为虚，直接相信；宋君没有相信，而是去证实，是实事求是的。

师：宋君是实事求是的。宋君跟国人刚好形成一种对比，他听到这个事情后马上就去查问清楚，然后消除了谣言。那么从这三个人物所做的事情的角度我们可以得出什么寓意呢？首先，丁氏表达不准，导致了误会，所以我们应该如何？

生：表达清楚。（投影展示）

师：其次，没有经过调查研究就去传播，这种做法也是错误的，所以我们应该——

生：实事求是。

师：对了，我们做事情就应该实事求是，就应该深入实地去进行调查研究，不要以讹传讹。（投影展示）宋君就刚好是一个比较务实的君主，他主动地去调查，做事情就应该——

生：主动调查。（投影展示）

师：通过对这篇寓言的人物和事件的分析，我们得到了三个寓意。人物与事件的关系的角度我们就分析到这儿，人物与人物的关系就交由大家自己去探究了。接下来我们来分一下任务，一、二组的同学探究《农夫耕田》，三、四组的同学探究《郑人买履》，五、六组的同学探究《北人食菱》，七、八组的同学探究《杞人忧天》。根据我们刚刚学习的方法，各组自选一两个角度，看能否探究出不同的寓意。时间为3分钟。

（学生结合导学案探究寓意，直至时间结束）

师：我们先来分享一下《农夫耕田》。一、二组的同学，准备好了吗？第一组先派一位同学来分享。好，你来！

生：老师，我有点怕说不好。

师：不怕，我都不怕你怕什么呢？

（学生笑）

师：你知道表格中的几个词语是什么意思吗？

（投影展示表格）

词义梳理	息：_____ 晒：_____ 竟月：_____ 术：_____ 竭：_____ 仆：_____ 误：_____ 服：_____
寓意探究	寓意1：
	寓意2：

生："息"是呼吸。

师：对，"息"是呼吸。"晒"呢？

生：笑……嘲讽……嘲笑……

师："竟月"是——

生：一个月。

师："术"，是什么术？

生：种田的技术。

师："竭"是用尽，"仆"就是倒在那里的意思，"误"是错误的意思，"服"是信服的意思。那这篇寓言的寓意有哪些？

生：欲速则不达。

师：对，欲速则不达。还有吗？

生：要向行家学习正确的技术。

师：要向行家学习正确的技术，那意思就是叫行者跟种田人去种田了？（学生笑）我看到另一位同学举手了。好，你来！

生：农夫"数息而后一锄"，他自己经历过实践，所以知道应该怎样去耕田，可以得出要有实践的寓意。行者就是没有做到好好实践，做事贪快。

师：其实行者是不尊重什么？

生：不尊重劳动人民。

师：劳动人民？其实我觉得他是不尊重自然规律。

生：哦……是的。

师：还有其他寓意吗？

生：还有就是从行者对农夫耕田的态度上，他应该谦虚点、诚恳点才对。

师：不错，非常好。其实我相信还有很多寓意，我们可以从人物与事件的关系的角度，也可以从人物与人物的关系的角度再去概括更多的寓意出来。时间的关系，我们先进行下一个分享吧。我们只讲寓意吧。

（继续小组分享《郑人买履》《北人食菱》《杞人忧天》）

师：最后，我们做一个简单的总结。我们用一句诗来做总结吧。（投影展示总结内容）

生：横看成岭侧成峰，远近高低各不同。

师：从不同角度去探究寓言，就会有不同的收获和感悟，因此在阅读中，我们要培养多角度思考的习惯。生活也是如此，换个角度看，也许就是另外一种心境了。想做生活的有心人，就不妨换个角度看看吧。

师：我们今天多角度探究寓言的寓意，就是多角度探究文章的主题。而探究文章主题的逆向思维就是多角度立意，这是我们写作创新的一个非常有用的方法。

师：请同学们回去完成一项作业。以"马路上的石头"为写作对象，自拟题目，自定立意，写一篇简单的寓言，并蕴含一个寓意。要求：200字以内。

师：这节课就先到这里，下课！

生：谢谢老师！老师再见！

师：同学们再见！

七、教研视角

"多角度探究文言寓言寓意"这节课，试图通过对七年级下册《卖油翁》和七年级上册《穿井得一人》《杞人忧天》，以及课外文言寓言《农夫耕田》《郑人买履》和《北人食菱》进行文言文群文阅读的整合，带学生走进寓言世界，学习文言文一般知识，了解寓言寓意，并通过从多角度探究寓意来引导学生学习和掌握探究寓言寓意的方法——从人物与事件的关系、人物与人物的关系来探究寓意。

本课选取的是《卖油翁》第二课时，由于前一课时已经进行了字词、文意的梳理，学生对文本的了解是比较充分的，对本课学习的从多角度探究寓意的方法也有着浓厚的兴趣，课堂气氛比较活跃，小组合作与分享比较到位，基本完成了本课的学习目标，培养了学生的发散（多角度）思维能力。

但本课在时间的把控上存在着一定的问题。前半部分课时更多用在《卖油翁》的学习上，导致后半部分的群文阅读探究寓意时，对课外文言文的词语注释、文意的梳理等做得不够到位，后面的训练中跳过了文言知识的积累，没有很好地兼顾文言文"言"的特点，而注重后面的"文"的分析，学生在分享中也略显仓促。对于《卖油翁》，学生学习还是比较到位的，但是对于后面的几篇文言群文，由于时间仓促，学生的分享不够充分。另外，在设计中有点高估了学生的记忆力，没有把《穿井得一人》和《杞人忧天》融入导学案中，导致很多学生在分享的时候由于没有记住原文而耽误了分享交流的时间。

读诸子散文，赏百家风格

——统编版教材八年级上《〈孟子〉三章》群文阅读案例

东莞市松山湖实验中学　杨岳如

一、群文选文

1. 文本选择

生于忧患，死于安乐

（具体内容请参考教材）

富贵不能淫

（具体内容请参考教材）

得道多助，失道寡助

（具体内容请参考教材）

论语（节选）

孔　子

子曰："学而时习之，不亦说乎？有朋自远方来，不亦乐乎？人不知而不愠，不亦君子乎？"

逍遥游（节选）

庄　子

北冥有鱼，其名为鲲。鲲之大，不知其几千里也；化而为鸟，其名为鹏。鹏之背，不知其几千里也；怒而飞，其翼若垂天之云。

智子疑邻

韩非子

宋有富人，天雨墙坏。其子曰："不筑，必将有盗。"其邻人之父亦云。暮而果大亡其财，其家甚智其子，而疑邻人之父。

墨子（节选）

墨 子

若使天下兼相爱，国与国不相攻，家与家不相乱，盗贼无有，君臣父子皆能孝慈，若此则天下治。

2. 文本分析

春秋战国时期，是我国古代散文蓬勃发展的阶段，出现了许多优秀的散文著作，这就是文学史上的先秦散文。先秦散文，文理俱佳，要了解作者文风，然后披文入理，这样文与理协，学生理解、识记起来就会容易得多。

《孟子》向来以雄辩著称。读孟子文，令人感到气势磅礴，感情激越，锐不可当。对当时执政者贪婪残暴行径的愤慨，对挣扎在苦难中人民的同情，对别家学说的敌视，对贯彻自己主张的强烈愿望，以及那种"如欲平治天下，当今之世，舍我其谁也"的救世责任感，使孟子的文章激切、刚厉、理直气壮。孟子又善于运用各种驱诱论敌就范的手法，加上文辞铺张扬厉，时露尖刻，喜用一大串的排偶句式，所以笔锋咄咄逼人。

《论语》是记述孔子及其弟子言行的著作，风格是语言简练，意义深远，雍容和顺。其中许多形象化的语言，往往包含着深刻的社会和道德含义。

《墨子》一书，语言质朴，但有很强的逻辑性，善于运用具体事例来说明道理，又经常从具体问题的争论中做出概括性的总结。

《庄子》善于大量采用虚构的寓言故事来说明思想论点，想象神奇，在古代散文中独树一帜。《庄子》中寓言丰富，并且很多是作者自创。

《韩非子》的文章注重论述，论事证理切中要害而又精辟深刻。在先秦诸子中，韩非子的分析力最强。

先秦诸子散文风格多样，或气势磅礴，或雄辩锐利，或浪漫奇幻，对我国文学的发展产生了深远的影响。《〈孟子〉三章》语言简练，句式长短相继，读起来朗朗上口。本课以《〈孟子〉三章》为切入点，带领学生赏析诸子散文语言风格之异同，感受先贤圣哲之智慧。

二、群文议题

读诸子散文，赏百家风格。

三、群文策略

统整重构。

四、教学价值

《〈孟子〉三章》来自统编版语文教材八年级上册。学生此前学过《〈论语〉十二章》，其中"不义而富且贵，于我如浮云"提到了"义"，但是没有更深入地让学生理解。本单元的主题是情操与志趣，这篇课文是《孟子》中的名篇，激励过一代又一代的仁人志士。所以，在学生对"义"有了比较粗浅的认识的情况下，解读《富贵不能淫》时，要让学生解读出孟子"仁""礼""义"的思想主张；解读《生于忧患，死于安乐》时，要激励学生经受艰苦磨炼，成就不平凡的事业；解读《得道多助，失道寡助》时，要让学生解读出孟子层层深入的论辩风格。

本节课需要学生在读懂原文的基础上，联系群文，自由评论。在这一过程中，学生可能出现的困难，一是不了解群文作者及背景，所以出现理解偏差，这就需要教师提供必要的课外补充材料，如在学习《富贵不能淫》时要提供关于孟子的详细介绍，关于公孙衍、张仪等人的简要介绍；二是曲解文章内容，如《墨子（节选）》中语句不易理解，这就需要教师敏锐而及时地引导学生；三是容易以偏概全，对诸子散文留下刻板印象，这就需要教师引导学生进行拓展阅读，知人论世，有所概括，争取让学生较全面地理解诸子散文语言风格的成因。

五、学程设计

（一）教学目标

1. 品读关键词句，掌握古人"铺排"的写作技法。
2. 群读文本，品析诸子散文风格异同。

3. 深层挖掘作品内蕴，理解古代哲人的思想。

（二）教学重难点

教学重点：群读文本，品析诸子散文风格异同。

教学难点：深挖内蕴，感知理解古代哲人思想。

（三）教学准备

1. 完成《〈孟子〉三章》第一课时的学习，学生疏通文意，理解掌握文言字词。

2. 打印导学案，辅助学生课前初读文本，扫清理解障碍。

（四）课时安排

1课时（40分钟）。

（五）教学过程

1. 激趣导入

播放改编自《生于忧患，死于安乐》的相声片段。

目的：激发学生学习兴趣，为下面的教学内容做好准备。

2. 展示学习目标

（1）品读关键词句，掌握古人"铺排"的写作技法。

（2）群读文本，品析诸子散文风格异同。

（3）深层挖掘作品内蕴，理解古代哲人的思想。

3. 教学活动

由课内文本的解读方法扩展到课外文本，通过对照法和品读法，引导学生深入探究诸子散文语言风格的异同和成因。

活动一：回顾课文，慧眼识"同"

（1）请圈画出与前面相声片段中改编部分相同的句式。

舜发于畎亩之中，傅说举于版筑之间，胶鬲举于鱼盐之中，管夷吾举于士，孙叔敖举于海，百里奚举于市。故天将降大任于斯人也，必先苦其心志，劳其筋骨，饿其体肤，空乏其身，行拂乱其所为，所以动心忍性，曾益其所不能。

人恒过，然后能改；困于心，衡于虑，而后作；征于色，发于声，而后喻。入则无法家拂士，出则无敌国外患者，国恒亡。然后知生于忧患而死于安乐也。

——《生于忧患，死于安乐》

景春曰："公孙衍、张仪岂不诚大丈夫哉？一怒而诸侯惧，安居而天下熄。"

孟子曰："是焉得为大丈夫乎？子未学礼乎？丈夫之冠也，父命之；女子之嫁也，母命之，往送之门，戒之曰：'往之女家，必敬必戒，无违夫子！'以顺为正者，妾妇之道也。居天下之广居，立天下之正位，行天下之大道。得志，与民由之；不得志，独行其道。富贵不能淫，贫贱不能移，威武不能屈。此之谓大丈夫。"

——《富贵不能淫》

天时不如地利，地利不如人和。三里之城，七里之郭，环而攻之而不胜。夫环而攻之，必有得天时者矣，然而不胜者，是天时不如地利也。城非不高也，池非不深也，兵革非不坚利也，米粟非不多也，委而去之，是地利不如人和也。

故曰：域民不以封疆之界，固国不以山溪之险，威天下不以兵革之利。得道者多助，失道者寡助。寡助之至，亲戚畔之；多助之至，天下顺之。以天下之所顺，攻亲戚之所畔，故君子有不战，战必胜矣。

——《得道多助，失道寡助》

（2）引出知识点"铺排"。

铺排是铺陈、排比的简称，在古代民歌中运用得极为普遍。

概念：铺排是将一连串内容紧密关联的景观物象、事态现象、人物形象和性格行为，按照一定的顺序组成一组结构基本相同、语气基本一致的句群。

作用：既可以淋漓尽致地细腻铺写，又可以一气贯注、加强语势；整齐划一的句式使得语言气势充沛。

活动二：博览群文，"同"中求"异"

（1）请说说下列文段与前文语言风格有何不同？

子曰："学而时习之，不亦说乎？有朋自远方来，不亦乐乎？人不知而不愠，不亦君子乎？"

——《论语》

北冥有鱼，其名为鲲。鲲之大，不知其几千里也；化而为鸟，其名为鹏。鹏之背，不知其几千里也；怒而飞，其翼若垂天之云。

——《庄子》

宋有富人，天雨墙坏。其子曰："不筑，必将有盗。"其邻人之父亦云。暮而果大亡其财，其家甚智其子，而疑邻人之父。

——《韩非子》

若使天下兼相爱，国与国不相攻，家与家不相乱，盗贼无有，君臣父子皆能孝慈，若此则天下治。

——《墨子》

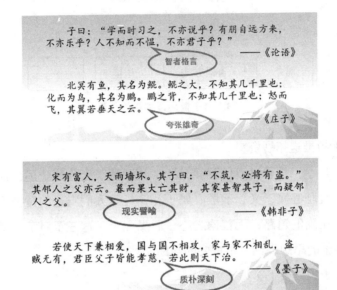

图1 名言

（2）小游戏：诸子风格连连看。

图2 诸子风格连连看

活动三：探究成因，试析异同

目的：学以致用，用课堂上所学归纳先秦诸子散文语言风格形成的原因，分析异同，加深理解与运用。

（单篇—群文—整本书阅读）

（1）请观看视频，然后用平板搜索，快速查阅，补充分享下面的图表。

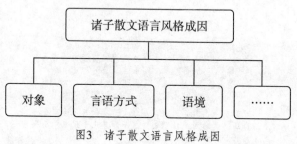

图3　诸子散文语言风格成因

（2）平板推送拓展资料。

下面三章中，孟子对"仁""义""礼"做了充分的论述，他认为同情心属于仁，羞耻心属于义，恭敬心属于礼；仁是人们安适的精神住宅，义是人们行为最正确的道路；无仁德之心，后患无穷。这三章对学生理解课文中所表现的孟子的思想理论有很重要的帮助。

①《孟子·离娄上》第三章

孟子曰："三代之得天下也以仁，其失天下也以不仁。国之所以废兴存亡者亦然。天子不仁，不保四海；诸侯不仁，不保社稷；卿大夫不仁，不保宗庙；士庶人不仁，不保四体。今恶死亡而乐不仁，是犹恶醉而强酒。"

译文：孟子说："夏、商、周三朝得到天下，是凭借仁德，这三朝失去天下，是因为无仁爱之德。诸侯国衰败或兴盛、存续或灭亡的原因也是如此。天子无仁爱之德，不能保有天下；诸侯无仁爱之德，不能守护国家；卿大夫无仁爱之德，不能守住宗庙；普通民众无仁爱之德，不能保全自身。如今憎恶身死国亡却乐于无仁爱之德，就如同憎恶醉酒却又拼命喝酒。"

②《孟子·离娄上》第十章

孟子曰："自暴者，不可与有言也；自弃者，不可与有为也。言非礼义，谓之自暴也；吾身不能居仁由义，谓之自弃也。仁，人之安宅也；义，人之正路也。旷安宅而弗居，舍正路而不由，哀哉！"

译文：孟子说："自己残害自己的人，不能和他有所言谈；自己抛弃自己的人，不能和他有所作为。言谈破坏礼义，叫作自己残害自己；自以为不能依据仁、遵循义来行事，叫作自己抛弃自己。仁是人们安适的精神住宅，义是人们行为最正确的道路。空着安适的住宅不去居住，舍弃正确的道路不去行走，可悲啊！"

③《孟子·告子上》片段

孟子曰："……恻隐之心，人皆有之；羞恶之心，人皆有之；恭敬之心，人皆有之；是非之心，人皆有之。恻隐之心，仁也；羞恶之心，义也；恭敬之心，礼也；是非之心，智也。仁义礼智，非由外铄我也，我固有之也……"

译文：孟子说："……同情心，人人都有；羞耻心，人人都有；恭敬心，人人都有；是非心，人人都有。同情心属于仁，羞耻心属于义，恭敬心属于礼，是非心属于智。这仁、义、礼、智都不是由外在的因素给予我的，而是我本身固有的……"

4.教学小结

通过本节课的学习，我们品读了诸子散文的关键词句，学习了古人"铺排"的写作技法；群读文本，品析诸子散文风格异同；深层挖掘作品内蕴，理解古代哲人的思想。希望本节课能够激发同学们学习古籍经典的热情，传承中华民族深厚的思想文化智慧。

5.课后作业

请尝试以思维导图的方式小结今天课上所学，比较《孟子》与诸子百家散文风格的相同和不同之处，探究背后成因。

六、教学现场

师：上课！

生：老师好！

师：同学们好！请坐！

师：在两千多年前有这样一个时代，虽然战火纷飞，但是人们的思想非常活跃，是什么年代呢？

生：春秋战国时期。

师：没错，借用英国作家狄更斯的名言：那是最好的时代，那也是最坏的时代。春秋战国的诸子百家有着非凡的智慧，并把这些智慧写进了他们的文章中。今天就让我们一起来学习经典，传承文化。下面请齐读学习目标。

生：（齐读）①品读关键词句，掌握古人"铺排"的写作技法。②群读文本，品析诸子散文风格异同。③深层挖掘作品内蕴，理解古代哲人的思想。

师：刚才课前齐读时，老师发现不少同学对《〈孟子〉三章》比较熟悉了，下面请一位同学来分享自己印象最深刻的语段。

生：天时不如地利，地利不如人和。

师：非常好！还有没有同学来试试？

生：富贵不能淫，贫贱不能移，威武不能屈。此之谓大丈夫。

师：很好，这位同学读出了"巾帼不让须眉"的气势，让我们把掌声送给她。

生：我觉得这些短句铿锵有力，读起来朗朗上口，很容易背。

师：这位同学概括了《〈孟子〉三章》的语言形式特点，很好！接下来我们来看个短视频，完成学习单的第一个任务：请圈画出《〈孟子〉三章》与相声片段中改编部分相同的句式。

（播放相声视频片段，学生笑）

师：给大家1分钟时间，先从第一章开始找。除了刚才相声中出现的原句，还有没有其他句子呢？或者你觉得这些句式有什么样的特点呢？

生：故天将降大任于斯人也，必先苦其心志，劳其筋骨，饿其体肤，空乏其身，行拂乱其所为，所以动心忍性，曾益其所不能。

师：刚才这位同学提到的句子用了什么修辞手法？

生：排比。

师：困于心，衡于虑，而后作；征于色，发于声，而后喻。这里是不是排比？

生：不是。

师：是不是同样让人印象深刻，感觉朗朗上口？其实这是文言文当中常用的手法，叫作"铺排"。这样的句子句式整齐划一，读起来富有节奏感，很有气势。接下来请同学跟着音乐一起来读读这富有气势的句子。

（生齐读）

师：接下来我们把剩下两章中同样的句式画出来，读一读。

（生自读）

师：现在我们来小结感受孟子气场的小妙招：铺排、排偶和类比。具体请大家看大屏幕，做好笔记。

师：接下来我们来博览群文，领略那个时代其他大家的风采。请大家一起有感情地读一读。

生：子曰："学而时习之，不亦说乎？有朋自远方来，不亦乐乎？人不知而不愠，不亦君子乎？"

师：这是孔子的话，大家会发现这里有三个"不亦……乎"。请大家试着体会下，孔子的话与《〈孟子〉三章》语言风格有什么不同？我们来讨论下，给大家1分钟时间。

（生讨论）

生：我觉得孔子的语气比较平和，不像孟子那么铿锵有力；孟子提出一个观点后，会用各种方法去论证它。

生：我觉得孔子更像一个智慧的老爷爷在对我们后辈说话。（掌声）

生：孔子的话从长度上来看，更加简洁。

师：大家都概括得很好。下面我们来看看庄子的《逍遥游》片段。请同学们读一读。

（生读）

师：昨晚大家在导学案"课前自学"部分写下了这段话的大意，接下来请大家说说这段话的特点。

生：我觉得庄子是在讲故事，讲了一种我们生活当中见不到的生物，很玄幻的鲲鹏。

师：接下来我们来看春秋战国时期法家代表人物韩非子的著作选段。这段讲了什么呢？

生：这个片段讲了一个寓言故事，智子疑邻。

师：在《韩非子》中有许许多多类似的故事，如买椟还珠、守株待兔等。韩非子讲这些故事有什么目的呢？

生：讲道理，是要让我们从平时生活中得出道理。

师：非常好！韩非子的故事是贴近生活的，在《韩非子》中还有许多历史故事。我们能感觉到，韩非子与前面几位先哲的风格有所不同。请大家做好笔记。

师：最后一个片段出自《墨子》。请大家一起来读一读。

（生齐读）

生：我觉得这段在讲如何能使天下太平，社会安定。

师：接下来我们通过一个小游戏来看看大家能不能辨析清楚诸子散文风格的不同。请一位同学上来挑战"连连看"的小游戏，其他同学在导学案中圈画。

师：通过这个游戏，相信大家对诸子散文风格有了进一步的了解。学习语文提倡"知人论世"，下面我们通过一个微课来了解先秦诸子百家语言风格的形成原因。

（播放微课视频）

师：看完视频，请大家小组分工，思考讨论，补充分享导学案上的思维导图。

（生分小组讨论，展示分享）

师：今天的作业是，以思维导图的方式画一画写一写，比较《孟子》与诸子百家散文风格的相同与不同，巩固今天课堂所学。让我们重温经典，传承智慧，与古哲先贤为友，真正了解自己和这个世界。

师：今天的学习就到这里，下课，同学们再见！

生：老师您辛苦了！

七、教研视角

在上《〈孟子〉三章》的前一天晚上，我把导学案提前分发给学生预习，导学案的内容按照已知内容和未知内容来设置，主要包括字词句练习、背景资料学习和提出问题三个方面。我根据学生的学习情况确定了本节课的重难点：重点在于群读文本，品析诸子散文风格异同；难点在于深挖作品内蕴，感知理解古代哲人思想。课后，我想可以从以下三方面进行反思小结。

1. 利用合作学习，提升学生自学能力

相对于以往的一字一句单独翻译，采用合作学习的方式，有利于推进学生之间的互相学习，特别是能让优生带动待优生，既能让优生的学习得到巩固，也能让待优生从中学到一些学习文言文的方法，达到事半功倍的效果。

2. 巧用合作学习，激发学生学习兴趣

以往的文言文课堂注重对重点词语的解释和分析，甚至将课文上成了字词解释课，单调、枯燥，学生很容易厌烦。而巧用合作学习，利用互动教学平台游戏，以小组对战的方式，就可以解决这个问题。利用互动教学平台的课堂活动功能，可以让学生进行对战赛，以检验学生对字词的掌握情况，自然激发学生学习的兴趣。另一方面，可以通过智慧课堂当堂检测学生的学习成果，有比较，有效果，学生自然就会投入进去。

3. 善用合作学习，拓宽学生思维范畴

本文在探究《〈孟子〉三章》的语言特色时，采用比较阅读和合作探究的形式，让学生在小组讨论中产生思维碰撞，这会让他们多维度地思考文章的主旨，而不是由老师"指定"给他们。带着这样的阅读和思维习惯，学生继续阅读推荐阅读书目会有更多惊喜的发现。

路漫漫其修远兮，只要我们愿意坚持不懈地努力，求索之路一直都在我们脚下！